1776
——美国的诞生

〔美〕戴维·麦卡洛 著

刘彤 译

商务印书馆
创于1897 The Commercial Press

Simplified Chinese Translation copyright © 2020 By The Commercial Press Ltd.
1776
Original English Language edition Copyright © 2005 by David McCullough
All Rights Reserved.
Published by arrangement with the original publisher, Simon & Schuster, Inc.

本书简体中文版权属于商务印书馆
本书英文原版版权属于戴维·麦卡洛
所有权利保留
根据美国西蒙与舒斯特出版2005年版本译出

坚持和热情会创造奇迹,自古如此。

——乔治·华盛顿将军

目　录

第一部　围城

第一章　王权之责 …………………………………… 3

第二章　武装暴民 …………………………………… 23

    第一节 ……………………………………………… 23

    第二节 ……………………………………………… 48

    第三节 ……………………………………………… 58

第三章　多切斯特高地 ……………………………… 80

    第一节 ……………………………………………… 80

    第二节 ……………………………………………… 97

    第三节 ……………………………………………… 109

    第四节 ……………………………………………… 121

第二部　决定命运的夏天

第四章　划定界限 …… 129
第一节 …… 129
第二节 …… 147
第三节 …… 157

第五章　战　场 …… 173
第一节 …… 173
第二节 …… 190
第三节 …… 203
第四节 …… 212

第三部　大撤退

第六章　命运蹙额之时 …… 221
第一节 …… 221
第二节 …… 230
第三节 …… 257

第七章　最黑暗的时刻 …… 270
第一节 …… 270
第二节 …… 282
第三节 …… 298

参考文献 …… 323

鸣　谢 …… 376

第一部　围城

反复思考我的处境、这支军队的处境,让我忧心忡忡。而我周围的人还在蒙头大睡,很少有人知道我们面临的困境。

——乔治·华盛顿将军
1776年1月14日

第一章　王权之责

天佑乔治吾王

福泽寿命无疆

天佑吾王

护彼奏凯

赐彼荣光

永延帝祚

天佑吾王

　　1775年10月26日下午，星期四，英王乔治三世乘车离开圣詹姆斯宫①，前往威斯敏斯特宫②，所到之处，威仪尽显。议会将就不断升级的美洲战事召开会议，乔治三世前去参加会议并发表讲话。

　　天气微凉，但天空晴朗，阳光普照，这在伦敦并不多见。

---

　　① 圣詹姆斯宫（St. James's Palace），英国最古老的王宫之一，名称来自耶稣十二使徒之一的雅各（此指亚勒腓的儿子雅各，一般称小雅各，以便与大雅各即西庇太的儿子雅各相区别），照理应称圣雅各宫，但国内媒体多称圣詹姆斯宫，本书仍从旧俗。本书所有注释均为译者所加，下同。

　　② 威斯敏斯特宫（the Palace of Westminster），英国议会两院的会议地。

万物都沐浴在明亮的阳光中,皇家骑兵队装扮一新,光鲜夺目,无懈可击。在这个传唱着激昂爱国的《天佑吾王》和《大不列颠一统天下》的时代,在一个崇尚华服盛典的国家,此情此景几臻完美。

到场的大约有6万人,沿纵贯圣詹姆斯公园的街道列队守候。在威斯敏斯特,人头攒动,水泄不通,有人一大早就站到这里,希望一睹国王或某些议会名流的风采。由于过于拥挤,后来者想看到点什么都有困难。

当时有很多美洲人住在伦敦,其中一位是个支持英国统治美洲的亲英分子,名叫塞缪尔·柯温,来自马萨诸塞。他觉得上议院门外"草民"太多,难以忍受,只好返回自己的住所。他想看一眼国王却没有看成,这已经是第二次了。上一次,国王陛下坐轿从圣詹姆斯宫附近经过,但他正在看报纸,报纸离脸太近,只露出一只手。"这是我见过的最白的手,戴着一颗大大的玫瑰花形钻戒。"柯温如是记录。

国王的仪仗队2点从圣詹姆斯宫启程,以步行的速度向前行进。依照传统,两名近卫骑兵手持宝剑在前开道,后面是一辆辆闪闪发光的四轮马车,车上坐满达官显贵,再后面是铿锵作响的皇家骑兵卫队、身着红色和金色制服的王室警卫,以及一队同样身着红色和金色制服的步兵。队列最后是国王的四轮礼车,体积巨大,金碧辉煌,拉车的八匹高头大马通体奶油色(真正的汉诺威奶油),一名御马师骑在左首的领头马上,旁边六人步行陪同。

国王仪仗的派头举世无人能及,英格兰人对此心知肚明。皇家彩车长24英尺,宽13英尺,① 重量将近4吨,经过时足

---

① 约长7.3米,宽4米。

以令大地发抖。乔治三世几年前开始建造这辆彩车，坚称彩车必须"无与伦比"。彩车上方有三个镀金小天使，代表着英格兰、苏格兰和爱尔兰，高居在镀金王冠上。在沉甸甸的带有轮辐的前后车轮上方，耸立着四个镀金的海神，令人敬畏，提醒人英国是海上的霸主。门板上绘有代表英国辉煌历史的象征性场景，车窗宽敞，足以让人看清车内头戴皇冠的威严王者。

从人们眼前经过的仿佛是大英帝国的荣耀、财富和实力。这一帝国现在已把加拿大收入其中，版图从马萨诸塞和弗吉尼亚海岸一直到密西西比河以远，从加勒比海一直到孟加拉湾。伦敦人口接近一百万，是欧洲最大的城市，也被公认为世界的首都。

1760年，乔治三世登基为王，时年22岁。总的说来，他一贯简朴，毫不做作。他喜欢粗茶淡饭，喝酒浅尝辄止，而且只喝葡萄酒。他蔑视时尚，不戴假发。圣詹姆斯宫已略显寒酸，但他一点也不在意，他更愿意圣詹姆斯宫就是现在这个样子。他在宫廷场合待人接物有些拘谨，很多人觉得他沉闷无趣，令人失望——他更愿意在温莎宫的农场穿着农夫的装束优游度日。社会上，宫廷中，浮华风气盛行。包养情妇、背叛婚姻，不仅是生活中可以接受的一部分，而且受到吹捧。国王与此形成鲜明的对比，他一直对相貌平平的王后、德国梅克伦堡—斯特雷利茨公国的公主夏洛特·索菲亚忠贞不渝。他和她生养了10个孩子（最后这个数字达到了15）。有传言说，农夫乔治主要的爱好是羊腿肉和其貌不扬的妻子。

但这样说有失公允，他绝不像当时及后来的那些批评者所说的，是一个没有魅力、缺乏智慧的人。他身材高挑，仪表不凡，一双清澈的蓝眼，总是带着欢悦的神情。乔治三世真心热爱音乐，能演奏小提琴和钢琴（他最喜欢的作曲家是亨德尔，但对巴赫的音乐同样倾心。1764 年，他听到少年莫扎特演奏管风琴时表现出极大的兴趣）。他还热爱建筑，能亲手绘制美观的建筑图。他对艺术的鉴赏力不凡，很早就开始搜罗自己的藏品。目前他的藏品不仅包括普珊（Poussin）[①] 和拉斐尔等老一辈艺术巨匠的水彩画和油画，还包括当时意大利画家卡纳莱托（Canaletto）的作品。他热衷藏书，建成了世界上最好的图书馆之一。他喜欢钟表、轮船模型，对实用的东西和天文学都很感兴趣，还创办了皇家艺术学院。

他还有本事让人如沐春风。塞缪尔·约翰逊在思想领域无一不精，却一向不喜臧否人物，但他对乔治三世"率真的性格"青眼有加。约翰逊参观乔治三世图书馆的时候，两人初次会面并交谈，之后约翰逊对图书管理员说道："先生，别人爱怎么评价国王都可以，但他是我见过的最文雅的绅士。"

有传闻说，乔治三世脑子笨，11 岁时还不识字，但这都是无稽之谈。乔治三世的怪异行为，被人称为"癫狂"的举止，很晚才露出苗头，已经是 20 多年后的事了。所谓的"癫狂"也并非精神疾病，而可能源于卟啉症[②]，一种直到 20 世纪才被诊断出来的遗传病。

37 岁的乔治三世年富力强，即位 15 年后仍勤于政事。他有时会固执己见，常常目光短浅，这些缺点很突出。但他真心热爱自己的国家，永远恪尽职守。"乔治，别忘了你是**国**

[①] 普珊（1594—1665），法国古典画家。
[②] 一种由体内的酶引起的疾病，主要症状是精神紊乱、腹痛、呕吐等，有时伴随皮肤病。

王。"① 他的母亲曾这样对他说。当美洲局势日益恶化，议会中反对的声音越来越响，他清楚地看到，他必须做一位爱国之君。

他从未有过从军经历，从未去过美洲，也从未到过苏格兰和爱尔兰，但他对该做什么了然于胸。他相信上帝的眷顾，相信自己高度的责任感，必须让美洲屈服。

"我毫不怀疑，整个国家看清了美洲局势。"他曾向首相诺斯勋爵写信这样说，"我确信，除了强制管辖，任何措施都将是毁灭性的……因此，任何事由都不会让我偏离当前的道路，我自觉有义务沿当前道路走下去。"

1775年3月，上议院有人质疑海军大臣桑威克勋爵，英国赢得美洲战事的机会有多大。桑威克一脸怀疑："就算美洲殖民地的人多，那又能代表什么？"他问："他们都是懦弱的野蛮人，一盘散沙。"持这种观点的远不止桑威克一人，下议院议员詹姆斯·格兰特将军吹嘘说，只要有一支5000人的正规军，他就能横扫美洲大陆——他的话被广为引用。

但与此形成鲜明对照的是，议会中一些最有权势的人却非常支持和钦佩美洲人民，这里面包括激进的伦敦市长约翰·威尔克斯，还有辉格党知名学者埃德蒙·伯克。3月22日，伯克操一口浓重的爱尔兰口音，发表了他职业生涯中最长、最成功的演说，号召与美洲人民和解。

尽管如此，不管是保守党还是辉格党，没人否认：对于美洲的福祉，英国议会拥有最高的决定权，即便埃德蒙·伯克在那次著名的演说中也不停提到"我们的"殖民地。

---

① 文中粗体均为作者所加。

乔治三世确信英国在波士顿驻军不足，开始增兵，并派去三个最好的少将：威廉·豪、约翰·伯戈因和亨利·克林顿。豪是议员，辉格党人，早些时候曾对诺丁汉地区的选民承诺，如果美洲爆发战争，派他前去，他会一口拒绝。但现在，派遣令下来了，他解释说："我受命前往，为危机中的祖国服务，我不能拒绝，不想招致落后的恶名。"豪曾在七年战争[①]（美国人称为法国和印第安战争）中在美洲服役。他相信，与亲英分子相比，"暴徒"的人数少之又少。

4月19日战争爆发，第一起流血事件发生在波士顿附近的列克星敦和康科德，然后于6月17日在布里德山和邦克山冲突升级（6月的战役在英美两地都被称为邦克山战役）。英国军队一直受困，食物和给养短缺。7月3日，弗吉尼亚的乔治·华盛顿将军取得了美洲"暴民"的指挥权。

英国及其美洲殖民地之间横亘着3000英里的大洋，关于这些事件的报告传到伦敦需要一个月或更长时间。第一批关于列克星敦和康科德的消息传来时，正值5月底，议会正休漫长的暑假，议员离开伦敦来到乡下的住宅。

邦克山战役的消息直到7月的最后一个星期才被知晓，这更坚定了乔治三世的决心。"我们必须坚持，"他对诺斯勋爵说，"我知道我在履行自己的职责，因此永不会退缩。"

诺斯有一副热心肠，他建议不能再把美洲局势当作叛乱来看，而应视为"对外战争"，因此必须采取"一切必要手段"。

7月23日，在唐宁街10号召开了紧急会议。内阁决定：

---

① 1756—1763年的全球性军事冲突，起源于英法两国对北美殖民地的争夺，即后文所说的"法国和印第安战争"。

立即向波士顿增兵 2000 人，使得来年春天驻美正规军不少于 2 万人。

邦克山战役号称英军取胜，严格说来确实如此。但赤裸裸的事实是：豪将军率领的英军在一场惨烈的战役中伤亡 1000 多人，这才夺取了高地。伦敦和波士顿都对此出言尖刻——再有几场这样的胜利，胜者将在劫难逃。

夏末，一艘从波士顿出发的英国轮船停泊在普利茅斯，船上是 170 名受伤将士，大多数人参加过邦克山战役，所有伤员"都是一副凄惨景象"，当时发表的一篇文章生动地记录这一场景：

> 几个人上得岸来，绝少有人见过这样的人：一些人丢了大腿，另一些人没了胳膊。疾病缠身，缺少营养，他们全都虚弱不堪。船上还有将近 60 名妇孺，是阵亡者的妻儿，其中几位也惨不忍睹。即便是轮船本身也让人难以忍受，这庞然大物正散发着伤病者的恶臭。

军队仍受困波士顿，那些忠于英王的美洲移民担心自己的生命安全，抛家舍业进城避难。这些惨状也记载在伦敦报刊的通信栏目，以及致伦敦亲友的信件中。《大众晚报》的一篇文章中，一名士兵描述波士顿的情形，说那里除了"悲伤、疾病和死亡"别无所有。另一位士兵的信件刊登在《纪事及广告晨报》上，称军队"急需新鲜给养，几近迷乱……我们完全被困住了……像笼中的鸟儿"。

约翰·辛格尔顿·科普利是一位肖像画画家，头年离开波士顿定居伦敦，他同父异母的弟弟写给他的信中说道：

这场反常的争端带给波士顿及其居民的艰难困窘让人难以想象。差不多所有的店铺都关门了,所有营业场所都不开业……我和许多人一样,被弃之不管,极其不幸。我积攒下来的那点东西全都没有了,身上的衣服和口袋里的几美元①现在是我唯一的财产。

尽管有美洲战事,更有可能正因为美洲战事,乔治三世在国内总的说来仍受欢迎,议会中仍有众多拥趸。施政纲领、爱国主义以及与乔治三世一样的责任感是议会两院需要考虑的因素,同样需要考虑的是归乔治三世一人支配的巨额赞助和公款。如果这还不够,还得考虑明目张胆的贿赂。贿赂在这个唯利是图的体制内已呈常态,这一体制不是乔治三世创立的,但他欣然利用这一体制来达成自己的目的。

事实上,行贿受贿、党同伐异、贪污腐败巧立名目,甚嚣尘上,不仅表现在政治领域,而且表现在社会的各个层面,这早已成为神职人员和著名观察家(如乔纳森·斯威夫特和托拜厄斯·斯莫利特)乐于涉足的题材。斯莫利特说,伦敦就是"魔鬼的会客室"。亲英分子、塞勒姆②居民塞缪尔·柯温举目所及看到的都是挥霍和"可耻的放纵","从底层人出没的场所到达官显贵精美奢华的聚会地都是如此"。思乡心切的柯温感谢上帝没让新英格兰也是这个样子。

报刊上和议会中反对派的批评不绝于耳,美洲战事以及英

---

① 原文为 dollar,在本书中指当时北美殖民地发行的货币,与后来美国的标准货币有别。下同。
② 美国马萨诸塞州东北部城市,位于波士顿东北部。

国的应对措施难免受到误导。《晚报》的谴责最为偏激，称这场战争"不合常理、违反宪法、没有必要、缺少根据、为害甚烈、无利可图"，《圣詹姆斯纪事报》用轻蔑的口吻说乔治三世是一位"愚蠢固执、刚愎自用的国王"，激进报刊《危机报》攻击"王室那些中看不中用的招式"和乔治三世的险恶用心。

"看在上帝份儿上，你们这些人在英国都在干些什么？你们把我们忘掉了吗？"一名英国军官从波士顿寄信这样说，这封信刊登在《纪事晨报》上。他希望那些主张在美洲采取更严厉措施的"狂徒"都来亲身看一看，他们的狂热情绪很快就会冷却，"在英格兰，上帝赐予我们和平且温暖的家"。

英王同时召回他在波士顿的总司令托马斯·盖奇将军，让刚毅果敢的威廉·豪将军取而代之。位于费城的大陆会议①派遣特使理查德·佩恩前往伦敦，递上"橄榄枝请愿书"，表达对英王的忠诚，实则请求英王寻求和解之道，乔治三世对此全然不顾。

幕后，诺斯勋爵悄悄开始与黑森和不伦瑞克②的几个王公谈判招募雇佣兵。10月15日的一封密信中，乔治三世向首相保证，一切"打击美洲"的方法都会得到他的批准。

10月26日那个清爽灿烂的下午，乔治三世前往议会，他的声望似乎达到了前所未有的巅峰。所有人都知道，伦敦的反战声音比国内其他地方都要强硬和张扬，但在这里，夹道欢迎的人却比他登基以来的任何时候都要多。此外，人群看起来全都兴高采烈，甚至连《伦敦大众广告报》也注意到了，所有人"面色和悦，心情开朗"，"简直没有人喝倒彩"，英王"受到子

---

① 美国独立战争期间及战后，殖民地各州人民的代表机构。
② 德国公国。

民热爱",君心大悦。

礼炮齐鸣,恭迎国王陛下来到威斯敏斯特,举行了传统的欢迎仪式。英王来到上议院上首的御座,两侧是身着深红色长袍的贵族。下议院的议员没有预留座位,都站在下首。

这一时刻的庄重意义无人不晓,不出所料,国王陛下此次发表的将是英格兰自有君主以来最重要的一次演说。

乔治三世嗓音洪亮流畅:"目前美洲出现了这样的局势,而我始终希望诸位能在所有重大事件上给出建议、齐心相助,这让我下决心这么早就召集大家来到这里。"他宣布,美洲已公然反叛。他把那些"肆意歪曲事实"、力图挑拨美洲子民的人斥为叛徒,怀有"丧心病狂的阴谋"。他们一直表示忠于母国,"极力申明效忠于我",现在却在为叛乱做准备。

> 他们组建了陆军,又在招募海军。他们攫取了财政收入,僭夺立法、行政和司法的权力,肆意妄为,独断专行……虽有很多不幸的人忠贞不贰……但暴虐势力犹如狂流,令他们不敢出声,除非有足够强大的力量站出来加以援助。

像议会一样,他表现得足够温和。他说,他"希望能尽可能避免臣民流血,避免战争必然带来的伤亡"。他希望美洲人民认清形势,充分了解"做大英帝国的臣民,就是做最自由的公民,任何一个人类社会都无法与之相比"。

然后,根据波士顿总司令传来的意见,他发出新的指控。那些人欺骗不幸的美洲人民,必须认清楚他们的真实意图了,"叛乱……明显是为了建立一个独立的王国"。

这样的图谋一旦成功，会取得怎样致命的后果，我不必多说。美洲意义重大，大英帝国民族情绪高涨，上帝又赐予我们那么多资源，不容我们放弃数量如此众多的殖民地。我们为这些殖民地兴办实业，悉心照料，优待扶植，用热血和财富等巨大代价加以保护和捍卫。

"迅速终结"这场骚乱显然是明智之举，因此，乔治三世将增派海军和陆军。此外，他欣然告知议会，他已接到"外国友军的主动请缨"。

"不幸受到蒙蔽的人为数众多，他们面临这支军队的打击，应知晓其中的利害。我将以仁慈和宽厚的态度接纳那些被引入歧途的人。"他发誓。为了表明他的善意，他将授权"某些人"在美洲"就地"予以赦免，但除此以外他没再多说什么。

简要言之，大英帝国的君主乔治三世宣布，美洲已处在叛乱之中。他证实，他已调拨陆军和海军，以及不知名的外国雇佣军，其力量足以扑灭这场叛乱。他谴责美洲起义的领导者的真正目标是美洲独立，而这一目标美洲起义的领导者迄今为止还未公开宣布。

"这场叛乱即将带来很多恶果，"乔治三世最后说，"其中最让我动容的是它必将带给我忠诚子民沉重的负担。"

国王陛下在议会露面的时间只有 20 分钟，根据报道，之后他回到圣詹姆斯宫，"一如来时那般平静"。

下议院的议员鱼贯而出，径直来到自己的会议厅。针对国王演讲的辩论立刻"热烈而井然有序地"在两院展开，关于和解案的意见针锋相对。

上议院热情洋溢地表达了对国王的支持，尽管相对简短，议员赞扬国王捍卫帝国利益和荣耀的决心,赞扬了他的果敢。"我们将支持国王陛下,不惜生命,不计付出。"汤森子爵发出誓言。

反对派有更多的话要说,说话有时明显带有情绪。罗金厄姆侯爵警告说,国王建议采取的措施"势必带来凶险和毁灭性的后果",雇佣外国军队是一种"危险堪忧的权宜之计",英国人"同室操戈"的前景更是受到谴责。考文垂伯爵声称,任何征服美洲的想法都是"野蛮和极端的"。利特尔顿勋爵怒斥现政府"已不再值得信任"。

"美洲殖民地筹划独立,这样的罪名是如何得来的?"谢尔本伯爵要求做出解释,"是谁不顾事实,不顾证据,做出如此的杜撰?诸位,除了杜撰我还能叫它什么呢……在美洲人民的心目中,独立的字眼总是那么美妙,难道杜撰者的本意就是引导美洲独立吗?"

暮色渐沉,会议厅里暗了下来,枝形吊灯上的蜡烛点亮了。

随着辩论的进行,出现了一个出人意料的事件,格拉夫顿公爵奥古斯塔斯·亨利·菲茨罗伊发表了措辞强硬的讲话。这位前首相本来并不反对现行政府,他说,此前他一直相信,政府处理美洲事务时越强硬,事态越有可能"向良性方面发展",但他错了,他受到了误导和欺骗。他承认,他对美洲的真实情况并不了解,并推断说这个短处在议会中绝不只是他才有。之后,他强烈要求废止 1765 年印花税法条例[①]以来所有关于美

---

① 英国 1765 年通过的对美洲殖民地印刷品征税的法案,遭到殖民地人民的抵制,被迫于次年取消。

洲的法案。

容我大胆断言，这将一劳永逸地解决所有问题，除此以外什么都不能达成期望的目标而不造成破坏和毁灭，一想到那种毁灭的场景我就不禁毛骨悚然。

殖民地大臣达特茅斯伯爵大吃一惊。不管是哪个贵族，怎么能不经考量就谴责施政方针或者收回自己的支持呢？

接下来在下议院发生了更长久更激烈的冲突。20多位议员争先恐后地站起来发言。对国王的攻击、对诺斯勋爵的攻击、对整个外交部的攻击，以及不时出现的相互攻击，让辩论的热度达到了沸点。积怨已久的相互攻讦爆发了，到处是夸大其词和危言耸听。有时候为了强化戏剧效果，华丽的辞藻也加入进来，这样的情景即便在下议院也难得一见。

议会好像剧院，让人眼花缭乱——尽管如同大多数戏剧一样，最终结局大家自始至终心知肚明。重要的是，大家同样了解并深深感觉到：会议厅具有重大的历史意义，历史又一次在这里上演。已到了千钧一发的时候，实则整个国运都面临着危险。

当德文郡的约翰·戴克·阿克兰宣称，他强烈支持国王的演讲，此时对立观点立刻达到了白热化。诚然，他说"迫使美洲适当地服从"这一任务不可低估，但考虑到"广大民众的利益"，"必须克服困难，而不是屈从困难"。

阿克兰是位倔强的年轻军官，准备亲自到美洲服役（并最终成行），因此他的话即便从历史的合法性上并非无懈可击，却也具有不寻常的力量。"集中力量和资源，最重要的是凝聚全体国民的精神。国民精神一旦唤醒，就会势不可当。"

容我提醒诸位，美洲发现以前，本国在历次战争中无往不胜。请诸位注意，你们曾捍卫本国人民免遭欧洲虎狼之师［法国］①的攻击，你们的军队曾令行禁止，你们的舰队所到之处高奏凯歌。这个民族［美洲人民］的强大由我们一手造就，他们的傲慢缘自我们的不合，他们误将我们的仁慈当作软弱，误将我们不愿实施惩罚的好心当作没有实力保护英国国民的权利免遭侵害。他们岂能抵挡我国的雄师？

差不多在枝形烛台的蜡烛点燃的时候，伦敦市长约翰·威尔克斯勋爵起身要求发言。他是民众利益的捍卫者，议会中最平实的人，他的话证明他名不虚传。

"先生，我在这里讲话，是作为英格兰人和美洲人的忠实的朋友，但我更支持普遍的自由和全人类的权利。我相信，大英帝国的广袤疆域中，没有哪个地方的国民应屈服为奴。"威尔克斯说，英格兰也从未为了自身利益的财富参与奴隶贸易的争夺。

我们在努力让一个民族屈服，无条件地服从，而这个民族的疆域远大于我国，财富、实力和人口与日俱增。如果我们失败了……我们就会被看成是他们的死敌，接下来就会发生永久性的分裂，大英帝国的光荣将一去不返。

---

① 本书引文方括号中的内容为原作者所加。

他宣称，与"我们的美洲兄弟"的战争"不合正义……对我们国家来说是致命的和毁灭性的"。

美洲人是否会宣战这一点已经没有什么疑问了，托里·亚当·弗格森退了一步，但是否有人怀疑大英帝国有能力"迫使他们屈服"呢？他说，出于人道考虑，这一点必须立刻落实。折中方法无济于事，折中只会导致恐怖的内战。

乔治·约翰斯顿起身作答，他英气逼人，曾任西佛罗里达总督，他发表了当晚最长也最激烈的讲话。"每一条玩弄权谋的政策都应该受到检验，看看它对美洲人民是否正当。"他高声说道。

人们会受骗加入这个勾当，会逐渐卷进来，直到无路可退……先辈的金玉良言我们全都违背了，我们在警告美洲大陆的有识之士：美洲的权利取决于那些腐败成风者的意志，他们以美洲人为敌，对美洲未来的繁荣不感兴趣。

约翰斯顿赞扬新英格兰人的勇气和毅力。英国将士和新英格兰军队大为不同，英国军官和士兵只是奉命行事，而新英格兰的每个士兵都在想自己还能做些什么。热爱"光荣的自由精神"的人，有谁能不为邦克山战役取得的奇迹所动。战役中，"一队农民非正规军"英勇面对"骁勇善战的豪将军"率领的世界上最精锐的部队，"能激起这样自发的义举，我们的做法是正当的吗？有谁身处此地会对这样的疑问置若罔闻？"

副检察长亚历山大·韦德伯恩贬低那种企图阻挠国王的想法，他号召对美洲进行全面的征服。"那我们为什么还在犹豫呢？"他问道。

> 因为有个无足轻重的党派,对自身政策意见不一,只支持自己组建的政府,对其他政府一概反对,企图阻挠我们的措施,妨碍政府前进的车轮。我们不如听取全体国民愤怒的呼声,每个角落都有声音在向国王陛下高声呼吁采取有力措施……先生,我们对此不闻不问得太久了,我们的克制和忍耐表现得太久了……我们的雷霆之师必须出动,美洲必须征服。

夜渐渐深了,身材敦实、肩膀滚圆的首相诺斯勋爵在前排座位上仍旧一言不发,十分显眼。他一双大大的近视眼,宽阔的面颊,正像霍勒斯·沃波尔那句妙语所说的,看起来像一个吹小号的盲乐师。诺斯很受人们爱戴,他温和,机智,彬彬有礼。他从下议院开始自己的政治生涯,因为其谦和的举止,他在异见分子当中树敌极少,甚至没有。有人攻击他,他也不反击。他口才出众,极具说服力;但如果需要,他同样能保持沉默,甚至打个小盹。

通过多年的经验,诺斯已经学会了提前计算表决的票数。现在他知道,下议院中压倒多数的人如同大多数国民一样,站在国王一边,在场的所有人几乎也都知道这一点。

午夜时分,激辩不停的会议迎来了也许是最高潮的一刻。另一位军官站起来发言,不过他是约翰·戴克·阿克兰的上辈人。伊萨克·巴雷上校曾参加过法英北美殖民地争夺战[①],从魁北克战场伤痕累累地回到英国。魁北克战役中,他被一颗火

---

① 1754—1763年法英两国为争夺北美殖民地控制权进行的战争。魁北克战役是其转折点,导致法国将其北美属地割让给英国。

枪弹丸击中头部,打瞎了一只眼睛,使得面部总是扭曲成冷笑的样子。另外,也正是他曾在发言中第一次称美洲人为"自由之子",从此这个名字就流传开来。

他失去了一只眼睛,巴雷上校提醒听众注意,但那只剩下来的"军事之眼"不会欺骗他,平息"这场美洲风暴"的唯一方法是尽快达成和解。

埃德蒙·伯克和年轻的查尔斯·詹姆斯·福克斯占用了接下来的几个小时。伯克不慌不忙,他说的几乎都是他自己和其他人说过的话,但他认为复述一遍没什么坏处,也没有必要着急。他站起来讲了差不多两个小时,大部分时间在说英军被那群据说是乌合之众围困在波士顿是多么丢脸。

这次伯克没说什么惊人之语,报纸完全找不到可以引用的东西,也许他不想夺走福克斯的光芒。接下来发言的福克斯是伯克的弟子,时年 26 岁,已经是一颗光彩夺目的政治新星。

福克斯出身优裕,我行我素,对仪表极为注重,是个以追逐欧洲大陆风尚为荣的浮华子弟。有时他穿着高跟鞋露面,两只鞋子颜色还不一样。晚上他大多在伦敦最好的俱乐部里寻欢作乐,喝酒或赌博,挥霍父亲的财产,但他的头脑和口才绝不比任何人差。他总是即兴发言,从不看笔记或事先准备的讲稿。人们发现,他写下自己要说的话,就像他在账单到期前掏钱一样快。

他立刻开始攻击诺斯勋爵,尖刻地称之为"错误百出的领路人",说他把国家带进了死胡同。如果说埃德蒙·伯克没给当晚的终场提供什么令人难忘的话,福克斯立刻填补了空白。

查塔姆勋爵①，普鲁士国王，不，亚历山大大帝，在一场战争中赢得的东西也没有可敬的诺斯勋爵失去的东西多——他失去了整个美洲大陆。

到了改组政府、实行新政的时候了，现在的各部大臣已成为自由的敌人。

为了如此愚蠢的目标，进行如此愚蠢的争斗，采用的又是愚不可及的方式，翻遍史书也找不到先例，如此产生的该死后果我绝难同意。我们可能从中什么也得不到，只有贫穷、屈辱、失败和毁灭。

福克斯话音刚落，诺斯从座位上站起来，冷静地说，如果他被判定无所作为、浑浑噩噩或者考虑不周，那他在首相的位子上一天也不想再待了。

诺斯不是个好战的人，他既没有统帅的相貌，也没有统帅的性格，私底下他对能否征服美洲一点把握也没有，军费开支也令他担忧。他曾致信伯戈因将军："如果不是我的良知深信我们的事业是正当并且重要的，那我会终止这场争端。"乔治三世倚重他，称他为"我的定海神针"。在下议院为国王和现行政策及决定辩护，一直并且仍将是他的责任。

他确认，现在的目标是向大西洋彼岸派遣一支强大的海军和陆军，但同时也提出"对足够服从者给予宽大处理"。至于"足够服从"如何界定，谁应享受这样的宽大政策，他没有说。

---

① 七年战争的英军统帅。

不过时间会证明,这些和平姿态的真正目的是敦促美军投降。

"这将表明:我们已下定决心,我们已做好惩戒的准备,但也同样做好了宽恕的准备。在我看来,这是达成体面的和解的最可行的方案。"

辩论在这样的基调中结束了。

上议院的辩论在午夜时分结束。对国王发言的反对、对在美洲全力展开战争的反对,被两倍以上的票数击败了,最终的票数是69比29。

在下议院,尽管反对派的演说激情四射,败绩却更为悬殊,278比106。

下议院计票完成时,已是凌晨4点钟了。

下议院中有些人一直回避发言,有些人对最后的结果极为满意,这其中就有绅士学者爱德华·吉本。吉本支持诺斯首相,从不对任何问题发表评论,但他从伦敦住所寄出的私信中曾向朋友保证,会对美洲"有所行动"。他写道,大英帝国的权力会得到"最大的发挥","爱尔兰天主教异端、汉诺威人、加拿大人、印度人,各色人等都会以不同形式受到征用"。

吉本其时正在最后润色其巨著《罗马帝国衰亡史》的第一卷,此刻他对当前的历史进程信心满满:"**征服**美洲是一项**伟大的事业**。"

随后不久,11月初,乔治三世任命了新一任美洲殖民地大臣乔治·杰曼勋爵。很少有人怀疑,国王本人也把征服美洲看作一项认真的事业,并认真加以对待。

杰曼的前任达特茅斯伯爵对战争的态度似乎有点三心二意。杰曼60来岁,高个头,身材很好,是个自负、聪明、极为严肃的人。与乔治三世和诺斯首相不同,他出身行伍,七年战争时曾在德国服役，很有口碑，直到明登①战役爆发。那次在一次骑兵冲锋中，他因拖延执行命令受到批评。反感他的人喜欢说他懦弱，但他并未受到这样的指控。他坚持要求召开军事法庭，只被判定犯有不从军令罪。但法庭宣布，他不适合在军队里待下去，他的军事生涯随之结束了。

此后他从政，数年间行事勤勉，作为管理者赢得了很高的声誉。担任新的职位后，他将指挥主要作战行动，有望采取铁腕，很多人认为他和唯唯诺诺、犹豫不决的诺斯首相恰好形成鲜明的对照。

对那些在美洲的"乱党"，他毫不同情。杰曼说，需要的是"决定性的一击"。乔治三世对他评价很高。

---

① 德国西北部一城市。

第二章　武装暴民

华盛顿将军阁下来到我们中间，受到万众景仰，每张脸上都洋溢着喜悦。

——纳撒内尔·格林将军

第一节

"我们这里打起来了。"年轻的格林准将从罗得岛写信对1775年10月末的波士顿这样评价。

真希望我们有一大堆弹药，敌人一露头就给他们一下……但因为缺少弹药，我们只得继续当无聊的看客。我们不烦他们，他们也不来烦我们。

纳撒内尔·格林是美军最年轻的将官，按照传统标准，他担任这个职务几乎不可能。他参军整整六个月，和其他美军将军不同，他没参加过战役，没亲临战场。他的职业是一名锻造厂的工人，他关于战争和领兵作战的知识几乎全部来自书本。

此外，他还是教友会①教徒。尽管体格魁梧，但由于童年时的一场意外，他的右腿僵直，走路一跛一跛的，偶尔还会哮喘发作。

但纳撒内尔·格林并非常人。他头脑敏捷，洞察力强，意志非常坚定。他极为勤奋，直截了当，彬彬有礼，是个天生的领袖，他对所谓的"美洲光荣事业"的热忱是全心全意的。如果说，他年纪轻这一点比较突出，那么可以说，"光荣事业"很大程度上是青年的事业。陆军统帅乔治·华盛顿本人只有43岁，大陆会议主席约翰·汉考克39岁，约翰·亚当斯40岁，托马斯·杰斐逊32岁，甚至比罗得岛将军还要年轻。在这样的时代，很多人充当了其经验或能力似乎不能胜任的角色，华盛顿很快判定纳撒内尔·格林是个"值得信赖的对象"。

格林在罗得岛肯特郡出生和长大，他家的农场坐落在波托乌玛特河边，临近沃威克村，位于波士顿以南60英里②。他父亲也叫纳撒内尔，是个勤勉的教友会教徒，生了8个儿子，格林是第三个。在所有儿子中，他父亲唯独相信他能将家族企业发扬光大。他的家族企业包括一个家庭农场，一家杂货店，一家磨坊，一个锯木厂，一艘沿海岸航行的小帆船，还有格林锻造厂，这些据说"一直财源滚滚"。锻造厂是最赚钱的企业，生产铁锚和铁链，员工有数十人，是殖民地地区的大企业，格林一家因此也成了富人。一家之主老格林有一顶轿子，人们认为这最能说明格林一家兴旺发达到什么地步。

在身为教友会教徒的父亲看来，教育并不重要。因此，格

---

① 基督教派之一，反对暴力和战争。
② 约97公里。

林小时候没怎么上学。"我父亲非常虔诚,"他会这样解释,"他理解力很强,一言一行充满仁爱善良,但他头脑中对文学成就有偏见。"格林兄弟几个小时候就被父亲要求干活,先是在农场,然后在磨坊和锯木厂和锻造厂。格林及时地决定自学,开始阅读一切能找到的读物,并得到了几个有学问的人的引导和鼓励,其中罗得岛的牧师埃兹拉·斯泰尔斯是当时最睿智的人之一,后来成为耶鲁大学的校长。

格林阅读了恺撒和贺拉斯著作的英文译本、斯威夫特和蒲柏的著作,还有洛克的《人类理解论》。去纽波特和波士顿之后,他开始买书,藏书。他的一个兄弟在回忆童年的时候描述道,格林在锻造厂喧闹的间隙,坐在巨大的杵锤旁边,手捧一卷皮面欧几里得几何学,安静地研读着。

"我哀叹自由教育的匮乏,我感到无知的阴云笼罩着我。"他对一个志同道合的好友写信这样说。他发现,他喜欢借纸笔一舒胸怀,乐于在这样的通信中不断思考人生的意义。尽管如此,除了他了解的生活或职业,他似乎从未想到其他可能,直到与大不列颠爆发冲突的威胁来临。

按照格林家族代代相传的说法,格林是个"乐天、精力充沛、喜欢思考"的小伙子。像父亲一样,他喜欢"诙谐的笑话或故事",他会模仿《项迪传》中的角色取乐,喜欢年轻女子簇拥在身旁。据说,"只要有他在",那些女子"从来不会感到寂寞"。有一次,一个舞伴抱怨他的舞步生硬,这是那条伤腿造成的,格林回答说:"说得很对,但我的舞步有力量。"

人们认为,他的缺点是有一点"喜怒无常",容易受健康问题困扰,冲动,还有对批评极为敏感。

成年格林身材魁梧，身高约有 5 英尺 10 英寸[①]，锻造厂工作让他的胳膊和肩膀孔武有力。虽然接种天花让他的右眼有个雾点，但他仍很英俊，他最突出的特征是宽阔的额头和"刚毅"的厚嘴唇。不过，一个受命为格林将军送信的士兵回忆说，他有一双"清澈的蓝眼，让我甚是敬畏，几乎不敢把信呈上"。

1770 年，格林还只有 20 多岁，父亲让他负责家族拥有的另一个锻造厂。工厂位于临近的村子考文垂，濒临波塔基特河，格林在附近山上盖了一所自己的房子。同年，父亲死后，他掌管了整个家族产业。1774 年，他遇到小他 14 岁、漂亮风骚的凯瑟琳·利特菲尔德并与之结婚，其时他已被看作是又一个"非常了不起的人"。

也正是在这时，随着战争的迫近，他开始转而关注"军事艺术"。不管需要什么书，他总有方法买到，所以得到了一些昂贵的军事论集，这些书很少有人负担得起。那个时代认为，通过认真读书，没有理由学不到所需的知识，事实上你可以学到任何东西。格林就是这种信念最典型的代表，他下定决心要做一个"教友会战士"，他自学战术、军事科学和领导艺术，掌握的知识不比殖民地里的任何一个人少。

"将军的首要品质是勇气，"他在《战争艺术回忆录》上读到这样的话，作者是法军统帅、萨克森伯爵莫里斯（Marshal Maurice de Saxe），当时最出色的军事统帅之一，"没有勇气，其他东西均价值甚微，因为无法加以利用。第二是机智，应百折不挠而又灵活变通。第三是健康。"

[①] 约 178 厘米。

他在组织民兵组织"肯特郡骑兵"中发挥了关键作用，但最终却被告知，他因伤腿不适合做军官，公开宣称他的下肢、他的"瘸腿"会成为队伍的"污点"，他写道，这是他所知的最大的"屈辱"。

当军官不被接受，他愿意做一名普通士兵。肩扛一支他在波士顿从一个英国逃兵那买来的英式滑膛枪，他作为一名二等兵参加连队操练八个月，直到有一天大家开始清楚：对具有如此知识和能力的人来说，最好还是忘记他的腿。

几乎一夜之间，他被赋予罗得岛军团的全部指挥权。他究竟如何得来的至今不明，据说靠的是罗得岛的塞缪尔·沃德的影响力——他是大陆会议的代表，也是最为欣赏格林的良师。不过，格林欣然做一名普通士兵，到了挑选统帅的时候，这一点定会让他在同辈志愿者当中具有高得多的人气。

格林将军自 1775 年 5 月初一直在波士顿，所谓"罗得岛侦察部队"的总部，有时夜里只睡几个小时，清醒的每一分钟都用来工作。

在知识和经验方面有何欠缺，他总是尽力用"警觉和勤奋"加以弥补，他后来对约翰·亚当斯吐露说。

格林驻扎在普罗斯佩克特山的一处美军要塞，身为"侦察部队"的统帅，他努力吸收一切信息，尽可能客观地对局势做出观察和评判。美军控制了波士顿周边陆地，英军在波士顿城中及邦克山严密布防，控制了海上，因此能为军队补充给养和增兵（几周前的 9 月份，五个团的援军已经抵达）。目前的任务似乎很明确：封锁波士顿的英军，切断他们的供给，防止他们取得英国将军伯戈因所说的"回旋之地"。

围困之初,并没有美洲军队,甚至直到此时也没有旗帜或制服。虽然一些官方文件称之为"大陆军",但实际上当时并没有统一的叫法。一开始,它被称为新英格兰军队或驻波士顿军队。大陆会议任命乔治·华盛顿领导"各殖民地联合军队",但大陆会议主席约翰·汉考克却在与华盛顿的通信中称之为"归你指挥的军队",华盛顿则在其正式命令中称之为"北美殖民地联军",私下里则将其描述为一支军队的"雏形"。

对英国人和那些支持英国统治、避难波士顿的人来说,他们无非是些"叛党"或者"村民",不配"美军"或"军队"这样的字眼,约翰·伯戈因将军轻蔑地称之为"荒唐之师"、"武装起来的乌合之众"。

4月份,求助的信号发出,继列克星敦和康科德之后,从其他新英格兰殖民地来了数千民兵和志愿者,加入马萨诸塞的军队。其中1500人来自罗得岛,由纳撒内尔·格林率领;5000人来自康涅狄格,由伊斯雷尔·帕特南率领。约翰·斯塔克统领的1000人的新罕布什尔军团顶着雨雪赶来,"在泥泞和沼泽中跋涉","浑身湿透,到处污泥",没有食物也没有帐篷,三天半的时间行进了75英里①。马萨诸塞的军队迄今为止已成为实力最强的地方部队,人数大概超过1万人。

到了6月份,波士顿聚集了一支前所未见的队伍,衣冠不整,自发而来,士气高涨。7月份的第一个星期,华盛顿来到波士顿,被告知他手下有2万人,但没人能确定。从来没有清点过人数,直到华盛顿发布第一条将令如是要求。事实上,确切人数是1.6万人,其中适合作战的不足1.4万,伤病者达

---

① 约120公里。

1500 多人，另有 1500 人缺席。

华盛顿不太满意地记录道，对正规军来说，这样的人数清点可以在几个小时内完成。但他的军队花了 8 天才清点完毕。敌军总数据说有 1.1 万人，事实上波士顿的英军大概有 7000 人，或者说，大致相当于华盛顿军队人数的一半。

某次马萨诸塞地方议会（Massachusetts Provincial Congress）的正式发言中，华盛顿被告知，不要指望他的军队能"守规则、讲纪律"。这支队伍太年轻，军旅生活经验甚少或毫无经验，"保持整洁这种绝对必要的素质"他们也不具备。除此以外，华盛顿发现，他们和自己期望的是迥然不同的两类人，他一点也高兴不起来。

波士顿周边地貌也是华盛顿在以往的军事生涯中从未遇到的，尽量简单地说，根据华盛顿自己勾画的草图，他发现自己处在波士顿港口三个不规则的半岛之一，波士顿半岛位居中央，查尔斯顿（以及邦克山）位于北部，多切斯特位于南端。但波士顿和大陆之间仅有一条半英里①长的狭窄堤道相连，使得它更像一座岛屿而不是半岛。这样，美军只要在堤道设置路障，就可以很容易地把英军"困于瓶子里面"，正像英军设置路障防止美军进入一样。

英军仍占有几成废墟的查尔斯顿，还有邦克山——那是他们的堡垒和令人生畏的制高点。英美双方都没有动手驻防更高的领地——俯瞰波士顿港口的多切斯特半岛。

多切斯特有无数葱绿的小山照临碧水，风景秀甲于世，夏天尤其如此。华盛顿认为这是"绝美的乡间"，更对它可能遭

---

① 约 800 米。

受战火感到遗憾。一位英军将领说它是"最迷人的绿野，让人过目不忘"。英国工程师阿奇博尔德·罗伯逊上尉在查尔斯顿高地绘制的素描，呈现了无数开阔的原野和草地，波士顿的轮廓线显得渺小，那里的教堂尖顶看起来更像小村子的教堂尖顶。那些很可能就是阿卡迪亚①的草图。

从空中鸟瞰就会发现，整个美洲部队及其要塞围绕波士顿的陆地一边伸展成一个约 10 英里②的巨大弧形，从东北部的米斯蒂克河一直到南部的罗克斯伯里。英国士兵驻扎在波士顿公地的斜坡上，在堤道、城中及邦克山均有防御工事。巨大的灯塔高耸在比肯山（Beacon Hill）的山顶，从城中心就可以轻易辨认出英军司令部政务大楼（the Province House）硕大的八边形圆屋顶，醒目的金色风向标是一个手持弓箭的印第安人的形象。

长码头（Long Wharf）附近的港口中，有英国军舰抛锚停泊，三艘是第一线作战军舰，军舰装有 50 门甚至更多的大炮。多切斯特半岛右方的卡斯尔岛（Castle Island）是通往内港（the Inner Harbor）的狭长通道，上面伫立着威廉古堡，也由英军占领。

美洲军队主要集中在北部的普罗斯佩克特山，其他部队在内陆方向数英里外的坎布里奇扎营，那是位于查尔斯河上的一个小巧美丽的大学城，靠近罗克斯伯里的堤道。另外一座高山上，耸立着罗克斯伯里会议厅的白色尖顶。美军主要驻扎在公地，不过大部分城区和哈佛大学的红砖建筑也被征用。

---

① 17—18 世纪法国在北美洲大西洋沿岸的领地。
② 约 16 公里。

华盛顿自己绘制的地形草图远远不够，他派约翰·特朗布尔绘制了一系列地图和素描。特朗布尔是一名干练的19岁中尉，康涅狄格总督的儿子，为了绘制狭堤（the Neck）的英军防卫图，年轻的特朗布尔在长草中差不多一直爬到了敌军战线那里。

英国方面则派出经验丰富的地图绘制员理查德·威廉斯，他在一支小分队的帮助下，从一个观察点到下一个观察点，安置黄铜测链进行测量，详细记录所见，其成果是一幅绘制精美、手工上色的地图，显示"国王陛下军队及叛军的真实境况"，每一处要塞都清晰地标注出来，每一个地标都整齐地做了标签，包括波士顿的红灯区"妓女山"（Mount Whoredom）。威廉斯中尉惊奇地发现，在本该是清教中心的地方，卖淫公然存在。"面积相仿的城镇中，大概没有哪个能像波士顿有这么多妓女。"他在日志中这样记录，出于精确度的要求，这也在地图上体现了出来。

华盛顿的难题绝不是如何把城围住，而是整个军队找不出一个专业设计师负责设计和监督防御工事，不过他还是下令建造更大更坚固的工事，工程也在进行当中。"每天有数千人干活，"康科德的威廉·埃默森牧师巡视防线后写道，"完成的工作令人称奇……难以置信。"4月19日早上，当英军向康科德挺进，正是这位埃默森牧师宣布："我们绝不退却，就算死，也要死在这里！"

从普罗斯佩克特山和其他观察点，美军借助望远镜始终密切观察着波士顿城中的英国正规军，与此同时，英军也密切观察着大陆军。"两军的主要工作似乎就是用望远镜互相窥探。"德高望重的亲英分子、殖民地前首席法官彼得·奥利弗这样写道。

华盛顿对波士顿知之甚少。他只去过一次，停留的时间很短，而且是 20 年前的事了；那时他还是一个年轻的弗吉尼亚上校，希望能在正规军中得到晋升。尽管双方都派出了间谍，华盛顿还是一开始就对"情报"格外强调，并愿意为此付钱。实际上，第一笔记在他账上的钱是 333.33 美元，很大一笔钱，足够让一个无名之辈"进入波士顿……以便传递关于敌军动向及部署的情报"。

对英军可能发动进攻的担心一直存在。"我们极少躺下或起床，而是希望这个晚上或白天能发生某个重大事件。"华盛顿的一名随从人员这样写道。

这是 8 月份的第一周，担任总司令的第一个月临近结束时，华盛顿了解到事态要比他所了解的严重得多。一份关于现有火药供应的报告说，火药总数不足 1 万磅。殖民地生产的火药极少，供给主要靠从欧洲途经加勒比的荷兰岛屿圣尤斯特歇（St. Eustatius）偷运到纽约和费城。现在的火药只够每人约 9 发子弹。根据记载，华盛顿被报告吓了一跳，半个小时没说一句话。

杂乱无章的大陆军营地和一般正规军大相径庭，帐篷和住所大多是用能找到的东西胡乱拼凑而成的，每个都"反映出住在里面的人的脾气禀性"，埃默森牧师这样写道。

有些是木板做的，有些是帆布做的，有些是两种东西拼在一起做成的。一些是石头和草皮做的，还有一些是砖头和树枝做的。有的仓促搭建而成，看起来好像不太情愿，仅仅出于必要，另外一些装了门窗，样子古怪。

纳撒内尔·格林率领的罗得岛士兵的营地是个例外，显得很突出。在那里，"名副其实的帐篷"一列列排开。"像敌方的正规军……一切都显示出最正宗的英伦品位。"埃默森牧师充满赞赏地记录道。不过总的说来，他认为"千奇百怪"的营房很好看。

其他方面则相当乏善可陈了。看到狂饮乱闹，听到污言秽语，包括一些士兵在内的很多人会感到吃惊。"邪恶甚嚣尘上。"马萨诸塞伊普斯威奇的约瑟夫·霍奇金斯这样断言。

霍奇金斯32岁，是参加过邦克山战役的老兵，战前以修鞋为生。像很多人一样，他一生见过了太多困苦和不幸。他的第一个妻子和五个孩子中的四个在战争开始前就病死了，他后来又结婚，生了两个孩子。对妻子萨拉·珀金斯和三个孩子来说，他是一位尽责的丈夫和父亲。他非常关心家人，知道妻子也担心他，他一有机会就给她写信。但现在，他在信中对她说，他没时间"揪缠"① 细节。

一名英国军舰上的外科医生利用职务之便探访了几处叛军营地，他描述说，路上满是推车和马车，拉的大多是军用物资。同时他注意到，还有多得超出必要的朗姆酒——"因为没了新英格兰朗姆酒，新英格兰军队就散了"。据他计算，叛军每人每天要干掉一瓶朗姆酒。

根据驻守罗克斯伯里的康涅狄格部队一名军官的日记，有的远远不止是喝点普通的朗姆酒而已。日记的主人叫杰贝兹·菲奇，喜欢与人喝两杯。他在一天快结束的时候，在附近的小

---

① 原文为 be pertickler about，为 be particular about 之误。

酒馆里待了一会儿,"喝了点格洛格酒"①。又一条日记写道:"杜松子甜酒喝下去真舒服。""早上我照常去站岗……然后去了布鲁斯特中尉的营房,喝珀金斯少尉的樱桃朗姆酒,然后回来吃早餐……"他又"小酌"了葡萄酒和白兰地甜酒,然后远行到坎布里奇,停下来品了点儿"饮料酒"(一种酒精、啤酒和汤混合而成的甜味烈酒)。然后他又去了另一个营房,庞奇·鲍尔的营房,那里"歌舞不停……天快亮时我回到家里"。

菲奇中尉是参加过法英北美殖民地争夺战的一名老兵,性情随和,来自康涅狄格州的诺威奇,以务农为业,生有八个子女。他喜欢军旅生活,并确信自己14岁的孩子也是如此,把他带在身边。他是"自由之子"② 组织的成员,是最早响应号召增援波士顿的人之一。很少事情能让他烦心,尽管他不喜欢士兵"脏得像猪一样"。大部分空闲时间他都用来写日记或给妻子写信,英军炮弹掠过头顶,像一群野鹅飞过,他这样写道,炮弹"激起我们的士气,比200加仑新英格兰朗姆酒还厉害"。

军队缺少弹药、帐篷和制服,但不缺吃的。整个夏天和初秋,便宜而充足的新鲜产品源源不断地输送到营地,几乎每天都能吃上肉或者鱼。杰贝兹·菲奇写道他如何享用新鲜的鸡蛋、蛤蜊、苹果、桃子和西瓜,早餐"非常丰盛",有"热乎乎的面包、美味的黄油、可口的咖啡";晚餐"可以饱餐猪肉甘蓝"。迄今为止,还没有人抱怨食品的匮乏。

从一开始就有疾病肆虐,致命的"营地热"入夏以来更加

---

① 朗姆酒兑水制成。
② 北美独立战争前的一个秘密组织,反对英国统治。

严重,周围村镇的女人心急如焚,赶来照料生病或垂死的儿子或丈夫。"你哥哥伊莱休得了痢疾,病倒了,很危险……没有活下来的希望了。"阿比盖尔·亚当斯从附近的布伦特里写信给费城的丈夫约翰,"你母亲陪着她,十分痛苦。"伊莱休·亚当斯农民出身,是几个病死的丈夫之一,留下妻子和三个孩子。

"营地热"或"腐败热"指传染性极强、能够致死的痢疾、斑疹伤寒和伤寒症,病因不明或不详。据希罗多德记载,痢疾从古代起就是士兵的诅咒。斑疹伤寒是军中的瘟疫,典型症状为高热、剧烈头疼和谵妄,由虱子或跳蚤传播(曾有士兵说他见到一具尸体上遍布虱子,有人以为是虱子咬死了那个人)。伤寒的特点也是高热、红疹子、呕吐、腹泻和难忍的腹痛,病源是受到污染的食物或水中一种叫作"伤寒沙门菌"的杆菌,通常是因为脏水和饮用水未能分开所致。

感染营地热的不仅仅是士兵,很多赶来照料他们的人也病倒了,或把疾病带回家里,疾病一个接一个地摧毁新英格兰的城镇。单是康涅狄格丹伯里的一个教区,到11月就有100多人死于营地热。

"传染性污物"被视为士兵杀手,要保持将士的健康,个人卫生、炊具清洁、干净的饮水、未受污染的肉类和产品得到很大重视。这也是始终强调纪律和秩序的主要原因之一,尤其是当成千上万人挤在营地里,彼此之间的距离那么小。

事实上,露天厕所条件最差,另据一本军令簿记载,"人们极度忽视如厕的必要",相反,他们"在阵地上随地排泄,危害匪浅"。很多军营散发恶臭,极其刺鼻。

新英格兰人还不愿意洗衣服,觉得那是女人的活儿。英军里面有女人，有的是士兵的妻子，有的则是所谓随军妇女，其中一些人是妓女，这些女人负责洗衣，新英格兰人那边就不是这样了。

军队士气高昂，但还没认识到服从命令的必要。很多人自愿前来的前提是，他们可以选举自己的军官。反过来，军官或出于懒惰，或为了人缘，放任下级士兵为所欲为。很多长官对自己应该干什么知之甚少，或一无所知。"总的说来，"约翰·特朗布尔回忆道，"军官和军士对军旅生活一样无知。"

华盛顿已宣布执行新的规章条令，坚决要求服从纪律，他几乎每天骑马巡视防御工事，让人感觉到他的存在。"新主人，新规矩，"埃默森牧师注意到这一点，"每天早上，每个团做完祷告之后，要听将军大人颁布的新令，正在施行的是最严格的管理。"

违反条令者将面临严惩，或颜面扫地。他们受到鞭打，被迫骑"木马"，或被逐出营地。某人因为"在公共礼拜事件制造混乱"挨了鞭子，另一人则是因为开小差。一个人因为殴打长官挨了20下，另一人因为辱骂长官挨了30下，但改变迟迟不来，令人恼火。

亲眼见证这一切的人提供的描述无一例外地尖刻，一个名叫本杰明·汤普森的早熟的新英格兰人即是如此。亲英分子汤普森少年老成，华盛顿拒绝委任他做军官，此后他加入英军，后在欧洲定居，改名考特·拉姆福德，最终成为当时最出色的科学家之一。汤普森写道，华盛顿的部队"衣冠不整，无以复加，肮脏不堪，简直亵渎士兵的称号……他们宁愿衣服在身上发臭，也不愿费事自己洗一洗"。汤普森把"臭气弥漫、无可救药、毁灭性的混乱"归结为这种"丑恶的生活方式"。

汤普森的记述虽然有政治偏见，但大体是真实的，无怪乎伯戈因、珀西等英军将领把华盛顿的部队蔑称为"农民"、"乞丐"或"武装暴民"。他们更像是从田间归来的农民而不是士兵，只有格林率领的罗得岛部队和几支来自康涅狄格的部队例外。

那么多人肮脏不堪完全可以理解，因为那么多人不操练的时候整日挖战壕、拖石头，垒起一堆堆土山用作防御工事。围困之初的某个时刻，仅在普罗斯佩克特山一地，就有4000人构筑工事。这是一个脏活，也是累活，几乎没机会也没条件洗澡或享受更衣的奢侈。

很少有人能将就弄一身制服，陆军校官和所率部队完全无法区别。人们大多洗不上澡，常常不刮胡子，穿的衣服千奇百怪，大多是长途跋涉来参战前自己或家人仓促凑合而成的（据记载，一名康涅狄格州的女子为5个儿子和11个孙子"打点行装"）。他们穿的是笨重的家织外套和衬衫，因为穿的时间长，往往成了烂布条；裤子什么颜色都有，新旧程度不一；脚上有的是硬牛皮鞋，有的是软帮皮鞋；头上有的是宽檐旧毡帽，历经风吹日晒，汗渍斑斑，有的是海狸皮帽子，有的是农夫草帽，或颜色鲜艳的条纹方巾，像海员那样系在头上。戴考究一点的三角帽的，通常都是军官或地位高的人，如军中牧师或者军医。军装仅仅偶一得见，是英法争夺北美殖民地战争时留下来的。

他们携带的武器"和服装一样驳杂"，主要是滑膛枪和猎枪，而且似乎枪越古老，枪主人越引以为荣。最常见也是最重要的是燧发滑膛枪，一种前膛装填单发子弹的滑膛枪，能发射重达1盎司①的铅弹,给敌人造成严重伤害。一般的滑膛枪长5英尺②,重10磅③。虽然不是特别精确,但它可以快速填装、上膛、开火,迅速再装上子弹,再次开火。好的枪手每分钟能重复三到四轮这样的动作,或者说每15秒钟发射一发子弹。

麻烦的是,那么多人从小就熟悉枪支,他们认为怎么合适就怎么用,差不多是随性而为,比如用来生活或者打野鹅。

为了让军官和普通士兵区别开来,华盛顿发出指令,少将应在胸前系紫色丝带,准将系粉色丝带。陆军校官可根据不同颜色的帽章辨别,中士在右肩系一块红布。华盛顿自己选择在胸前系一条淡蓝色的丝带,系在外套和马甲之间。不过,华盛顿总司令永远像参加阅兵式一样,穿着无懈可击的军装,人们绝不会把他和别人搞混。

7月3日,华盛顿在坎布里奇正式就职,其标志是与之相当的军乐。"极为壮观,"来自伊普斯威奇的鞋匠霍奇金斯这样记载道,"21名鼓手,还有同样数量的横笛手,围绕检阅场吹打演奏。"一个刚从巴恩斯特布尔来这里的年轻医生詹姆斯·撒切尔被分配到坎布里奇的战地医院,描述了他第一次见到总司令的情形:

> 将军大人骑在马上,由几名军官陪同,从众人之中把他认出来并不难。他外表高贵威武,身材高大,比例匀称。他穿着蓝色外套,浅黄色镶边,两肩各有一个鲜艳的

---

① 28.35克。
② 约1.5米。
③ 约4.5公斤。

肩饰，浅黄色的衬衣，佩戴一把不大的宝剑，帽子上有黑色的帽章。

绝大多数士兵是农民或熟练手艺人：鞋匠、鞍匠、木匠、车轮修造工、铁匠、制桶工、裁缝，还有船舶用品商人。约翰·格洛弗上校率领的来自马布尔黑德的团队，几乎全都是水手和渔民，他们注定要扮演最重要的角色。

这支军队熟悉苦工，苦工对他们来说是家常便饭。他们对艰难的处境习以为常，习惯在恶劣的气候下劳作。他们心灵手巧，会挽牛车、拔树桩、系绳扣，就像卖猪肉或修鞋子一样娴熟。他们大多从亲身经历中了解了生活的苦难与挫折，准备迎接最坏的事情发生是他们的第二本能，幸未目睹死亡的人几乎没有。

诚然，数目可观的人生计没有着落，他们是流民、小酒馆里的社会底层，有些还是社会渣滓，但总的来说，他们是善良可靠的公民——人们会说，他们"和那些行军时走错步伐的人一样值得尊敬"——他们是一家之主，家人依赖他们，他们也尽力与家人保持联系。

这是第一支北美人的部队，是各色人等组建的部队。他们体形各异，高矮不等，有不同的穿戴、不同的肤色、不同的国籍、不同的谈吐，身体条件也各不相同。很多人少了牙齿或者手指，脸上有天花落下的小坑，伤疤是以前战争留下来的，或是苦难所致，而艰辛的生活在18世纪再平常不过了。有的还算不上男人，而只是15岁或更小、下巴光光的男孩。

年纪最大、迄今为止最受欢迎的人之一是伊斯雷尔·帕特南将军，邦克山战役的英雄。他今年57岁，人们亲切地称他

"老帕特"。他魁梧粗犷,"浑身都是骨头和肌肉",粗糙蓬乱的发绺,脑袋就像加农炮的炮弹。他原是康涅狄格庞弗里特的农民,曾参加过惊心动魄的探险,与法国人和印第安人作战,经历过沉船,甚至有一次与一只窝里的母狼面对面遭遇——如果这些传闻可以当真的话。老帕特说话口齿不清,几乎不会写自己的名字。不过我们说过,老帕特无所畏惧。

年纪最小的是伊斯雷尔·特拉斯克,他只有10岁。如同杰贝兹·菲奇的儿子一样,伊斯雷尔自愿随父从军。他父亲是马布尔黑德的乔纳森中尉,担任信使和帮厨。

约翰·格林伍德是个横笛手——军中有超过500名横笛手和鼓手——当时16岁,但比同龄人长得矮,看起来年纪更小。他生长在波士顿,成长过程中家里一直伴随着"种种烦恼"。住在他家里的一个年轻学徒死于波士顿惨案[①]。占领波士顿的英国正规军吹奏横笛,打鼓,约翰对那声音着了迷。他不知从哪里弄来"一管裂口子的横笛",拿泥子把裂缝填上,开始学习吹奏几段旋律,直到后来被送到缅因州(波特兰)的法尔茅斯和叔叔一起生活。1775年5月,听说列克星敦和康科德的消息,他几乎什么也没带,上衣口袋插着横笛,步行出发,独自走了150英里,所经之处当时大多是仍无人居住的荒野。他后来回忆说,有时士兵聚集在路边的小酒馆里,他会在那里停下来,拿出横笛,"吹上一两支曲子"。

> 他们常问我从哪儿来,到哪儿去。我告诉他们我要为国而战,他们都很惊奇,这样小的孩子,还是一个人,竟

[①] 1770年,英军与波士顿居民发生冲突,开枪向市民射击,导致5人丧生。

有这样的勇气。所以，在我的横笛帮忙下，可以说，一路上我几乎都靠着通常叫作免费区的小酒馆生活。

来到部队驻地之后，有人劝他参军，答应每个月给他8美元。后来，途经坎布里奇时，他听说邦克山正在激战，公地上摆满了伤员。"到处弥漫着恐怖和混乱。"小男孩开始沿着街道跑，一直跑到战场，跑过载有更多伤兵的马车，还有挣扎着走回坎布里奇的伤员。他吓坏了，恨不得自己从来没有参军。"我真能感到头发根都竖了起来。"然而这时他看到一名士兵孤身沿着道路走来。

那是个黑人，脖子后面受伤了，他从我身边经过，领口敞开，身上除了衬衫和裤子什么也没有。我很清楚地看到他的伤口，血从后背上流下来。他好像什么事儿也没有，所以我问他是不是疼得厉害，他说不，他只是去找块绷带包扎一下，然后再回去。你想象不到这立刻给了我多大的激励，从那一刻起，我感觉自己勇敢起来，像个战士，从此，整个战争期间，恐惧再也没有困扰我。

大陆会议想知道，部队里到底有多少老人、孩子、黑人和印第安人，威廉·希思将军对此回应道：

马萨诸塞的团队有几个孩子和老人，其他团队有一些黑人，其他殖民地的情况也是如此。罗得岛有一些黑人和印第安人，新罕布什尔的团队中这两种人较少。

约翰·托马斯将军率领驻扎在罗克斯伯里的马萨诸塞部队,也回应道:

> 罗克斯伯里部队里的士兵和我上次参战时一样,老人极少,普通士兵里只有为数很少的孩子,横笛手里孩子很多。我们这里有几个黑人,但我认为他们在劳动和行动中总的说来与其他人一样称职,很多人表现得很勇敢。

像大多数南方人一样,华盛顿不希望军中有黑人,很快会颁布命令,规定"黑人、不能扛枪的男孩和老人"不能参军。不过到了年底,迫切需要新兵,很多获得自由的黑人希望服役,他又改变了主意,在一份标志性的将令中允许黑人参军。没有单个士兵的画像留存至今,不过根据张贴出来的通告中对逃兵的描述,可以大致知道他们的样子。比如,一个来自罗得岛、名叫乔治·雷诺兹的士兵身高5英尺9.5英寸[①],17岁,"头有点向右歪"。托马斯·威廉斯是外国移民,"年老的乡下人","英语说得不错","左眼有薄翳"。戴维·雷尔大是个"活泼的家伙",白色外套、夹克衫和马裤,最后一次见到他时穿着皱巴巴的衬衫。

> 布鲁尔上校的团队及哈维上尉的连队的逃兵(摘自康涅狄格埃塞克斯一份叫作《公报》的通告),其中一个叫西米恩·史密斯,来自格林菲尔德,职业是细木匠,是个

---

① 约177厘米。

身材瘦长的家伙,大概 5 英尺 4 英寸[①]高,穿蓝色外套和黑色马甲,帽子上有个金属扣,黑色长发,黑眼睛,嗓音介乎男女之间,更像男人多一点。同时还有马赛厄斯·史密斯,身材小巧,职业是鞍匠,头发花白,表情较像年轻人,喜欢说"我发誓!我发誓"——一边说话一边吐唾沫。他身着绿色外套,红色长款旧外套,虽然看起来很节制,却是个十足的赌徒。同时还有约翰·达比,高个,肩膀隆起,职业是鞋匠,说话慢吞吞的,把 comfortable 说成 comfable,穿绿色外套,厚皮马裤,腿瘦,有门牙脱落。

另外还有想随便找个借口就开溜的人,数目能有逃兵的六倍。他们的借口可能是挖蛤蜊,或消失几周去看老婆孩子,帮家人收割庄稼,或干点活计挣点急需的"辛苦钱"。有时候他们请假,但常常是一走了之,只等合适的时机潜回营房。这不是因为他们不想当兵,或者缺乏斗志,他们只是很不习惯别人从早到晚告诉他们应该做什么。他们自愿参战,不明白大费周章地搞那些条条框框有什么必要。

新英格兰以外的第一批部队出现的时候已经是仲夏了,他们是来自宾夕法尼亚、马里兰和弗吉尼亚的步兵连队。"一群能吃苦的人,很多人身高超过 6 英尺[②]。"詹姆斯·撒切尔医生这样记录到,他本人比较矮小。

一支由丹尼尔·摩根率领的弗吉尼亚连队冒着酷暑,"径

[①] 约 163 厘米。
[②] 约 183 厘米。

直急速"赶往波士顿，三个星期行进 600 英里①，平均每天行进 30 英里。

他们大多是住在边远地区的苏格兰和爱尔兰人后裔，穿着带流苏的长猎装和家织亚麻布制成的"步枪服"，颜色有的是未染的灰色，有的是褐色甚至黑色，收腰，腰带可别印第安战斧。在一次阅兵式上，他们展示了自己的枪法。他们的长筒枪是边远地区的武器，产于宾夕法尼亚，新英格兰还很少见。他们能在 250 码②的距离射中直径 7 英寸③的靶子，而普通的滑膛枪只在 100 码④左右才有精度。因为有了"膛线"——枪管里的螺旋形沟槽，射击精度增加了。这些新来的士兵开始向英国哨兵开火，造成致命伤亡，后来英国人醒悟过来，不敢抬头，或者待在射程之外。

虽然初到之时很受欢迎，但事实很快证明，这些长枪手对规章制度甚至比新英格兰人更加漠视，他们吵闹难管，乃至华盛顿开始希望他们当初没来。

防御工事稳步开展，士兵不管天气如何，持锹拿镐，劳作不停。有时白天太热，还得通宵干活。艰苦的工作没有尽头，但他们精于此道，比对阵的英军强得多。防御工事的规模和范围不断增加，成百成百的访客亲自来看个究竟。路上挤满了前来参观的人，对他们来说，高耸的堡垒是一大奇观，新英格兰人从未建造过如此规模的工程——很多地方的胸墙厚达 17 英

---

① 约 966 公里，下文的 30 英里约合 48 公里。
② 约 230 米。
③ 约 18 厘米。
④ 约 91 米。

尺①,战壕"又宽又深","这些工事堪比所罗门王历经七年建造的圣殿"。②

双方构筑工事的士兵常常交火,同样,英美哨兵也不停互相射击。来自康涅狄格的塞缪尔·比克斯比中尉在日记中记录道,8月2日,"华盛顿将军的一名长枪手被正规军射杀,然后绳套脖子吊了起来"。

见此情景,他的同伴暴怒,立刻请求将军允许他们去做想做的事。长枪手立即开拔,开始行动。正规军从四面八方发射加农炮和回转炮,但长枪手分散躲闪,一整天保持精准的射击。很多正规军中弹倒地,但长枪手只失去一人。

双方都对敌方战线发动零星的夜袭,或者突然出动,从附近的港口岛屿夺取干草和牲畜。8月30日夜,英军突然向堤道突围,向一家小酒馆开火,然后退回防御工事。当夜,300名美军袭击了灯塔岛(Lighthouse Island),杀死几名敌军,救走23名俘虏,一名美军士兵丧生。

夜晚是"嬉戏"的时光,横笛手约翰·格林伍德回忆道:"英军不停向我们开炮,有时头上能同时看到二到六枚炮弹,看上去像天上的流星。"有几个清晨,英军的炮击持续几个小时,他们显然不缺少弹药。一次,英军从邦克山的工事发动猛烈炮击,一名长枪手失去了一条腿,纳撒内尔·格林率领的肯

---

① 约5米。
② 《圣经》记载,所罗门为耶和华建造圣殿,历时七年才告完成。

特守卫团（Kentish Guards）中的一个连队书记员奥古斯塔斯·芒福德炸飞了脑袋。

芒福德是罗得岛战死的第一个人，他的惨死深深触动了纳撒内尔·格林，围城以来，他还未受过如此触动。格林给初次怀孕的妻子卡蒂写信，希望她不要为这个消息忧虑，也不必担心他个人的安危。

不断有英国逃兵穿过战线，通常是在晚上，一个人，但有时也三四个人一起。他们从波士顿或从港口中的英国军舰上逃过来，饿着肚子，心怀不满，几乎总能带来些许消息，描述其痛苦的经历，他们的话第二天会很快在各个营地传开。一天夜里，一名英国轻骑兵策马渡河而来。还有一天夜里，15个人从驻扎在港口的英国军舰逃离。

接下来的日子波澜不惊，每一天都一样。一个宾夕法尼亚长枪手连队的军官写道，他们无事可做，只好摘蓝莓，玩板球。"没什么值得记的……没什么重要的事……一片寂静。"来自康涅狄格的比克斯比中尉这样记录道。另外一边，一名写日记的英国士兵也无聊地发出了同样的抱怨，他写道，"没什么特殊的……什么特殊的事情也没有"，一天接着一天都是如此。

华盛顿一直等待英军发动进攻，不明白他们为什么迟迟不来，如果他们想扑灭叛乱的话。

夏天快过去时，因为疾病、逃兵、这样或那样的脱岗，华盛顿的部队减员严重，士气低迷，4月底和5月时候激发成千上万人奔赴战场的爱国热情几乎见不到了。

部队不仅仅是在减员，再过几个月就可能完全消失，士兵签订的文件上服役期仅到当年年底，从康涅狄格招募来的士兵甚至会更早。

人们普遍希望，在波士顿城外涌现出这样一支武装力量，会让英国人重新考虑，达成和解。几乎每个人都预计战争会很快结束，这其中包括华盛顿，他写信告诉妻子，秋天他就能回家了。

帐篷依旧太少，毯子和衣物依旧短缺，谁都不会忘记，冬天快来了。农民和士兵都知道天气的重要，天气在很大程度上决定成败，是对人耐力的巨大考验。

事实上，情况比他们认识到的还要严重，对此没人比华盛顿更加清楚。能看到事物本来的样子，而不是自己希望变成的样子，这是华盛顿最卓越的才能之一。

他知道手头的钱有多么少，只有他知道和大陆会议打交道是多么难，他知道打破军中地域间差别和偏见对部队未来的战斗力有多么重要。但与此同时，他又为自己日益蔑视新英格兰人而纠结。在给表弟也是他在家乡芒特弗农的生意管理人伦德·华盛顿的信中，他怒斥新英格兰佬"肮脏得出奇，丑陋得出奇"，和他预想的完全不一样。在给同为弗吉尼亚人的理查德·亨利·李议员写信时，他坦诚对"这伙人"只有蔑视。问题的关键在于，"这伙人的底层中有种不可理喻的愚蠢想法，认为我和其他军官没什么两样……而那些军官和二等兵简直是一丘之貉"，他们想要做的无非是"拉拢别人，好让自己重新当选"。

不过他承认，如果领导有方，这无疑是一支善战的军队。在给率军驻守奥尔巴尼的菲利普·斯凯勒将军的一封信中，华盛顿坚信——也许是为坚定自己的决心，他们不会看不到"我们在从事正义的事业"。困难不是不可克服的，"坚持和热情会创造奇迹，自古如此"。

第二节

　　初到坎布里奇时，华盛顿被安排住在哈佛大学校长塞缪尔·兰登家里。但后来发现，那里过于狭窄，满足不了自己和部下（他军中"家人"）的需要，几天后华盛顿搬到半英里外位于金斯公路（King's Highway）一座装有封檐板的灰色别墅，这是镇上最大、最典雅的住宅之一，有三层楼，查尔斯河的景象一览无余。这幢房子的主人是约翰·瓦萨尔，一位富有的亲英分子，他担心自己和家人的生命安全，抛弃了房子和所有精美的家具，避难波士顿。华盛顿很喜欢这漂亮的建筑和河景，这房子对他来说再好不过，可以在整个围城期间用作司令部，他的办公室就设在前厅的会客室里。

　　这所房子变得像蜂房一样热闹，人来人往，整日不断。华盛顿在这里和高级将领会谈，召集战备会议，在部下的帮助下处理数不清的组织问题，颁布命令，并且忙于写信——案头工作无穷无尽，他给大陆会议写信，请求新英格兰各殖民地总督和马萨诸塞地方议会的帮助。他也在这里接见或招待当地名流政客及其妻子，场面总是十分讲究，这既是他的乐趣，也是他认为必须扮演的角色。与此角色相关的一切——制服、住所、马匹及马车、军装和侍从的风度，外表非常重要，领导者的身份必须在仪表和举止中体现出来。

　　根据现存的家庭账目，弗吉尼亚人的热情好客在坎布里奇令人感到名不虚传，购买的商品包括大量的牛羊肉、烤猪、野鸭、鹅、甲鱼，各种各样华盛顿特别喜欢的鲜鱼、李子、桃，成桶的苹果酒、白兰地，成加仑的朗姆酒，还有数百个酸橙用来预防坏血病。账单的一栏详细记录了应向一个叫西蒙·洛维特的人付款,因为他"从贝弗利拉了一车酒"。

家里的侍从有一名管家、两个厨师(其中一个是法国人)、一个厨娘、一个洗衣工、八个职责不固定的仆人、几个奴隶、一个专为统帅量身制衣的裁缝。华盛顿的贴身仆人叫贾尔斯·亚历山大,一个叫威廉("比利")·李的黑奴不离华盛顿左右。他斜挎一个装有大望远镜的皮匣子,随华盛顿一遍遍巡视防御工事,成为众人皆知的人物。

谁都看得出,总司令阁下正值盛年。他魁梧威严,身高6英尺2英寸[①],体重约有190磅[②],红褐色的头发,灰蓝色的眼睛,鼻梁宽得出奇,使得鼻子显得很醒目。他脸上没什么皱纹,但有雀斑,被太阳晒得黧黑,略有天花留下的伤疤,一笑起来可以明显看出几颗"有缺陷的牙齿"。

他的举止像个军人,坐在马背上像个十足的弗吉尼亚绅士。这样的仪表,这样的风度,通常都会得到别人的尊敬和服从。他一点也不古板,也丝毫看不出傲慢,"和蔼"和"谦逊"是最常用来描述他的词语。他嗓音略带柔和,令人难忘。不过,他的举止有种疏远的意味,令他与别人分开来,或高于他人之上。

"要随和,但不要随便,"他对军官们这样建议,"否则你就容易失去别人的尊重,而尊重对合格的将领来说必不可少。"

多数新英格兰佬不熟悉这套理论,他们看不出队长给士兵刮胡子或者粗枝大叶的帕特南将军和士兵一起排队领口粮有什么不妥。让帕特南或者其他老年将领改变做法也不容易,有一

---

① 约1.88米。
② 约86公斤。

次，帕特南骑马视察防御工事，他停下来让一个士兵把一块大石头抬到胸墙上去。"先生，我是下士。"士兵抗议道。"哦，请你原谅，先生。"帕特南将军说，他下马自己把石头抬上去，在场众人无不莞尔。

来自费城的医师和爱国者本杰明·拉什是华盛顿坚定的仰慕者，他注意到华盛顿"极具将帅风度，放在一万个人里面，你一眼就能看出他是将军，别人是普通士兵，所有欧洲君主站在他旁边都像贴身跟班"。

伊利法莱特·戴尔是大陆会议中来自康涅狄格的代表，在全体通过任命华盛顿为总司令的决策中，有他热心的参与，他说华盛顿可不是"冒冒失失的"家伙。约翰·亚当斯曾提名华盛顿为总司令人选，他在给妻子阿比盖尔的一封信中形容华盛顿友善而勇敢。"这项任命，"亚当斯写道，"将对凝聚和巩固各殖民地之间的关系起到极大作用。"他预言华盛顿会成为"世界上最重要的人物之一"。阿比盖尔参加了一次华盛顿举办的社交活动，亲眼看到了华盛顿，之后她给丈夫写信，说他所写的还远远不够。

华盛顿在士兵和年轻将领中的作用是惊人的。"每张脸上都洋溢着喜悦，"纳撒内尔·格林记录道，"征服敌人的激昂斗智仿佛席卷了整个军队。"

> 我希望能学习效法他，在公众面临危难之际，选择热爱自由，而不是贪图个人安逸。战事伴随着危险和艰苦，我们要用男人的刚毅武装自己。

约瑟夫·里德是个长下巴的年轻人，眼中带点戏谑的神情,他是个有魅力的费城律师,曾在英国接受培训,华盛顿离开费城履任新职时,他获选进入荣誉护卫队。里德本想最远护送华盛顿到纽约,但他发现自己喜欢上了将军,一直陪他到了坎布里奇,成了华盛顿的秘书,而他的妻子和三个年幼的孩子还没有安顿好,律师工作也放弃了。里德解释说,华盛顿"这样向我吐露心声,我认为出于责任和荣誉,义不容辞应听从他的请求,帮他渡过困境的波涛"。

华盛顿对人特有的吸引力,很少有人描述得如此精练。

乔治·华盛顿于旧历1732年2月11日[①]生于弗吉尼亚的泰德沃特。他的曾祖父约翰·华盛顿在1657年从英格兰的北安普顿移居美洲,他的父亲奥古斯丁·华盛顿是烟草种植商,同样以"高贵的仪表和孔武的身材"为人所知,他的母亲玛丽·鲍尔在华盛顿11岁的时候守寡。因为家道没落,华盛顿受过的教育很少——他只请过七八年的私人教师,不像很多有名的弗吉尼亚爱国者那样学过拉丁文、希腊文或法律,那些熟悉他的人知道这一点,他自己也知道。

通过不断的实践,他学会了用清晰有力的风格写作,在纸上进行表达。他学会了跳舞——弗吉尼亚人喜欢跳舞,他也不例外。他还学会了在当时讲究礼数的上流社会自得其乐,举止娴雅,衣着光鲜(他小时候费力抄录了110条待人接物礼仪,头一条就是"与他人共处时,一举一动都要显示出对在场的人的尊重")。他喜欢聚会,尤其喜欢迷人女性的陪伴。正如英国军官所言,他"爱美酒,爱美女,爱牌局",不过他不像英军当中很多地位相当的军官,赌博从未成为他的嗜好。

---

① 即1732年2月22日。

对华盛顿帮助最大的老师是经历。16岁时他步入社会，为一名测量员当助手，去西弗吉尼亚的荒蛮地带探险，翻越蓝岭山脉。几年的时间过去了，他在蓝岭山脉以远的边远地区待的时间更长，在泰德沃特待的时间很短，测量工作后来证明回报颇丰。

1753年，20岁的华盛顿被弗吉尼亚总督派往西宾夕法尼亚荒蛮地带，挑战法国人对阿勒格尼河谷的主权要求，并且出版了自己的探险日记《乔治·华盛顿少校日志》，使得他的勇敢和机智在美洲殖民地和欧洲都有了名气。一年后，他第一次指挥作战，因为缺乏经验，判断失误，他与法军和印第安人在同样位于西宾夕法尼亚偏僻角落的大草甸（Great Meadows）遭遇，这起著名的边地小型流血事件是华盛顿的第一次失败，由此引发的冲突最终将大半个世界都卷了进来。

"我听到子弹呼啸而过，感觉那声音中有种迷人的东西。"他在一封信中写道。这封信后来发表在《伦敦杂志》上，可以视为少不更事、故作惊人之语。但后来他发现，他属于那种极个别的人，在炮火下毫无畏惧。

爱德华·布拉多克在西宾夕法尼亚打败仗那次，华盛顿是民兵军官，协同英军作战，表现出鲜明的作战勇气和卓越的领导才能。华盛顿曾一度年轻气盛，让人反感，不过他早已克服了这个缺点。1759年，他渴望加入英国正规军的愿望受挫，27岁的华盛顿"退休"了，回归弗吉尼亚种植园主的生活。同年，他与威廉斯堡的玛莎·卡斯蒂斯结婚。玛莎是个寡妇，有两个孩子，非常迷人而且富有。华盛顿全心爱着妻子带来的两个孩子约翰·帕克·卡斯蒂斯和帕齐，视若己出。实际上，华盛顿一生最惨痛的经历是1773年17岁的帕齐癫痫发作离开人世。

像泰德沃特其他种植园主一样,华盛顿的生活非常像英国的上流绅士。他祖籍英格兰,他的着装、举止还有最喜欢的消遣都与英国乡绅接近,也是当时美洲人刻意讲究的做派。他那辆漂亮的绿色四轮马车是按照自己的要求在伦敦定做的,有黄铜配件和皮革衬里。他从英格兰订制衣服,只用最好的英国羊毛和亚麻,只选最流行的式样。他穿英国靴子、英国鞋子、摩洛哥皮拖鞋,统统都是从伦敦定做的。架上书籍,包括军事论文,也都是在英国出版的。他房子的窗户用的是从英国进口的玻璃,华盛顿透过它俯视自己的领地。

就在他在坎布里奇上任前一年,华盛顿开始一项宏伟的工程,扩建自己位于芒特弗农的住宅,完工后会是现在面积的两倍。他要新增一间图书馆,盖一个两层楼的餐厅或宴会厅,能接待大批宾客。他是个天生的建筑师,热衷建筑和景观设计,芒特弗农就是他的作品,一切都出自他的创意和规划。很少有人能懂得,这一切对他来说有多么至关重要,他从中得到了多大的乐趣。

他一向不喜欢杂乱,对一切细节极为关注——墙纸、油漆颜色、天花板的装饰,并且坚持完美。在这个项目上,他绝不愿置身事外。即便远在坎布里奇,他仍放不下这一切。他担心芒特弗农的工程没有像他希望的那样开展,绘制指示图寄给他的管理人伦德·华盛顿。

> 我希望你能催促兰菲尔和西尔斯[两人为木匠]加快完成餐厅的烟囱(实行方案我最近寄出的一封信中提到过),我希望回家之前房屋的这部分能全部竣工。希望你

用粗木板装饰新厨房靠近花园的那端，老厨房也是如此。如果不能，我想按我们新教堂的样子装饰这些角落。水井进展怎样，砌墙了吗？你请好油漆工了吗？

华盛顿还热爱看戏，仅次于喜欢建筑和景观设计，这也是弗吉尼亚人的典型特点。目前所知，他第一次看戏是在19岁的时候与哥哥一起去巴巴多斯，这是华盛顿第一次也是唯一一次离开美洲海岸，离开他被天花"狠狠折磨"的地方。后来在威廉斯堡，华盛顿成为立法机构的一员，经常去戏院。访问安纳波利斯期间，他记录到，五天里他有四个晚上去"看戏"。后来在纽约，他去过戏院七次，看到《哈姆雷特》的首演。

但在他看过的戏剧演出中，他最喜欢的是《加图》，这是英国剧作家约瑟夫·艾迪生的作品，当时最流行的一出戏。现在身为军队统帅，华盛顿对里面的一句台词印象尤其深刻，并经常引用："取胜不依人力，但我们必得奋进。塞姆普罗纽斯，胜利理应属于我们。"

尽管华盛顿常被说成是美洲最有钱的人，但他也许不能算作十大富豪之一。他非常富有不假，这在很大程度上是因为他娶了玛莎·卡斯蒂斯。他的财富主要是土地，多达5.4万英亩[①]，包括约有8000英亩[②]的芒特弗农。另有4000英亩位于弗吉尼亚的迪斯默尔沼泽，几乎全部是买来投资用的。此外，他还有一百多个奴隶，这是财富的另一大标志，奴隶的劳作让他得以保持那样的生活方式。

[①] 约219平方公里。
[②] 约32平方公里。

当年流行的一部小说《汉弗莱·克林克历险记》（*The Expenditure of Humphrey Clinker*）中，多比亚斯·斯摩莱特写道，要成为乡绅，一个人"必须养马、养猎犬，有马车，有数量适当的佣人，摆上考究的桌子，用来招待邻居"。这也许正是芒特弗农生活的写照，不同之处在于，这里的佣人是黑奴。

弗吉尼亚的乡绅已经开始迷上猎狐运动，其热度不逊于英格兰。在这些乡绅当中，华盛顿脱颖而出，托马斯·杰斐逊认为他是"同龄人中最出色的骑手"。据记载，华盛顿一连狩猎七个小时，骑马尽可能靠近猎犬，"越过障碍，驰骋如飞"，一直坚持到狩猎最后，看到猎物被杀死。这不仅标志着华盛顿热爱追逐，有超常的体力，也显示出他不同寻常、不可动摇的意志。

贴身随从比利·李骑马陪在华盛顿身旁，据说快得像阵风，也像主人一样无所畏惧。

"在菲尔·亚历山大先生的岛上发现了一只狐狸，追了七个小时后不见了。"1772年一个冬日深夜，华盛顿在日记中这样写道。但他没有放弃，次日又在日记中写道："在同样的位置又发现一只狐狸，追了整整六个小时后杀死了。"

后世的一位体育作家把猎狐运动说成是"模拟战争景象，但没有战争的罪恶，危险也只有一半"。根据华盛顿自己的记载，几年间他花在猎狐运动上的时间累计有一个月。他记下每次追逐究竟用了多少时间，精确到分钟，这同样说明他是凡事力求精确的人。

有传闻说华盛顿力大过人，比如说，有一次，他把一块石头从河床一直掷到天然桥（Natural Bridge）上，那是弗吉尼亚有名的建筑，高达 215 英尺①。费城画家查尔斯·威尔逊·皮尔 1772 年为华盛顿画像时受邀去过芒特弗农。他说，有一次他和其他几个年轻人在草坪上掷铁棍锻炼，华盛顿来了，上衣也不脱，接过铁棍，远远掷了出去，"比我们掷出的最远距离还要远得多"。

华盛顿的富有、他的生活方式、他的体魄和骑术，对大批部下和很多大陆会议成员来说极为重要。人们感觉，如果他，拥有那么多的乔治·华盛顿，甘愿把"自己的一切"拿来冒险，而不管胜算有多么渺茫，那他们又怎能置身事外？他履职没有报酬，更是真诚奉献的一个证据。

必须承认，普通士兵和当地百姓当中，确实有人对弗吉尼亚种植主和他们高人一等的做派不抱好感。也有人认为，让一个蓄奴分子领导自由事业，太不协调，太过古怪。

华盛顿离开军队已有 15 年，这一点也是有案可查的。在此期间，他甚至连民兵组织都没有操练过。他此前唯一经历的战事是在边远的林区，那是截然不同的另一种战争。最引人注意的是 1755 年的布拉多克战役，华盛顿惨败。他根本算不上经验丰富的指挥官，从未领军作战，从未率领过一个团以上的兵力，而且从未指挥过围城。

华盛顿对自己的短处心知肚明。1775 年 6 月 16 日，他正式接受新的任命。站在大陆会议面前，他对约翰·汉考克这样说道：

> 我非常清楚，这项对我的任命是一种荣耀，但我也感

---

① 约 66 米。

到极大的压力。因为我知道,我的能力和作战经历与这项重要的全权委任不相匹配。不过,既然大陆会议希望如此,我会担此重任,在任期内竭尽全力,支持我们的光荣事业。

他知道自己也许不会成功,因此适时地提醒大陆会议:

但万一出师不利,使我的声誉受损,我请求在座诸位记住:我今天怀着最大的诚意宣布,我认为我配不上做总司令的荣耀。

他在致妻子玛莎的信中写道:"我没有主动寻求这项任命,恰恰相反,我用尽全力想要规避。不仅仅是因为我不愿与你和家人分开,而且是因为我知道,这项委任太过重大,超出我的能力……出任这一职位,实在是命运的捉弄……"

不过,他还是穿上鲜亮的制服出席大陆会议,显然表明他已做好履职的准备。他看到责任超出能力,那是因为他清醒地认识到这一责任是如何重大。率领一支没有受过训练、装备不良、由农民和工匠自愿组成的部队,迎战受过最佳训练、拥有最精良武器、世界上最令人生畏的武装力量,而且作战的结果又至关重要,这一任命事实上是任何人都没有资格担当的。

但他同样知道,总得有人来担当,不管任务多艰巨,胜算多渺茫,他知道自己是大陆会议心目中的最佳人选。

毫无疑问,大陆会议做出了正确的选择,这和政治毫不相干。弗吉尼亚人华盛顿代表着最富裕、人口最稠密的13个殖民地,他本人有多年政治经验,曾是弗吉尼亚立法机构的一员，并参加过大陆会议。原因之一是大陆会议成员最了解他，尊敬他，并非因为他是将军。他了解政治，也了解政治派别，知道政治体制如何运作。和这些人和这个体制打交道，不管遇到什么阻碍，遭受什么挫折，如何考验耐心，他从未忘记：大陆会议拥有最终的权力，而他这个总司令服务于大陆会议的成员。成员大概有56位，与议会不同，他们远在费城，秘密集会。

第三节

9月初，华盛顿开始筹划两个大胆的举动。

他已决定突袭魁北克的英军，将战事引到加拿大。一千名渴望行动的士兵立刻自愿前往，领队的是来自康涅狄格的骁勇上校本尼迪克特·阿诺德。他们将穿过缅因的荒野，沿肯纳贝克河取道东北，向魁北克进发。这次"秘密远征"是仓促决定的，士兵对地形知之甚少，但他们分成小队，启程前往波士顿以北的纽伯里波特，从那里坐单桅帆船或纵帆船前往肯纳贝克河口。

华盛顿告知大陆会议，他觉得可以这样派出一支千人部队，因为根据密探和英国逃兵提供的情报，他得出结论：波士顿的敌军只有等到增援来到才会发动进攻。

他的第二个计划是停止等待，进攻波士顿。人们认为，这等于说要把这座城市付之一炬，英军防御坚不可摧。实际上，双方防御工事都一再加固，以致很多人认为，任何一方都不敢向对方发动进攻。此外，围城意味着长时间的观望和等待，但观望和等待无法赢得战争，也不符合华盛顿的天性。

"我们处在不作为的状态，越来越丢脸。"他对哥哥约翰坦言。此前他在致罗得岛总督的信中说："和我们事业的崇高相比，任何危险都不足为虑。"

按照大陆会议的要求，在召开军事会议征询他人意见之前，华盛顿不得采取行动。因此，计划于9月11日举行会议，华盛顿对手下的将军说，这是"为了搞清楚，依照你们的判断，我们从水路进攻波士顿的英军是否能取胜"。

9月10日，几个最不守规矩的捣乱分子被关了禁闭，宾夕法尼亚长枪手发生了兵变。虽然格林将军和一支人数众多的罗得岛特遣队立刻平定了这场兵变，但这一事件加深了军心涣散之感，华盛顿显然受到了触动。

次日清晨，军事会议如期在华盛顿的办公室举行，参加的人有三名少将，包括德高望重的伊斯雷尔·帕特南，另外还有四名准将，几乎都是新英格兰人，只有查尔斯·李少将例外。李是华盛顿的副司令，也是到场的唯一一个职业军人。李将军曾作为英国军官和老兵参加过北美殖民地争夺战，像华盛顿一样，他参加了倒霉的布拉多克战役，后来定居弗吉尼亚。他瘦高身材，长相古怪，鼻子又弯又长，脸孔瘦削黧黑。他举止谈吐粗枝大叶，一点没有华盛顿的高贵，即便穿上制服，也永远一副衣冠不整的样子。

李将军有着古怪的性格和多彩的过去，可以充当英国小说中的主角。他曾娶印第安塞内卡（Seneca）部落酋长的女儿为妻。他曾随英军在西班牙英勇作战，当过波兰国王的侍从武官（aide de camp）。像腓特烈大帝一样，他爱狗爱得招摇，大多数时间身边总跟着两三只狗。一个叫杰里米·贝尔纳普的新罕布什尔牧师在坎布里奇与李将军进餐后说他是个"有怪癖的天才……了不起的邋遢鬼，俗不可耐，爱狗成痴。其中一条狗是纯种的博美，要是在树林里见到，我会以为是一头熊"。

李同样自信，固执己见，喜怒无常，脾气暴躁（他的印第安名字叫"沸水"）。很多人认为，他是所有将军中最有军事头脑的，他自己也公开这样说。华盛顿说他"就军事知识和军事经验来说，是全军中的第一人"。正是因为华盛顿的要求，大陆会议才让李当上了副司令。

李从未透露对华盛顿有什么看法，只不过他说，他认为"阁下"这个称呼十足荒谬。

与李形成鲜明对比的是阿蒂默斯·沃德少将，他身材粗壮，样子像个虔诚的信徒。他是马萨诸塞的农民、小商店老板、治安官，参加过北美殖民地争夺战的老兵。华盛顿到来以前，他全权负责对波士顿的包围。人们说沃德是个"好人，名副其实的新英格兰人"，尽管平庸。李将军私下里说他是"看教堂的，又老又胖"，"对军事一窍不通"。不过，沃德也许并不出众，但他有能力，有头脑，也不乏见识，时间会证明这一点。

华盛顿分派李指挥军队左翼，帕特南指挥中路，沃德负责多切斯特所在的右翼。早在7月9日，在华盛顿召开的第一次军事会议上，就有人提议占领多切斯特高地，但遭到一致的否决。不过沃德拒不放弃，8月份再次建议应努力布防高地，又一次石沉大海。

这次出席的准将是来自马萨诸塞的约翰·托马斯和威廉·希思、来自新罕布什尔德的约翰·沙利文、来自康涅狄格的约瑟夫·斯宾塞，还有纳撒内尔·格林。托马斯50岁出头，是内科医生，高个子，不善言谈。希思要年轻得多，38岁，是第五代罗克斯伯里农民，他在回忆录中风趣地说自己"个子不算高，皮肤还算白，十分臃肿，头顶已秃"。沙利文40多岁，是律师和政界人物，曾与华盛顿在大陆会议中共事。斯宾塞甚至比伊斯雷尔·帕特南还要老（他的部下叫他"老奶奶"），差一点就来不了。

这些人都来自新英格兰，都是平民出身，华盛顿立刻推断出，托马斯、沙利文和格林是他要找的人。托马斯仪表最为出众，曾参加过北美殖民地争夺战。一开始，由于希思经验比他少，级别比他高，他尊严受损，曾提到要辞职。华盛顿急忙恳请他留下来，并援引自己最喜欢的戏剧《加图》中的一句台词，投身这样的事业，"可以报效祖国，理应认为每个职位都是光荣的"。

参加军事会议的人到齐了，华盛顿力主向波士顿发动全面进攻，用平底船运送士兵，每艘可以容纳50人，穿越后湾（Back Bay）的浅水，水路并进。他提醒在座的将军注意一个已知的事实：冬天很快就要到了，部队没有营房和柴火；士兵已经急切地想要回家，一旦他们感觉到"北部冬天的严寒"，就很难让他们留在岗位上。服役期满后，旧部队解散，新部队尚未组建，这意味着灭亡。弹药依旧短缺，但手头现有的弹药还足以发动一次进攻。当然，也要考虑到"危险、人员伤亡和失败可能产生的后果"。

就这些问题及其他问题展开了讨论，包括敌军的防御工事，最后大家一致同意：放弃进攻，"至少现在"不能这样做。

这是个合理的决定。"危险"过于巨大，一败涂地简直是必然的，可能会产生可怕的伤亡。必须准确地掌握潮汐的动向，否则船上的士兵可能被困在离陆地 100 码[1]开外的污泥滩里，只能冒着猛烈的炮火在齐膝的污泥中挣扎前进，伤亡恐怕会像英军在邦克山遭遇的那样可怕。

实际上，这样的贸然进攻正是英军将领所期望的，如果美军这样有勇无谋，那也就意味着起义的失败，这是必然的。

在迫使华盛顿冷静这方面，军事会议证明了其价值。"至少现在"，审慎的确比勇气更加重要。

华盛顿接受了这个决定，但建造平底船的工作还在继续。在一封致约翰·汉考克的长信中，华盛顿力主"制胜一击"，并补充说："我不能说我已放弃这一计划，不加考虑。"他感觉，大陆会议的很多人也像他一样，对僵持局面感到不耐烦，"这支部队陷于无所作为的状态已有一段时间了，这不符合我的意愿。我想通过制胜一击，将我的国家从维持军队的沉重负担中解救出来。"

华盛顿还提醒汉考克，也提醒大陆会议，他的军费已经没有了。士兵已有数周没有领饷，这对士气不利，也不能减轻家里的负担，"军需官手里已经分文皆无"。

军费至少还在筹集，9 月 29 日，50 万元大陆币从费城汇到坎布里奇的司令部，几天后，数千士兵至少能领到一些酬劳。"我寄给你 11 元。"约瑟夫·霍奇金斯上尉 10 月 6 日给妻子萨拉写信说——他每月的酬劳是 13 元。

当被问到为何而战，大部分军人，不管是军官还是普通士兵，到目前为止的回答都是：为了保卫家园，捍卫他们本该像英国自由民一样拥有的自由。纳撒内尔·格林曾对妻子说，他

---

[1] 约 91 米。

参战是为了"捍卫我们的共同权利"。英国正规军,那些讨厌的红衫英国佬,是"侵略者",必须赶走。"我们是军人,我们投身战争,不是为了侵略别国,而是为了守卫本国;不是为了满足一己私欲,而是为了公众安全。"格林在另一封致塞缪尔·沃德的信中这样说。华盛顿在给托马斯将军的信中说,战争的目的"既非获取荣耀,也非拓展领土,而是为了保卫生命中值得珍惜和宝贵的一切"。

没有提到过独立,那些将士在邦克山激战之时没有想到过独立,华盛顿出任总司令之时也没有想到过独立。离开费城起程前往坎布里奇的时候,华盛顿明确向纽约地方议会保证:"我那些可敬的战友和我自己的一切努力,都是为了重建宗主国和殖民地之间的和平与和睦。"

但越到后来,独立谈得越多。贝尔纳普牧师数次探访军营后得出结论,独立"已成军中最热门的话题"。"宣布独立"是民心所向,纳撒内尔·格林是第一个写下这样文字的人:"我们必须开始认真筹备,迟早如此。"

9月末,军医处处长、战地医院院长本杰明·丘奇医生被发现是英国间谍,他是第一个美军叛徒,这一消息震惊了所有人。丘奇是当地的显要人物,华盛顿抵达坎布里奇当天他在旁陪同。他在人们心目中是个重要人物,像其他人一样可靠,他是地方议会的成员、诗人、作家、约翰·汉考克在哈佛的同班同学,也是一个敢于直言的爱国者,但他一直秘密与英方用密码联系,并领取报酬。

他变节行为被戳穿实出偶然,一个道德成问题的年轻女人带了一封神秘的密码信,落到了纳撒内尔·格林一个朋友的手里,那人把信带给格林,格林又直接把信交给了华盛顿。那女人被捕后交代,她一直与丘奇过从甚密,信是丘奇的。信中密码被破解,丘奇暴露了。整个部队,实际上整个新英格兰和费城的大陆会议都大为震惊,谁知道还有多少个丘奇躲在这里?

丘奇受到审判,定罪入狱,但一直坚称自己是无辜的。丘奇被送上轮船,流放西印度群岛,消失在海面上。直到几年后,更多证据被发现,才证实了他的罪行。

10月8日是阴晦寒冷的星期三,三名大陆会议成员组成的委员会,包括本杰明·富兰克林,聚集在华盛顿书房的熊熊炉火旁。三人与华盛顿及其部下斟酌讨论了很长时间,最后认为:如果进攻波士顿意味着得把这座城市彻底毁灭,那他们不能同意这样做。

军事委员会的一次会议做出了同样的决定:"在这种情况下",风险过于巨大。霍雷肖·盖茨准将就是这样说的。盖茨上次会议没有参加。像查尔斯·李一样,他也是个有经验的前英军军官。

"这里的情形仍旧没有多大变化,"马萨诸塞议会议长詹姆斯·沃伦这样写道,"我们观察他们的战线,他们也观察我们的……他们发动进攻需要勇气,我们发动进攻需要实力,所以双方都按兵不动。"

10月24日,缅因的邮差带来消息,英国军舰进攻并焚毁了未设防的法尔茅斯镇。镇上居民事先得到警告,因此无人丧生,但全镇居民在将要入冬时没了房子。这次袭击被斥为暴行,华盛顿说,这是伦敦政府"邪恶计划的标志"。

与此同时,华盛顿还要应对另外一个不利局面,他那头脑精明、到目前为止不可或缺的秘书约瑟夫·里德决定不能再拖延了,他得回费城打理自己的事务,照顾家人。里德走后,华盛顿给他写了很多信,其中一封说:"你一定要知道,你对我有多么重要……因此你应该清楚我多么盼望你回来。"另一封写道:"我非常想你。如果坦白承认这一点还不够,为了让你早点回来,我愿热诚地表明这一点。"

约翰·亚当斯在费城的时候就认识里德,他说里德"非常明智"、"随和",甚至"温柔"。华盛顿的感觉基本相同。华盛顿给里德的信的落款不是标准的"您忠诚的仆人",而是"您亲近而忠诚的仆人",这几乎是绝无仅有的。

天气变得"寒冷多风",杰贝兹·菲奇这样记录到,他仍然毫不抱怨。营房开始动工,华盛顿授权采购一万捆木柴。传染性痢疾席卷了周围的城镇,撒切尔医生担心生病的士兵太多,医院容纳不下。当地农民要价前所未有地高,让本已难耐的军营生活雪上加霜。

华盛顿对这种缺少爱国精神的行为大为恼怒,他对新英格兰人的反感与日俱增。不过,当地民众及其领袖仍对华盛顿高度信任,他们理解他面对的困境,他们依赖他,正如大陆会议和各地爱国者依赖他一样。詹姆斯·沃伦给约翰·亚当斯的信中说:"责任重大,他无疑是当世最合适的人选。"

亚当斯对新英格兰和弗吉尼亚的地域差异非常敏感,他在大陆会议亲眼见到很多来自中部和南部的人对新英格兰人的不信任。他开始忧心,这样的看法和偏见如果不加控制,会对大业产生很大危害。

> 其他殖民地的绅士有种植园和奴隶,并且……习惯高看自己,惯于将自己与普通人之间的差距夸大……我对这种个性差异的后果非常担心。如果双方不竭力小心行事、

彼此体谅、彼此容忍、避免相互贬低，那后果将是致命的。

纳撒内尔·格林确信，华盛顿只是需要时间来对新英格兰部队的"超凡之处逐渐熟悉"。

与此同时，华盛顿对格林愈加器重。得到他器重的还有一个不同寻常的新英格兰青年亨利·诺克斯，华盛顿让他执行这场战争中一个最困难也是最关键的任务。

亨利·诺克斯上校很难不引起别人注意。他 6 英尺①高，大块头，体重约有 259 磅②，声音低沉有力。他喜欢交际，生性快活，思路敏捷，精力旺盛——"很胖，也很活跃"，年方 25 岁。

他是出生在波士顿的"城里人"，住在面朝港口的海岸街（Sea Street）一所狭长的房子里。母亲玛丽·坎贝尔和父亲威廉·诺克斯是苏格兰—爱尔兰长老会的会员，有十个儿子，亨利是第七个。他父亲是个船长，在西印度群岛失踪了，之后 7 岁的诺克斯开始出去干活，帮母亲维持家计。像纳撒内尔·格林一样，他几乎也完全靠自学成才。后来他卖书，最后在康希尔大街开了自己的"伦敦书店"，提供从伦敦引进的"有分量有品位、种类繁多"的最新图书和杂志。在《波士顿公报》刊登的告示上，他的名字总是印得比书店名称还大。

虽然不是特别景气，书店还是成为"英国军官和亲英太太热衷盘桓的去处"，一个"适合早上闲荡的时髦场所"，而高大

---

① 约 183 厘米。
② 约 117 公斤。

随和的书店主人也成为镇上最有名的年轻人之一。约翰·亚当斯是书店的常客，他说诺克斯是个"举止亲切，求知欲强的"小伙子。纳撒内尔·格林也是书店的顾客，他不仅像诺克斯一样热爱读书，而且对"军事艺术"感兴趣。因此，战争前夕，两人之间的重要友谊开始了。

所有能找到的兵器学和兵法学的书诺克斯都读过，格林加入罗得岛肯特护卫团之后，诺克斯报名参加了新组建的波士顿近卫步兵团（Grenadier Corps），部队的一切他都喜欢，包括一成不变的饮食。

几乎同时，诺克斯出了意外，这次意外本来会像格林的膝伤一样让他离开军队。一次在港口的诺德斯岛（Noddle's Island）打鸟时，他的猎枪爆炸，炸掉了左手无名指和小指。此后出席公开场合时，他总用手帕包着左手。

诺克斯投身爱国事业，却爱上了一个有名的亲英分子的女儿，让他的生活变得更加复杂。那女孩名叫露西·弗拉克，也是书店的顾客，体型丰满，热爱交际，与诺克斯很般配，她父亲托马斯·弗拉克是殖民地的大臣。诺克斯叫她"我的可人儿"。不管是他有残疾的手还是他的政治信念，都不能熄灭她爱情的狂热。他们不顾女方家庭的反对结婚了，露西的父亲想给新姑爷提高社会地位，为他在英国军队里谋了个差事，诺克斯拒绝了。

列克星敦和康科德流血事件之后那些紧张的日子里，这对年轻夫妇打点行装，尽量少带东西，乔装溜出了波士顿。露西再也没见到她的父亲，而她父亲最后将乘船前往英格兰。

诺克斯在伍斯特把露西安顿下来，参加了阿蒂默斯·沃德将军的军队。沃德派他规划和构筑防御工事，"我渴望见到你，什么也阻止不了我。但我希望能做一点事，让我多难而又可爱的祖国更好一些。"他给她写信这样说。

华盛顿7月5日视察罗克斯伯里防御工事时第一次见到诺克斯，当时华盛顿上任刚刚三天。显然，华盛顿对诺克斯印象很深，而诺克斯也认为华盛顿具备统帅的一切素质。"华盛顿将军非常亲切而又高贵，把快乐播撒给身边的人。"诺克斯写道。他被叫到司令部参加会议，后来，像纳撒内尔·格林一样，他被邀出席一些场合，与华盛顿及其宾客一同进餐。

正是亨利·诺克斯第一个提出建议，夺取遥远的位于尚普兰湖畔泰孔德罗加要塞的加农炮，这是个艰巨无比的大动作，很多人认为不可能。

5月，伊桑·艾伦、本尼迪克特·阿诺德和一群格林山兄弟会（Green Mountain Boys）[①] 的成员从英军手里夺取了泰孔德罗加要塞，这是个轰动性的新闻，但城堡和夺来的火炮弃之不用了。诺克斯告诉华盛顿，可以重新拿回这些火炮，从陆路拉到波士顿，华盛顿立刻表示同意，让这位年轻军官负责这次远征。

像绝大多数人一样，华盛顿喜欢和诺克斯在一起。也许，在这个高大自信、自学成才、举止随和的年轻人身上，他看到了自己的影子。这个年轻人幼年丧父，靠自己做了那么多事，对如此艰难而又重大的任务已做好准备。

一个二十几岁的年轻军官筹划出一个方案，直接报给最高长官，得到认真考虑，并得以采纳实施，这也标志着美洲平民军队和英军的重大差别。在一支几乎所有人都是新兵的部队

[①] 美国独立战争时来自佛蒙特的民兵组织。

里，几乎所有人的意见都值得听取。

11月16日，诺克斯带着19岁的弟弟威廉出发了，他得到授权，可以最多花1000元。"别害怕，"他写信给露西，"这个任务不需要交火，我只是去做生意。"

白天越来越短，也越来越冷，成群的野鹅从头顶飞过，数量很多，军中只好贴出告示，禁止射杀野鹅浪费宝贵的弹药。"看到士兵胡乱浪费弹药而坐视不管、不尽力阻力这种恶行的军官将得到处分。"纳撒内尔·格林宣布。

保存弹药的必要性很大，以致作为军中例行仪式的早晨鸣枪也取消了。为防止英军进攻，向士兵们分发了长矛。

> 每个上校或团长［格林的另一条命令写道］应指定三十名活跃勇敢、意志坚定的士兵，准备用长矛而不是枪炮来守卫战线。

11月21日下了第一场雪，接下来的几天，寒风凛冽，到了1月份，雪更大了，冬天显然到了。据说波士顿城中每况愈下，英军砍树或拆掉旧房子获取木柴。由于暴风雪和美军的私掠船，从海路给受困的波士顿提供给养越来越困难，食物极度匮乏，据说英国士兵饿得受不了，很多人准备一有机会就开溜。一些英军士兵公开宣称，如果再有军事行动，他们就可以"趁乱溜走"，他们愿意选择"能提供新鲜牛肉的那一方"。普通士兵患坏血病死去，更糟糕的是，天花正在肆虐。

同时，从美军那边逃来的人告诉英国人，华盛顿的军队又累又没有报酬，衣物奇缺，不足以御寒，大多数人都渴望回家。

有一个令人难忘的故事,讲的正是大约发生在这一时期的一起事件。故事未必完全可信,但生动地勾画了军中的紧张态势和华盛顿控制不了的暴怒。这个故事是数年之后由一个叫伊斯雷尔·特拉斯克的男孩讲述的。小男孩10岁时已随父从军,在他眼里,华盛顿几乎是超人。

哈佛大学操场上正在打雪仗,一方是来自弗吉尼亚边远地区的长枪手,有50人或者更多,另一方是人数相同的来自马布尔黑德团队的水手。雪仗很快升级,据特拉斯克说,"一方又咬又抠,另一方狠狠将对方打翻在地,显然各怀怒火,像有深仇大恨"。很快,一千多人加入混战,这时候华盛顿出现了:

只见他和黑人奴隶,两人都骑在马上[特拉斯克回忆说]。他从马鞍上一跃而起,将缰绳扔给仆人,冲进人群最密集处,牢牢抓住两个又高又壮、长相凶恶的长枪手的脖子,一手一个将他们分开,一边摇晃他们的身体,一边对他们喊话。

见此情景,其他人"飞快地从打斗现场四散逃窜"。如果特拉斯克的记忆没错,整场冲突从开始到结束只有15分钟,然后就没事了。

11月25日,英军将几船波士顿贫民送过后湾,放在坎布里奇附近的海边,交给叛军处理。这些人数量大约有300,有男人,也有女人和孩子。

他们的样子令人心碎,不少人病了,奄奄一息。"每个人的情况都极为凄惨。"华盛顿写道。一种说法是,豪将军要在波士顿城中腾出地方,安置随时可能到达的援兵。但也有人说,送走这么多病人,是"试图把天花传给美军,乃至全国"。华盛顿起初拒绝相信这种指控,但后来又有150名无助的人被送出波士顿,而那里的天花疫情有增无减,华盛顿开始把这种疾病说成是"他们用来对付我们的防守武器"。

此刻华盛顿及部下高级军官的力量都用在了一个地方:不让军队解体。康涅狄格部队到12月9日就服役期满,士兵数着日子等着回家,似乎没有什么能让他们改变主意。

这时候,《新英格兰纪事报》登出了一篇鼓舞人心的文章,号召将士,"美洲的守护者",重新激起对自由事业的热情。这篇文章感情充沛,文笔流畅,为报章所未有,署名很简单——一个自由人。这篇文章不仅歌颂"光荣事业",而且提到很快就会脱离英国统治,"前程远大,一切都是那么美好",美洲人将决定自己的命运。

你们由于智慧的引导,受到热情与勇气的激励,投身自由事业,已经赢得了国人的感激、热爱和信任。他们仰仗你们这些有经验的老兵,相信你们仍将是美洲的守护者。我有幸身为美洲人、数百万自由的美洲人中的一员,因你们的勇气得以保全。我谨向你们致以赞美和感激,请求你们继续坚守现在那光荣而重要的岗位。我不怀疑,不乏美洲子女愿意聚集在她的旗帜下,捍卫她的自由。但经验证明,有经验的士兵更有能力履行军人的职责,更适合迎战敌人。因此,每个美洲的朋友都热切盼望,大多数军中绅士能继续服务于自己的祖国,直至"自由、和平和安全"得以建立。虽然各自的私务召唤你们回家帮忙,但祖国的召唤声音更响。在自由召唤时离开战场,这对勇士的心灵来说是一种折磨。遭受伤害的数百万人在大声叫着："拿起武器！拿起武器！"从未有一种事业比你们从事的事业更重要、更荣耀。它不仅关系到你们的妻子儿女、子孙后代，也关系到整个人类、整个世界，因为如果这个伟大的国家有专制横行，可以想见，自由将在全世界销声匿迹。因此，你们的努力决定着人类的荣誉和幸福，人类之子从未有过这样的力量。捍卫这一事业的士兵不需要头衔，他的岗位是崇高的。他并非国王，但应头戴冠冕——荣耀的冠冕，并被永世铭记！

　　我们的敌人野蛮残忍地烧毁了法尔茅斯，充分证明了美德、智慧和人性在英国宫廷已荡然无存。他们已打定主意，手持火把和刀剑，用来杀戮和毁灭，将全体美洲人民沦为乞丐和奴隶。因此我们预料，很快将切断与英国的一切联系，组建"大美利坚殖民地联合共和国"。她将蒙上天眷顾，解脱很快将会实现，自由将会一直延续，财富、力量和荣耀将在世界之西不断增长。

　　尽管我们要直面很多困难，尽管敌人残忍暴虐，但我们面前有光辉的前景，前程远大，一切都是那么美好。我们走得离独立越近，前景就越开阔、越光明。一个完整的共和国很快将实现我们完整的幸福。

　　然而，重新登记入伍的人还是少得惊人。11个团中，或近一万人当中，只有不到1000人同意留下来。华盛顿建议大陆会议，除了爱国热情以外，还得找出别的激励手段，让士兵愿意服役。提前几个月发饷可能有用，他写道，但他手头又没钱了。到11月末，他向大陆会议报告，只有2540个士兵重新登记入伍。"我们的处境的确堪忧,豪将军对此了如指掌……援兵一到,他无疑会利用这一优势。"

华盛顿是个自制力很强的人,几乎可以说过于克制,很少表现出灰心或绝望。但私下与约瑟夫·里德的信中,他流露出他此刻实际上是多么沮丧和痛苦。11月28日他在给里德的信中坦承,他从未见过有人像美军士兵这样"没有全局观念,缺乏道德意识"。"这群人"仍然让他无法理解。"唯利是图的龌龊心态弥漫全军,"他写道,"如果我能预见到我必须经历和可能经历的一切,世上没有任何东西能诱惑我接受这一任命。"

漫长的六个月过去了,没有一丝一毫的好消息,没有一件事能振作士气,没有一点迹象证明前途可能变好。

令人吃惊的是,第二天,"佳音"来了。约翰·曼利船长指挥的"李"号纵帆船在波士顿以北的安娜角(Cape Ann)劫取了一艘敌军运输船,双桅横帆船"南茜"号。船上装满了宝贵的军用物资,而这些物资是大陆会议未来几个月无力向他们提供的,其中包括2500架武器、加农炮、迫击炮、燧石枪,约40吨炮弹和2000把刺刀——除了火药,几乎应有尽有。

"李"号是华盛顿派出劫掠敌船的最早几艘武装纵帆船之一,这是他新"海军"的第一次大捷,约翰·曼利也成了第一个战斗英雄。华盛顿立刻给约瑟夫·里德写信,说这是"神恩眷顾的一个证明,因为没有什么比这来得更及时的了"。

离重新登记入伍截止期只有几天了,忧虑情绪到达了顶点。"人们像着了魔似的想要回家,"霍奇金斯中尉给妻子莎拉的信中这样说,"身为志愿者,我希望我和我的同乡能有足够的荣誉感,待到冬天结束,而不是全部离开阵地。因为我们全都危在旦夕,如果不是努力让自己完成这个光荣事业,人已经走光了。"

"我希望你能回家来看我们,"她写道,"我几乎每天都在盼你,但我不让自己去指望什么,因为我发现,没什么可以指望的,只有烦恼和失望。"

"我很想见你。"她在另外几封信中说,警告他如果他不改变自己随军的主意,那将会令"我无法忍受地失望"。

部队一次又一次地被召集起来,听军官和牧师讲话。一名来自康涅狄格的士兵打定主意,什么也不能阻挡他回家。他描述道,他的团如何一次次被叫出去听讲。"我们受命围成一个空心的方阵,"西蒙·莱曼在日记中写道,"李将军走进来,开篇就说:'我真不知道怎么称呼你们这些人,你们是一群最低等的动物。'然后他就挥动手臂,向我们破口大骂……我们的中尉哀求我们留下来。"但对于莱曼来说,12月9日是当兵的最后一天,几乎团里的所有士兵都是这样想。12月10日,星期天,他写道:

> 早上我们接到命令,要从将军门前列队经过,清点人数,然后解散。我们去中尉那里,他给了我口酒喝,然后我们就出发了。

李将军站在那里看着,只有在那些肯留下来的士兵那里才能找到一些安慰。

> 一些想家的康涅狄格士兵不肯留下来,用新英格兰方言说,油盐不进,所以他们列队时带着背包和行李。不过,穿过各团的队列时,人们向他们发出嘘声和埋怨声,

向他们扔东西。我相信，他们恨不得他们几天前亲如家人的姨妈、祖母甚至情人都下地狱。

华盛顿恳请大陆会议和地方政府尽快派更多人过来，确实不断有新兵加入，但只是星星点点。

远征魁北克还是没有消息，诺克斯那边也没有动静。奥尔巴尼的斯凯勒将军写信给华盛顿诉苦，华盛顿回信说："请问先生，如果现在不是勇士投身自由事业、服务国家的时候，那什么时候才是？"他理解斯凯勒将军面临的烦恼，"但我们必须坦然面对。既然我们不能让人成为我们希望的样子，那就得最好地利用他们本来的样子"。

初秋，华盛顿给妻子玛莎写信，欢迎她来坎布里奇陪他，如果她认为这个季节动身不算太晚的话。600英里[①]的路程漫长艰巨，令人疲乏不堪，对一个不习惯旅行的人来说尤其如此，尽管她有钱有地位。

12月11日，一个多月的颠簸之后，玛莎到了，陪她一同前来的是儿子约翰·卡斯蒂斯及其妻子埃莉诺、华盛顿的侄子乔治·刘易斯，还有盖茨将军的英国妻子伊丽莎白·盖茨。将军太太们在费城停留时，约瑟夫·里德负责照料，他看到她们在路上的样子，就跳出一个念头："在一个木材稀缺的国家……她们的家当可真不少。"

副官托马斯·米夫林上校的妻子萨拉·米夫林也来了。年轻英俊的上校出身费城最为显赫的家族之一，他和美丽时髦的妻子为华盛顿的交际圈平添了几丝优雅，而伊丽莎白·盖茨则

[①] 约966公里。

造成了一些轰动——她在坎布里奇骑马周游,这种习惯颇为男性化。

玛莎·华盛顿从未离家这么远,也从未置身战争当中,她给弗吉尼亚的一个朋友写信说,好像除了她别人都不怕大炮的轰鸣。"我承认,一听到炮响我就发抖……我从来不知道战争是怎么回事,对我来说,备战真是恐怖极了,但我尽量努力不让别人看出我有多害怕。"

与此同时,经过多番辩论,费城的大陆会议通过命令,让华盛顿击溃波士顿城内的敌军,"即便必须把波士顿烧毁"。约翰·汉考克的石头宅第位于比肯山,俯瞰公地,是天际线最突出的景观之一,他"热切地"支持这一措施。

尽管有寒风大雪,防御工事仍在不间断地建设,不断完善,华盛顿不断地将战线向敌人推进。科布尔山的新建要塞比普罗斯佩克特山低,向波士顿整整推进了1.5英里,被《普罗维登斯公报》(*Providence Gazette*)称为"当前战事中美军建造的最完美的城防"。

12月24日,一场风暴横扫了整个马萨诸塞。波士顿周边的温度骤降至十七八度[①],下了1英尺[②]厚的雪。圣诞节那天是星期一,依旧寒风刺骨,但天气晴好,部队如往日一样例行公事。

12月30日,几艘英国军舰抵达港口,估计是运来了援兵。

"这是以前入伍的士兵们服役的最后一天,"心绪低沉的纳

[①] 华氏度,相当于零下七八摄氏度。
[②] 约30.5厘米。

撒内尔·格林次日给大陆会议成员塞缪尔·沃德写信说道:"只有迷惑和混乱。"

>我们亟需食物。因为没有木柴生火,很多团队只好生吃食物。我们已烧掉了所有的篱笆,砍光了营地周围1英里①的树。我们的困窘出乎想象,我们明天将前所未有的虚弱。

1776年1月1日,星期一,新年的第一天,去年10月乔治三世在议会上的第一批讲话稿从波士顿传到整个战线,它们是轮船从伦敦运来的。

美军的反应是满腔激愤,士兵公开焚烧讲稿。随着讲稿的内容迅速传播,讲稿在各地产生了惊人的效果。讲稿指责美军叛国作乱,影射美军谋求"外国援助",彻底粉碎了和解或者很快结束战争的希望。这标志着一个转折点,就像新年到来一样确定无疑。

"我们一味强调和解,是诉诸幻想,而不是出于理性。"纳撒内尔·格林给费城的塞缪尔·沃德又写了一封热情洋溢的信件。

>上天让摇摇欲坠的大英帝国陷入不可挽回的衰败,感谢上帝。既然天意如此,美洲必须建立一个永世长存的帝国,竖立在真理、自由和宗教的基石上。正义之神微笑着鼓励它,爱国的子民勇敢地捍卫它……我随时准备为祖国

---

① 约1.6公里。

抛洒热血,请允许我发自内心地建议,宣布独立,让世界和世界之主上帝一同见证独立的必要性、合理性和正义性。

乔治三世的讲话对华盛顿影响很大。如果没有什么能"令暴君及其邪恶政府满足",他在给约瑟夫·里德的信中说:"这个国家如此不义,如此不循常理,我们决心切断与它的一切关联。我会将此告知他们,不是暗中知会,而是直言明告,就像头顶的昊日青天。"

同样在新年的第一天,开始了部队的大换血,新团队来到,旧团队"成百上千"地离开,"而敌人正虎视眈眈",希思将军这样记录道。

不过前线上还是有数目可观的人留了下来,其中很多人自邦克山战役以来就一直在军中服役,如康涅狄格的塞缪尔·韦布和年轻的横笛手约翰·格林伍德。约瑟夫·霍奇金斯留了下来,虽然他和妻子彼此迫切思念。画家约翰·特朗布尔和医生詹姆斯·撒切尔也留了下来。很多人,像康涅狄格的杰贝兹·菲奇中尉,将要回家,但新年过后就会重新入伍。有多少"老兵"会继续作战不好确定,但估计多达9000人。

在坎布里奇的司令部里,华盛顿在新年令中宣布,一支"新军"已经成立,"完全可以说来自整个大陆"。自此,美军得名"大陆军",尽管百分之九十的士兵来自新英格兰。

华盛顿强调,他希望"我们致力从事的伟大事业的重要性能深入每个人内心"。一切"值得珍爱的宝贵"东西都面临丧失的危险。他号召人们鼓舞起爱国热情,激发起斗志和奉献精神,同时明确表达了自己的感受。

随着 13 声礼炮,华盛顿升起了新的军旗,庆祝新军的成立。新旗有 13 条红白相间的条纹组成,上角是英国国旗颜色(圣乔治十字架和圣安德鲁十字架)。波士顿的英军看到普罗斯佩克特山飘扬的这面新旗,一开始错把它当作是降旗。

第三章　多切斯特高地

处在这样的位置，我们毫不惧怕敌人偷袭或正面进攻。

——威廉·豪将军

第一节

多切斯特高地能决定整个波士顿的战局，这一点英军一开始就再明白不过，6月15日最早通过的作战计划就是夺取查尔斯顿和多切斯特两个半岛的高地。但接下来叛军一夜之间突然向查尔斯顿进发，在邦克山构筑工事，经过6月17日的血战才把他们赶走。战后次日凌晨，军事会议在政务大楼举行，这里是总指挥托马斯·盖奇的司令部。亨利·克林顿少将提议，立刻向多切斯特推进。占领高地"对波士顿的安全来说绝对是必要的，因为高地直接控制着我们的水路交通，对波士顿港口的影响要大过对查尔斯顿各港口的影响"。克林顿后来写道，并且说自己愿意率军发动进攻："我预见到其后果，当时正式提出了自己的意见：如果英王之师会被赶出波士顿，那一定是叛军在高地上竖起的炮台造成的。"

然而，盖奇用加农炮在邦克山严密布防，派500名士兵把守，但却对多切斯特毫无作为，盖奇10月份离开后接任的豪将军也是一样，实际上，美军也是一样。多切斯特仍然高高耸立，大风呼啸，无人驻防。双方都知道它战略上的重要性，但双方都不敢占领高地并布防。

波士顿城中那些与英国指挥官联系最紧密的亲英分子，普遍了解多切斯特是关键所在，普遍不了解为什么毫不作为。彼得·奥利弗法官是最有声望的亲英分子之一，他写道："人们常常希望能对这座山给予足够的重视。人们不断提到，确保这一位置的安全是绝对必要的。但通常的回答是：这座高地不会带来什么危害。人们希望，即使叛军占领了高地，也能把他们赶走。"

英军将领更严峻也更迫切的考虑是全面放弃波士顿，收拾行装，乘船离开。事情明摆着，发动进攻显然行不通。盖奇将军在与伦敦政府的信中强调，应把纽约作为"战场"，豪将军和其他人也持同样观点。

詹姆斯·格兰特几个月前说，现在放弃波士顿还来得及。"我们不能整个冬天都待在这里，我们的处境越来越糟，而叛军的处境一天比一天好。"格兰特8月11日给伦敦的陆军副官爱德华·哈维的一封长信中这样坚持。

格兰特是个苏格兰大胖子，固执己见，参加过北美殖民地争夺战，非常瞧不起美洲人（正是他向议会夸口，只要有一支5000人的部队，他就能横扫美洲大陆）。唯一的明智之举是烧毁波士顿，移师纽约。他还想让舰队自由行动，烧毁新英格兰沿海的所有主要城镇。"宽大为怀是行不通的。"

大西洋两岸的通信费时过长，当豪将军接到伦敦"冬季前放弃波士顿"、"移师纽约"的命令,已经为时太晚——冬天已经到了。另外,现有的轮船太少,不能把军队运走。另外还有数百名亲英分子,豪将军对他们非常关心,因为他知道如果把他们留下来,他们会有怎样的命运。

豪将军看不到回旋的余地,只好等春天到来,那时候他就可以自己选择时机离开。"处在这样的位置,我们毫不惧怕敌人偷袭或正面进攻。"他向伦敦的长官们保证,并在12月3日的军官会议上进一步强调了这一点。不过,如果叛军向多切斯特进发,豪将军断言:"我们一定会全力进攻。"

和城外的美军总司令不同,英军统帅并不急于行动,相反,威廉·豪一点也不想贸然行事。再有,正规军的士兵都认为,冬季通常不是适合作战的季节。

于是英军安顿下来,准备度过波士顿漫长的冬天,并在目前的处境下尽量让自己过得舒服一些。

值得注意的例外是约翰·伯戈因少将,这位昵称"约翰尼绅士"的军官战功卓著,偶尔还写剧本,为英国军官及其太太们的社交生活增色不少。他说他受不了"无所事事"的生活,希望能自己做主,12月初就乘船回到了英格兰。

美洲的严冬是英国士兵永远也习惯不了的:春夜没完没了的蛙鸣、美洲的蚊子、没有像样的啤酒喝,这些都不能与之相比。湾区的寒风大雪对英军并不区别对待,也给美军带来同样的困扰。但英军不习惯这样的气候,对此完全无法忍受。一个爱尔兰勋爵弗朗西斯·罗顿上尉写道,12月初,他和部下在邦克山的营地是多么痛苦,他们的帐篷"破得不成样子",简直和睡在露天地里没有区别。"我们听到战友在波士顿举行舞会和音乐会,有几分嫉妒。"有的士兵站岗时冻死了。虽然几周后他们搬进了冬季营房,但不挨冻几乎是不可能的事。

公海仍是城内燃料和食物供应的唯一生命线,但由于北大西洋的猛烈风暴,以及不断增多的美军私掠船不顾恶劣的天气在海岸附近劫掠,能到达城内的供给船越来越少。"叛军厚颜无耻地为私掠船提供装备,"一个义愤填膺的英国军官躲在舒服的营房里这样写道,但他知道,总有一天,"我们会狠狠地教训这些无赖,结束这种勾当。"

英国海军上将塞缪尔·格雷夫斯负责海岸巡逻,对付美军私掠船。他说,安娜角和考德角(Cape Cod)之间海面上的暴风雪能让最坚强的人为之胆寒。

> 风暴猛烈,让人不敢逼视。雪甫落即冻,与之对抗全然徒劳——滑轮失灵,索具包上硬壳,绳索和船帆冻上了,整艘船不久就成了一个大冰块……在这样恶劣的气候下,岸上的哨兵每半小时换一次岗仍经常冻死,读者不难想见,站岗的海员,尤其是小船上的海员,其痛苦是如何巨大。

波士顿木柴的售价达到 1 考得① 20 美元,砍掉的树越来越多,包括埃塞克斯街和奥兰治街交汇处的老榆树。这些树人称"自由树",砍下来成了 14 考得的木柴。一百所甚至更多的房子被拆,旧谷仓、旧码头、废弃的船只都拆散了,只要找到能生火的东西就行。遵照豪将军的指令,将荷兰老教堂也推倒以便获取木柴。

---

① 木柴堆级单位,约 3.6 立方米。

开战前波士顿居民只有很少一部分人留下来，数千人早就逃出城去。但另外一些人，亲英分子，把波士顿当作避难所。与那些想保全个人财产或因穷苦无助只能留下的居民相比，亲英分子数量未必更多，但更为醒目。还有一些人，如波士顿城中市镇管理委员会成员被禁止离开。总的说来，围城中大概有4000平民，至少半数是妇孺，他们同红衫英国佬一样，饱受匮乏之苦，穷人难免受苦最多。

食物仍然极为稀缺。年轻的罗顿勋爵说自己的士兵看起来骨瘦如柴，即便是低一级的马肉也卖到高价。士兵劫掠的事件不断增加，为了加以制止，豪将军严刑峻法，甚至比英军的标准刑罚还要严厉。实际上，1776年新年的第一天，波士顿是在众人鞭打一对偷窃被抓的士兵夫妇中度过的。

对英国军官（华盛顿称他们"红衫绅士"）来说，生活并非一味糟糕。他们已将城南老教堂改为赛马场——因为镇选民大会曾在这里召开，城南老教堂对他们来说成了一种可憎的东西（教堂内的长椅都拖走了，地板上四处都是灰尘。根据迪肯·蒂莫西·纽厄尔的日记，一个特别漂亮、手工雕刻的长椅被拿去当猪窝）。晚间的娱乐活动很多。"我们看戏，集会，举办舞会，生活好像很富足。"一位军官这样写道。"生活在战争的恐怖之中，我们尽量努力忘记恐怖。"另一位军官的妻子在给家乡好友的信中这样解释。

詹姆斯·格兰特再次给哈维将军写信，他说："我们必须用最佳方式度过这个不快的冬天。我竭尽全力定期举办舞会——我邀请各级军官赴宴，给他们上好的葡萄酒，嘲笑美国佬，一有机会就把他们说得滑稽可笑。"

波士顿没有剧院，波士顿爱国者心中的圣地、"自由的摇篮"法纳尔厅按照豪将军的意思改造成一个"非常典雅的游乐场所",举办莎士比亚戏剧和原创闹剧的业余演出,参加者有军官和身份特殊的亲英分子。比方说,亨利·诺克斯之妻露西·弗拉克的妹妹萨莉·弗拉克就曾主演伯戈因将军的一出讽刺剧《橡树林中的女人》。

1月8日傍晚,身着制服的军官偕太太挤满了法纳尔厅,观看据说也是伯戈因创作的音乐闹剧演出,这出戏预计将成为这个冬季的盛事。闹剧名为《封锁》,大幕一揭开就笑料不断。一个影射华盛顿的荒唐人物在台上跌跌撞撞,带着尺寸过大的假发,拖着一把锈剑。与此同时,海湾那边,托马斯·诺尔顿正率领康涅狄格部队奇袭查尔斯顿,英军报以骤雨般密集的加农炮弹。枪炮声大作,法纳尔厅的观众还以为这是舞台效果。另一个滑稽角色,一个身穿农装的美国中士,冲到台上,说叛军"全副武装,正对查尔斯顿发动猛烈进攻",观众哄堂大笑,确信这也是笑料的一部分。

> 不过观众很快发现自己错了[一个在场的人写道],随之产生的是一团混乱。他们立刻冲出屋子,回到自己的岗位,有人跳上正厅,踩坏了小提琴。简而言之,每个人都用最快的速度退场。演员(都是军官)叫人拿水来洗去戏妆,女人昏倒在地,不一而足。

据说,豪将军亲自喊道:"散场!散场!"

英军总司令随和可亲,热爱享受,公然用玩乐打发整个冬天。他享用美食,流连牌桌,高调地与一个满城风雨的美妇出双入对。这个女子名叫伊丽莎白·劳埃德·洛林,后来被称为

"比利·豪的埃及艳后",是小乔舒亚·洛林的妻子。小乔舒亚出身显赫的保皇党家庭,被豪将军聘为叛军牢房采办。用当时一位撰写战争编年史的亲英分子的话说,"乔舒亚有个俊俏的媳妇。将军……喜欢她,乔舒亚没有反对。一人得财,一个得色"。

威廉·豪在伊顿公学完成学业以后就成了职业军人,17岁就在坎伯兰公爵的轻龙骑兵队伍(Light Dragoons)中任职。他的两个哥哥也从军并显露头角,大哥乔治·奥古斯塔斯·豪勋爵在北美殖民地争夺战中阵亡,在当时的新英格兰被视为最英勇、最受爱戴的英国将领之一。二哥理查德——海军上将豪勋爵——14岁参加皇家海军,像威廉一样,他也是议员,深受国王器重。

豪将军三兄弟出身英格兰最显赫的家族之一,富有、根基深、人脉极广。他们的母亲,据说是英王乔治一世的私生女,至今仍是伦敦社交圈的风头人物。豪将军和二哥都是铁杆辉格党,相貌非常相似:表情阴郁,肤色黧黑,黑眼睛,厚嘴唇,不过豪将军高一些,身高6英尺[①],也更胖,更沉默寡言,在议会里很少说话。霍勒斯·沃波尔认为,比利·豪兄弟"英勇寡言,人们都认为他们头脑清楚,不过他们很少说话,没人知道他们到底是不是这样"。同样没人知道的是豪将军对美洲战争的热情到底有多少,因为他之前说过他不想卷入其中。

威廉·豪的能力和勇气毋庸置疑,在北美殖民地争夺战中他还是上校,为了给詹姆斯·沃尔夫的部队开路,他率领一支步兵分队轻装上阵,天刚破晓就登上陡峭的魁北克堤岸,在亚

---

① 约183厘米。

伯拉罕平原击败了蒙特卡姆率领的法国人，沃尔夫说他是英军中最出色的军官。在邦克山，他向士兵保证，他不会比他们"落后一步"，他一直冲到最前线。第一次进攻失败、士兵退却以后，他又率领部队两次攻山。第三次攻山的枪林弹雨过后，只有他一个人站在前线。

然而，尽管他在惨烈动荡的战争中彪悍异常，军事行动间隙，他也是一个行动迟缓、敷衍塞责、疏于防范的人，更在意自己生理上的享受。

英军在邦克山的胜利付出了沉重的代价，无疑让他大为震惊。"成功得来过于艰难。"他给自己的海军上将哥哥写信这样说。不过，他仍是军人、才华出众的军事家，并且是个斗士。他喜欢对部下说："我一点也不怀疑，你们会表现得像一个英国人，成为优秀的战士。"他对自己也是如此要求的。他意志坚定，45岁，差不多和华盛顿同岁，但他比华盛顿的经验多得多，成绩突出得多，更不必说他的部队受过更好的训练，有更好的装备，港口里停泊着皇家海军的舰艇。

他还有一个明显的优势：他部下的军官都有作战经验，都有服从意识，全部都是职业军人，一些人才能出众。去年春天，豪、克林顿和伯戈因乘船离开英格兰前往美洲战场，他们实际上代表着英王的精锐，三个人的英勇和奉献精神都有目共睹。像豪将军一样，克林顿和伯戈因都受过良好的教育，人脉广，出身贵族，身为少将，即将步入职业生涯的鼎盛时期。豪将军的副官克林顿貌不惊人，短粗身材，肤色苍白，有时腼腆任性，但他有灵活的军事头脑，而且从小就了解美洲人。他在纽约长大，他父亲乔治·克林顿海军上将从1741年到1751年担任总督一职。

低一级军官的代表有工兵长约翰·蒙特雷索,与他的从军年头和资历相比,纳撒内尔·格林这样的人能成为少将简直是个笑话。蒙特雷索也曾参加过北美殖民地争夺战,参加过布拉多克战役和沃尔夫在魁北克被围的那场战役。1760 年,24 岁的蒙特雷索带领远征队从魁北克一直走到新英格兰,战争结束时已构建了一个从波士顿到底特律再到纽约的军事工事。他在纽约买了一个岛,取名蒙特雷索岛,位于东河之上。他足智多谋,精力充沛,也许是英军中最出色的工程师,其经验在美军中无人能及。

不过,豪将军和克林顿彼此不合,这也是真的。约翰·蒙特雷索不是贵族,年近 40 还只是个上尉。美军急需指挥官,纳撒内尔·格林这样的人被推上了与其自身经验不相当的职位。而在英军那里,官职可以买到,贵族享有特权,很多有能力的人得不到应得的职位。如果约翰·蒙特雷索不是上尉而是少将,战争结果将有很大不同。

除此以外,豪的情报来源少得可怜,形同虚设。虽然叛军近在咫尺,但英军总司令对其实际处境却几乎一无所知——他们防线的薄弱,他们弹药的匮乏,一概不知。邦克山战役教会豪将军,不要低估对手。另外,他毫不怀疑,"目前貌似不利的态势"将得以彻底扭转,所缺的只是一支 2 万人的"真正的部队"。

1 月中旬,克林顿将军接到伦敦的命令,率一小支舰队向南行驶,考察是否能在卡罗来纳谋些优势,这样一来,波士顿的英军数量减少了 1500 人。豪将军可能很高兴看到克林顿离开,而克林顿至少也让豪将军显得不再"无所作为"。

奇怪的是,豪将军似乎对率军与己对抗的那个人毫无兴趣。他和其他英军将领的通信中，不管是正式信件还是私人信件，乔治·华盛顿的名字几乎没有出现过，只是偶尔间接提及。显然没人考虑过华盛顿是个怎样的人，他的心理状态如何，他的优缺点是什么，或者，根据他的心理特征，他可能采取什么行动。也许这出于冷漠，也许是由于优越感太强。相反，华盛顿一直努力领会豪将军的意图、他的下一步动作。英军总司令以生性好赌闻名，似乎却不考虑美军对手会出什么牌，真是怪事。

1月14日，新年刚过两个星期，华盛顿写下了一生中最凄凉、最绝望的信件之一，他已经在查尔斯河畔的大宅里度过了几个不眠之夜。"反复思考我的处境、这支军队的处境，让我忧心忡忡。"他给远方的约瑟夫·里德写道，"而我周围的人还在蒙头大睡，很少有人知道我们面临的困境。"

他列举同样的烦恼和痛苦，写满一页又一页纸，这些他已向大陆会议不停汇报了很长时间，同一天又会向约翰·汉考克再汇报一遍。弹药太少，仍旧没钱（钱在日常生活中是有用的，但在战争中则是不可或缺的——华盛顿这样提醒富有的汉考克）。那么多退伍回家的士兵违抗军令，把本来不属于自己的滑膛枪带走了，以致武器供应几近枯竭，没有枪来装备新招募的士兵。"我们从奖赏之船（指从英军那里俘获的武器供给船"南茜"号）得来的枪支，现在已经不足100杆了。"他给里德写信说。名义上他的军队有8000人到1万人，实际上只有半数人有作战能力。

他确信，正因为他未能进攻波士顿，所以事情走上了这个轨道。冬天过了一半，新换了一支部队，而敌人近在咫尺，这样的事情"在历史书上"绝无仅有。英军对这里发生的一切和他的真实处境"视而不见",在他看来简直是个奇迹。

他心绪低沉,自怨自艾。他对里德说,如果他知道会是这样,他绝不会接受这项任命。

> 我常常想,如果我不是在这样的前提下接受这样的任命,而是扛枪入伍成为一名普通士兵,我会比现在幸福得多。或者,如果我能说服后代,当我退隐乡野时能说服自己的良心,这样做是正确的,那我也会比现在幸福得多。如果我能克服这些以及可以列举的其他困难,我会最虔诚地相信上帝的恩典,相信是上帝用手蒙住了敌人的眼睛。如果我们安然度过这个月,那一定是因为敌人不知道我们正如何苦苦挣扎。
>
> 如果当时我能预见到我们会遭受的困难,能知道从军老兵的觉悟会如此之低,世上所有的将军都无法让我相信,推延至今而不进攻波士顿是正确的。

让他更加忧心的是——他没有对里德说,华盛顿从"可靠情报"得知,英军正在调集舰船准备运载士兵。他认为,在这样的季节,这意味着他们只会南下,目的地几乎可以肯定是纽约。李将军和格林确信,纽约对敌军"极端重要",必须争分夺秒让纽约做好防范。纽约城内亲英分子众多,他们本来就很支持英国。"如果在这个殖民地失去民心,"纳撒内尔·格林警告说,"那对各殖民地的实力和凝聚力来说将是致命一击。"依照格林的观点,只有两个选择:要么固守纽约,要么放火烧掉。李将军向华盛顿提议,立刻派他去纽约巡视城防。

华盛顿虽然也认为时间紧迫,但他知道他需要取得大陆会议的许可。他的权限是否可以延伸到波士顿战场之外，这一点含糊不得。像他自己说的，他不喜欢"越权"。他对自己命令会产生的复杂政治后果敏感而且重视，正因为这样，才让他成为一个真正的政治统帅。

幸运的是，他能立刻得到约翰·亚当斯的表态。亚当斯正暂时离开大陆会议，住在布伦特里的家里。纽约的重要性毋庸置疑，亚当斯在1月6日写好并寄往坎布里奇的信中正式向华盛顿保证，纽约是"整个大陆的关键点"，"应不遗余力确保其安全"。至于华盛顿的权限，亚当斯做了大胆的决定，明确地完全许可华盛顿在纽约及其他任何地方采取行动，这个问题此后再也没有提起过。

"您的任命包括对'所有军队'的指挥权……只要您认为这是为了更好地履行职务，您就完全有权力这样做。"

因此，1月8日，华盛顿派李将军去纽约，令该市进入"最佳防卫状态"。

当年1月，马萨诸塞东部的雪没有消融，也就是说，士兵将继续忍受没有冬装的寒冷之苦，"多病"，奄奄一息。但在不足华氏20度的温度下，后湾结冰的可能性一天比一天大，有可能从冰面上进攻波士顿。

1月16日，华盛顿给里德写下伤心绝望的那封信两天之后，他召开了军事会议，参加的人有沃德、帕特南、希思、斯宾塞、沙利文、格林等将军，盖茨也来了，此外马萨诸塞议长詹姆斯·沃伦和约翰·亚当斯都来到会上，华盛顿说到对波士顿"大胆进攻的绝对必要性"。与会者听取了华盛顿的意见，表示同意应作"有力一击"，但只有"可行时"方可如此。

次日夜深时分，通信员在华盛顿的司令部下马，带来了开战以来最坏的消息，这是斯凯勒将军在奥尔巴尼写的一封信。之前华盛顿派本尼迪克特·阿诺德穿越缅因荒野，进攻魁北克，部队吃了败仗，阿诺德受了重伤。理查德·蒙哥马利将军率300人参与行动，从蒙特利尔发动进攻，命丧战场。部队急需帮助。在魁北克还有多少伤亡，有多少人被俘，谁也不知道。

华盛顿在私信中常常透露，他感到整个大陆所有人的眼睛都注视着他，"焦急期盼，目不转睛"。

第二天一早就召集了军事会议，会上不情愿地通过决议，鉴于"目前的不利形势"，不能分兵去魁北克增援。

唯一的一线希望是，斯凯勒于1月18日确认，从泰孔德罗加得来的大炮正在运送途中。实际情况是，先行上路的诺克斯上校当天晚些时候就到达坎布里奇。

诺克斯不负所望，完成了所有任务。他已经走了两个月，经过难行的森林小径、寒冷的大湖、暴风雪、融雪、荒凉的大山，变故层出不穷，足以让意志不够坚定的人垮掉数次。他那大胆、简直不可能的计划完成了，而且完成得正是时候，充分证明他当得起华盛顿的信任。这次远程经历在接下来的几周内将会被一讲再讲，接下来的几年内也将如此。

诺克斯和弟弟威廉于11月16日策马离开坎布里奇，第一站是纽约，那里他们安排人将军事物资运回波士顿，然后他们继续北上，来到哈得孙山谷，有时一天行进40英里[①]。

他们12月5日来到泰孔德罗加要塞，这是法国人在1755

---

① 约64公里。

年北美殖民地争夺战刚开始的时候建造的石灰石城堡,后于1775年5月被美军夺取。它屹立在尚普兰湖南岸,乔治湖南段注入尚普兰湖的地方。

诺克斯想要拿走的主要是法国人的迫击炮、12磅和18磅的加农炮(炮弹重12磅和18磅),还有一个发射24磅炮弹的黄铜大炮,这些武器有的已经不能用了。诺克斯检查了一遍,选了58门迫击炮和加农炮。迫击炮有3门,每门重1吨,发射24磅炮弹的加农炮重量超过5000磅,整批枪炮重量应该至少有12万磅。

制订的计划是用船将这批武器运到还没有结冻的乔治湖南岸,然后拖曳武器走很长一段陆路,向南到奥尔巴尼,然后向东穿越伯克希尔山脉抵达波士顿。所经路途接近300英里[①]。诺克斯计划用大雪橇拖曳大炮,希望能下雪,但到此刻地面上只有薄薄一层雪花。

在当地士兵和雇工的帮助下,诺克斯立刻开始工作。仅仅将大炮从要塞运到船上就已经极为艰巨了,乔治湖的水路大约有40英里,用了八天时间。三艘船运载着超大货物于12月9日起航,头一个小时一帆风顺,之后就"异常艰险"。事实上,根据诺克斯匆匆写就、字迹模糊的日记,湖上的头一个小时是整个路途中唯一一段没有"异常艰险"的时间。

其中一艘船是平底船,触礁沉没,不过离岸很近,能够把水排干,修补之后重新起航。诺克斯记录到,好几天要奋力划桨对抗肆虐的逆风——有一天"极为吃力地划"了四个

---

① 约483公里。

小时，另一天"吃力异常地划"了六个小时，有的地方得破开冰面让船通过。诺克斯的弟弟威廉 12 月 14 日夜晚写道："一路上都和逆风搏斗……上帝给我送来了顺风。"夜晚船上冰冷刺骨。

"我们经历的困难超出想象。"12 月 17 日，诺克斯到达湖对岸后给华盛顿写了封信，他本人到坎布里奇前后信才寄到。

北上前往泰孔德罗加途中，诺克斯安排人征集和建造载重雪橇，一共有 42 个，留在乔治湖南岸的乔治堡，位于泰孔德罗加以南大约 35 英里。他对当地一名军官说："我最诚挚地恳请您，不要怕麻烦，也不要节省必要的开销，把这些雪橇准备好。"雪橇和 80 辆牛车到位了，诺克斯准备开拔。"我相信……会下一场大雪……我希望十六七天就能将一车大炮呈现给阁下"。

诺克斯对妻子说："最艰苦的时候已经过去了。"他推测，"我们的大炮一路开来，所到之处将颇为壮观"。

仍然没有下雪，相反，开始了"让人痛苦的解冻"，耽搁了几天。南下奥尔巴尼需要四次横渡哈得孙河，河上冰面太薄，沉重的大拖车只能闲置在乔治堡等天气变化。天气变了，这回是暴风雪。雪从圣诞节开始下，下了 3 英尺[①]。诺克斯决定只身先行前往奥尔巴尼，他徒步穿越雪地，差点冻死，后来才找到马匹和雪橇拉他完成了接下来的路程。

最后，"运宝车队"从乔治堡出发了。"我们的车队非常壮观。"约翰·贝克回忆说。他只有 12 岁，随车夫父亲完成了这次远征。他们在大雪中吃力地缓慢行进，经过萨拉托加村，然

---

① 约 91 厘米。

后来到奥尔巴尼，那里诺克斯正忙着在冰冻的哈得孙河上开洞，加固冰层（河水会从洞口涌出，漫过冰面再结冰，逐渐使冰层变厚）。

元旦那天，气温再次回暖，浪费了宝贵的时间。诺克斯给妻子写信说："温度回升得很厉害，我一想到后果就害怕，因为没有雪我的重要货物就上不了路。"

但气温再次骤降。1月7日，斯凯勒将军从他在奥尔巴尼的司令部给华盛顿写信说："今晨我欣慰地看到，第一批载着加农炮的雪橇过了河。"

他们在冰面上小心前行，有几个小时似乎诺克斯开的洞起了作用，十来只雪橇顺利通过。突然，最大的一门发射18磅炮弹的加农炮压破冰面，在离岸不远处陷入河里，在冰面上留下一个直径14英尺[①]的大洞。诺克斯坚持不懈，立刻开始从河底打捞大炮，努力了整整一天，不过最后他成功了。他写道："多亏了善良的奥尔巴尼人的帮助。"

1月9日，远征队从哈得孙河东岸开拔，还有一百多英里路要走。伯克希尔的雪很厚，正符合需要。但群山陡峭，隔着又深又窄的峡谷，是令人生畏的挑战。诺克斯没见过这样的地形，他写道，他们爬上巅峰，在那里"好像世界各国尽收眼底"。

"对我来说，人们带着辎重能在这样的山脉爬上爬下，简直是个奇迹。"他的一条日记这样写道。

山坡像屋顶一样陡，为了减缓载重雪橇下滑速度，在树上固定了网格线，雪橇滑板下面塞进树枝和铁链。一些车夫担心

---

① 约4米。

危险，不肯继续往前走。诺克斯花了三个小时说服他们，请求他们，直到他们终于同意前进。

车队未到，消息先到，正如诺克斯设想的，沿路开始有人前来亲眼看看从泰孔德罗加运来的大炮车队。

"我们的武器让这里的人非常好奇，"约翰·贝克写了他们在韦斯特菲尔德受到的对待，"我们发现见过加农炮的人极少，即便年纪最大的居民也是如此。"12岁的贝克从不了解这种激动。

> 他们的好奇心让我们受益不少。他们对我们的大炮津津乐道，我们同样兴高采烈地谈论苹果酒和威士忌的品质。这些酒是他们慷慨提供的，数量很多。

在斯普林菲尔德，为了加快行进速度，诺克斯把牛换成了马，路途的最后一段，赶来围观的人与日俱增。

最后，车队在波士顿以西约20英里的弗雷明汉停了下来。大炮卸下车，诺克斯飞速赶往坎布里奇。

诺克斯的"运宝车"完好无损地到了，一门炮也没少。参加这次远征的有数百人，他们的辛苦和坚毅超乎寻常，但最重要的是诺克斯本人的勇敢和坚定。这位25岁的波士顿书店老板证明自己是个能力非凡的领袖，不仅有开创性的思维，也有将其付诸实施的能力和意志，华盛顿立刻任命他掌管炮兵。

从坎布里奇到弗雷明汉，那些骑马赶来观看大炮的人相信：波士顿的停滞局面显然即将发生根本改变。

第二节

用作司令部的那所灰色大宅里的办事效率极大加快。华盛顿的通信频率、通信员来往的数量、身着制服的军官来往的次数，都证明即将发生什么。"我的事务迅速变多……发生了巨大的变化。"华盛顿给约瑟夫·里德的信中说，并未提及细节，此时比以往任何时候更需要里德的帮助，"能执行命令且能为我谋划的人是绝对必要的。"

军队仍旧实力不足，形势如此严峻，华盛顿承认，他"被迫采取隐瞒的手段"，甚至要对自己的军官隐瞒。

通信兵拿着邮袋，急匆匆寄走华盛顿的信件。在华盛顿信件的字里行间，可以明显看出他要采取行动了。军营里到处都是传言和猜测。"可以看到，将士们忙乱欢腾，迫切希望和敌人打一仗。"素来目光敏锐的詹姆斯·撒切尔医生这样写道。他预测，要么"对波士顿发动全面进攻，要么在多切斯特高地建立工事，或者双管齐下"。

酷寒依旧。1月27日，气温跌至华氏4度，次日低温为华氏1度，1月30日为华氏2度。气温虽低，足以容许士兵通过的"冰桥"尚未形成。有几天早上，华盛顿来到海湾，亲自在冰面上跳几下，检验冰面的坚固程度。

他亲自侦查前往多切斯特的道路，据说甚至登上了高地。陪他同去的有几个军官，包括亨利·诺克斯。按照一种捕风捉影的说法，华盛顿等人下马步行，突然两个英国军官策马飞奔而来，使得他们"狂奔逃命"。

一周后，一支英国突击队从冰面上袭击了多切斯特，烧毁了几间农舍。

2月16日,华盛顿召开军事会议,他希望大家能一致同意:进攻的时间到了。"值此紧要时刻,给敌人有力一击,将会最终结束战争。"他说道。

"也许没有哪个重大问题在军事会议上得到如此激烈的辩论。"盖茨对这次会议这样写道。不管华盛顿如何用"手段"向军官隐瞒部队的真实情况,盖茨等人还是几乎什么都知道了。几个星期以来,心直口快的伊斯雷尔·帕特南一直因缺乏弹药叫苦。老帕特威风不减,华盛顿的一个随员写道:"他像以往一样强势,叫喊需要弹药。'弹药,哦上帝呀,给我们弹药吧!'"

纳撒内尔·格林没有到场,格外显眼。他得了黄疸病,"皮肤像番红花一样黄","虚弱得走不到屋子另一头",他给弟弟写信,同时表明了自己对进攻计划的看法。华盛顿的想法令他忧虑,进攻一座由正规军驻守的城市可能会导致可怕的后果,格林写道:"成功了会可怕,失败了会更加可怕。"

这次军事会议是华盛顿第四次号召大家同意进攻波士顿,与会军官又一次明智地拒绝了。很有可能,魁北克的惨败更强化了这样一种观点:进攻如此严密布防的城市,太过冒险,不值得。

不过大家同意另一个方案:不去袭击防守森严的敌人,而是将敌人引出城外歼之,就像在邦克山所做的那样。根据密探和英国逃兵的叙述,美军已得知,豪将军曾发誓,如果美军胆敢占领多切斯特,他将"坚决出击"。会议决定,开始着手准备,"以便诱敌出动"。

华盛顿对不进攻的决议很沮丧。"看吧!虽然我们整整一年都在等这个有利的时间,这个大举动却被认为太危险!"他在给约瑟夫·里德的信中说。不过他很有风度地承认,也许自己错了。"也许因为处境艰难,我想要采取的行动未必审慎。"

但这一切都结束了。这个问题"现在已画上句号,我准备在多切斯特完成我的使命"。从这一刻起,再也没有回头的余地。

准备工作细致而又庞杂,华盛顿亲自督导,要求一小时也不能浪费。情报人员称,英军准备一有机会就撤离波士顿,如果没有阻碍的话。

多切斯特半岛高地由两座山构成,从两山巅峰到波士顿狭堤的最近英军战线有 1.5 英里①,12 磅或 18 磅加农炮的射程足以覆盖。英国舰队闲置在长码头,距离要更远,差不多有 2 英里②,也在射程之内,但击中机会很小。

计划在英军不明就里时连夜占领高地,就像邦克山战役那样。不过这次,美军有了从泰孔德罗加运来的大炮,得把大炮拖到山上,而海拔 112 英尺③的多切斯特高地差不多是邦克山的两倍,要高得多。更严重的是,山顶上的冻土用华盛顿的话说"像岩石一样坚不可破",也就是说,不可能像往常那样挖战壕、赶造胸墙,至少不可能在一个晚上悄无声息地完成。

最后的解决方案非常严密,防御工事将在别人看不到的其他地方构建,然后动用大量人力和牛车,连同重型加农炮一起运到多切斯特高地,一切就绪,准备天明前开始行动。

---

① 约 2.4 公里。
② 约 3.2 公里。
③ 约 34 米。

这个点子是一个头脑灵活的中校提出的，该中校名叫鲁弗斯·帕特南，伊斯雷尔·帕特南的侄子，和平时期是农民、土地测量员。他在一篇炮兵专著、英国教授约翰·穆勒所著《穆勒战地工程学》中看到一个不熟悉的字眼，向自己的长官理查德·格里德利提出了这个想法，然后上报给亨利·诺克斯。然后，三人一同去见华盛顿。时间不长，数百人开始建造撑墙，一种大型木制框架，里面可以填充"干草包"（缠成大包的干草）或"木柴捆"（由树枝和木条紧紧捆成）。

华盛顿还想用装满泥土的木桶在胸墙前一字排开，使之更加坚固。更重要的是，这些木桶可以滚下陡坡，砸向进犯的敌军。华盛顿对阿蒂默斯·沃德说，他对"木桶防御很重视"，强调桶箍应该钉紧，免得破碎。

为了分散敌军的注意，掩盖修筑工事发出的声音，华盛顿计划在行动之前从罗克斯伯里、科布尔山（Cobble Hill）和莱奇米尔峰（Lechmere Point）开始夜间炮击，从泰孔德罗加运来的大炮在这三处地点已经刚刚就位。

行动中最关键也是最危险的一点是要穿越多切斯特半岛低平的堤道，堤道完全在波士顿狭堤的英军视线之内，距离不足1英里[①]。为了不让英军发现堤道这端的行动，将垒起一条长长的干草堆屏障。

托马斯将军将率领 3000 人负责在高地筑防，另外 4000 人在坎布里奇待命，一旦英军对高地发动进攻，他们将水陆并进攻击波士顿。之所以如此，是因为天气转暖，海湾大多解冻了。帕特南将军全权负责对波士顿的进攻，在坎布里奇的查尔

---

① 约 1.6 公里。

斯河，69艘平底船整装待发。

为了尽可能加强实力，军队征集了2000名马萨诸塞民兵，分配了征用推车、马车和800头牛的具体工作。坎布里奇的战地医院备好了数千捆绷带，增加了床位。《波士顿公报》（围城之初开始在沃特敦出版）上刊登了告示，号召自愿应征护士。

波士顿周边几英里之内，所有人似乎都通过消息灵通的熟人或熟人的熟人获悉了动向。人们为将要发生什么以及何时发生下赌注，紧张与恐惧在周边城镇与日俱增。

"普遍认为你们很快就会有所行动。"萨拉·霍奇金斯从伊普斯威奇写信给丈夫约瑟夫。

"准备工作加紧进行，每天人们都在猜测，猜测可怕的事情将要发生。"阿比盖尔·亚当斯给她刚回到费城的"最亲爱的朋友"写信说，"我们一直处在焦虑和期待当中……［过去］这个月一直都在说'明天'、'明天'，可是那可怕的明天是什么时候我不知道。"

像往常一样，华盛顿不停写信来缓解等待的压力。他又给约瑟夫·里德写信，另外增加了一个年轻的黑人诗人菲利斯·惠特利。惠特利此刻住在普罗维登斯，曾寄给华盛顿一首颂诗："前进吧，伟大的首领，与善同行/您的一举一动都有美德之神引领。"

这个国家迄今还没有出过诗人，也不清楚华盛顿是不是喜欢诗歌。不过，身为军人、种植园主兼奴隶主的华盛顿还是不顾诸多要考虑的事项，亲自提笔给她回信。

"您客气地提到了我，我向您致以最诚挚的谢意。"华盛顿写道，"虽然我配不上这样的赞誉，但您作品的风格和手法还是令人过目难忘，证明您具有伟大的诗才。"如果她能来坎布里奇，华盛顿将"乐于一见您这个蒙缪斯女神垂青的人"。

在一封写给弗吉尼亚友人的信中，华盛顿几乎是轻描淡写地提到，准备给红衫英国佬"来点厉害"。

日期敲定了，向多切斯特进发的行动于3月4日天黑后开始，3月5日天亮前结束，这一天正好是波士顿惨案的一周年。

有多少人了解行动计划，哪怕只是一些细节，有几百人，还是有几千人？没有人知道。不过成功取决于保密。为此目的，华盛顿命令停止与波士顿的一切联系。希思将军和沙利文将军亲自视察战线，确保哨兵守在岗位上。几个团严阵以待，一接到通知即可开拔，以防敌军万一得到风声，先发制人占领高地。

波士顿城中对事态关注最密切的人中有一个是亲英分子彼德·奥利弗，他后来写道，叛军的图谋是毫无疑问的。不过根据一个英国军官的日记，确实有一些英国人早在2月29日就从美军逃兵和一个仅被称为"朱尼厄斯"的密探那里得知：叛军计划"从多切斯特炮击波士顿城"，然而，这些警告没有得到重视。

华盛顿向部队发布命令，说明目前的形势是多么严重，他们应该做些什么：

> 时间飞快，已到了所有人即将投入战斗的时刻，你们都应该做好思想准备以及一切必要准备，这非常重要。我们从事的是崇高的事业，是美德与人道的事业。我们在此世间的利益与幸福，我们的子孙后代，都仰仗我们的勇气与努力……但士兵们请牢记，若有人未接长官命令而擅自

逃避、躲藏、退却，则将视为怯懦的表现，就地处决。

3月2日，星期六傍晚，华盛顿匆匆致信阿蒂默斯·沃德说，到3月4日周一早上，一切必须就绪，按计划行动。叠好信纸并且密封后，他又在信封后面草草写道："别忘了木桶。"

星期六午夜时分开始炮击波士顿，断断续续一直持续到凌晨，英军立刻报以更猛烈、更响亮的炮火。"房屋在摇动……加农炮在咆哮。"阿比盖尔·亚当斯在10英里①开外的家中写道，"我一晚上没睡。"

炮火交锋造成的损害很小，差不多只是制造出点声音，正像华盛顿希望的那样。美军有三门巨炮爆炸，显然是由于亨利·诺克斯及其炮兵缺乏经验造成的。抛开这一点，这个夜晚称得上是完全的成功。

星期天晚上，炮击继续，英军再次全力回击。第三个夜晚，也是至关重要的3月4日星期一的夜晚，双方的炮火变得空前猛烈。

英军上尉查尔斯·斯图亚特写道，天空布满火力网，但他也记录道："居民恐惧不堪，尤其是女人，她们好几次听到炮声从屋子里跑出来，高喊着要找个藏身之地。"塞缪尔·韦伯从美军战线观察，也写道："我们的炮弹让房屋发颤，可怜的女人和孩子们的喊叫声不绝于耳。"

第一次炮声大作之时，托马斯将军率2000人开始穿越多切斯特堤道。他们悄无声息，行动迅速，躲在干草堆屏障后面未被英军发现。先头部队有800人，是"掩护兵"，主要由长

---

① 约16公里。

枪手组成。他们先行出发,沿多切斯特海岸成扇形排开,以防遭遇英军夜巡。由1200人组成的工程兵主力随即出发,然后是数百辆推车和马车,马车上装着撑墙、木柴捆、木桶,最重要的是从泰孔德罗加拉来的大炮。

"整个行进队伍显得庄严而沉默,秩序井然,有条不紊。加农炮的不断轰鸣集中了我们的注意力,分散了敌人的注意力。"随军穿越堤道的撒切尔医生这样写道。他满怀感激地提到那些"数量巨大的干柴捆,沿敌军战线一字排开……要不是它们,我们通过时早就被英军发现了"。

沿着陡峭光滑的斜坡行进极其困难,不过很多牛车还是运了三到四趟。

这个夜晚反常的温暖。实际上,这个夜晚很美好,有圆圆的月亮,最合适构筑工事,好像上天有意眷顾。威廉·戈登牧师和很多其他人一样,相信的确如此。"一年之中,再没有比这一天更适合构筑工事的了。"他写道,"[高地]下方薄雾笼罩。虽然群山之上月光皎洁,我们还是没被发现。"

在坎布里奇,月光照亮的公地,格林将军和沙利文将军和4000名士兵在校舍前列队,一俟罗克斯伯里教堂尖顶传来信号,即前往河边登船。

后来,查尔斯将军回顾当晚发生的事件,说早在10点钟高地的防御工事就已准备充分,可以抵御小股部队和葡萄弹。大概也在10点钟的时候,英国中校约翰·坎贝尔爵士对弗朗西斯·史密斯准将报告说:"叛军正在多切斯特高地构筑工事。"听到这个消息本应立刻采取行动,但史密斯这个身材矮胖、行动迟缓、头脑迟钝、有30年军事经验的老兵却决定置之不理。此后,防御工事顺利进行,英国军官和站岗士兵没有发现,波士顿城中自愿充当英军耳目的亲英分子也没有发现。

在高地上,美军挥动锹镐苦干,掘出冻土和石块,填入撑墙和木桶。凌晨3时,一支3000人的部队赶来替班,另有五个团的长枪手在海岸附近就位。天将破晓,一切就绪,至少有20门加农炮准备停当。

这绝对是个了不起的成就。希思将军写道:"在这么短的时间内完成这么多工作,绝无仅有。"他没有夸大其词。

天亮时,英国军官抬头看到高地,几乎不敢相信自己的眼睛。这次意义重大的突然行动谋划了那么久,取得的效果堪称完美。据说豪将军叫道:"我的天,这些家伙一晚上干的活儿,我让我的军队三个月也干不出来。"

英国工兵长阿奇博尔德·罗伯逊估计,要像叛军那样"一夜之间完成如此惊人的工程量",把一切都安排就位,至少需要1.5万人至2万人。豪在官方记述中更为保守,把需要的人数定为1.4万。

那年春末,一家伦敦报纸节录了一封写给一位未提及其姓名的"波士顿城中高级将领"的信件:

> 3月5日,我认为这很可能是大英帝国历史上最重要的一天。昨晚我们经历了非常猛烈的炮击,摧毁了几间房屋,炸死了几个人。今天黎明,我们发现在多切斯特高地的两山之上出现了两处堡垒,两侧还有两处更小的工事。它们一夜之间建造起来,好像阿拉丁神灯里的鬼怪造就。从两座山头可以控制整个城市,因此我们必须将他们赶跑,或者弃城而逃。

这一令人震惊的发现让波士顿全城"惶恐得无以复加",他们立刻报以雷霆般的炮击,但却毫无用处,因为炮弹打不中那么高的目标。同时,海军上将莫里诺·舒尔德姆(他接替格雷夫斯上将)从旗舰上向威廉·豪紧急发出明确信号:若不将叛军赶出高地,港口的军舰将全部撤走。

这并非像一些人后来所说的,因为军舰直接处于高地的"炮火之下",隔着将近2英里①的距离,能够直接命中纯属侥幸。不过理论上来讲,军舰位于射程之内,而侥幸命中的事也时有发生。

豪将军不能再磨蹭了。中午时分,豪手下的军官齐聚政务大楼,豪做出了决定:他将发动进攻,这是他的承诺,也是其尊严与荣誉之所在。他不想留在波士顿,但这看来似乎不可能。就其身份而言,他不可能接受被褴褛之师击败的结果,尽管他比谁都清楚,类似的进攻在邦克山就发生过,结果伤亡惨重,一败涂地。

两千人的部队领命乘船沿港口来到卡斯尔岛,夜幕降临时将从这里进攻多切斯特。

阿奇博尔德·罗伯逊上尉认为这一计划近乎疯狂,他对别人也说起过这样的话。当天的日记中,他说"考虑到叛军工事及他们可能拥有的武装人员数量,以及我军实力及目前处境,这是最危险的举动"。整个波士顿危在旦夕,"更不必说整个美洲了"。他说,这是他的观感。他列举了他与之交谈过的军官,他希望他们能说服豪将军改变主意,尽快登船从波士顿撤离。但从中午开始,大批载满士兵的舰船开始从长码头起程。

---

① 约3.2公里。

几年以后，约翰·特朗布尔回忆起 3 月 5 日多切斯特高地发生的一切，他写道："我们清楚地看到敌军为击退我们所做的准备。波士顿整个濒海地区一览无余，我们可以看到部队从不同码头登船……我们群情振奋，准备迎接敌人威胁要发动的进攻。"

撒切尔医生在日记中实时记录了那"令人焦虑的"一天中发生的事件。他写道，附近山头聚满了围观的人，等着观看一场大战爆发。

当日某个时刻（具体时刻不详），华盛顿前来视察防御工事及下方情况。"华盛顿将军阁下的到来激励和鼓舞了将士，"撒切尔写道，"他们以乐观情绪作为回报，迫不及待等敌军到来。"

> 每个人都清楚自己的岗位，决意履行其职责〔他后来补充道〕。我们的胸墙加固了，防御措施众多，包括大量装满石头和沙子的木桶。这些木桶在工事前排开，准备推下山坡，打乱敌人阵脚，折断进犯之敌的腿脚。这是浴血奋战前的准备！荣耀我主！若依天命，我们数千同胞难免今日命丧沙场，希望圣怒得以平息，并仁慈准许我们这个苦难深重的国家取得胜利。

根据威廉·戈登牧师的记载，华盛顿喊话，要求士兵"记住这是 3 月 5 日，是为死去弟兄复仇之日"。那些距离较远的人立刻问起华盛顿说了些什么，立刻有人回答。口口相传，华盛顿的话传遍了全军，将士情绪愈发高涨，一触即发。

华盛顿自己也曾经写过，在坎布里奇待命的军队"士气无比高涨"。

　　大概中午时分，第一批英军部队起程前往卡斯尔岛，在越来越强的顶风中艰难行进。刚过正午的时候，一反常态温暖宜人的天气突然巨变，风转而向东南方向吹去，"势头猛烈"。继而，出乎所有人意料，恶劣天气随之出现了。

　　日落时分，风雪肆虐，狂风席卷，雨雪齐落。到午夜，"风力加大，几乎成了飓风"。窗户被吹碎，篱笆被吹倒，两批前往卡斯尔岛的运兵船被吹到岸上。那些顶着严寒坚守在多切斯特高地的美军当中，一位叫伊萨克·班斯的中尉说，这是"我有生以来身处其中的"最厉害的暴风雪。显然，当夜英军没有发动袭击。

　　次日清晨，风力仍劲，雨夹雪变为倾盆而下的暴雨。希思将军认为这是"仁慈的上帝"亲来干预，对阵双方的很多人也这样认为。当天上午，豪将军命令停止进攻，准备撤离波士顿。

　　也许让豪将军改变主意的不只是风雪。罗伯逊上尉说，他呼吁不要进攻，并向其他军官说明理由，甚至在风雪尚未达到最大强度的时候，他们的影响就取得了理想效果，约翰·蒙特雷索的作用尤其大。当天罗伯逊日记的最后写道，风暴似乎只是给了豪将军一个台阶下。

　　　　现在是晚上8点。[我们]7点钟去了司令部，等了一会儿，蒙特雷索上尉从将军那里回来，告诉我他参加了军事会议，建议全部人员[登船]离开，[休·]珀西[将军]勋爵和其他人附议，将军说这也是他一开始的想法，但考虑到事关军队的荣誉没有这么做。于是，大家立即达成一致：把所有东西装船离开。

有趣的是，伊萨克·班斯在当天日记中写道，如果说暴风雪只是个"好借口"，那他怀疑远征卡斯尔岛的整支英军部队的目的"无非是装腔作势"。

不过，在詹姆斯·格兰特将军看来，豪将军进攻敌军的意愿是没有疑问的。"确实，我们经常谈论这个话题，一致认为，如果叛军向其右翼移动，[占领多切斯特，]那我们必须将他们赶跑或者撤离波士顿。"格兰特说，一切都准备好了，进攻计划"立刻形成，将列成纵队对敌军堡垒发动突袭，如果子弹没有了，就绝对有必要使用刺刀"。

豪将军在其正式记录中写道："我决定立刻动用能调动的一切部队发动进攻。"他又说："身处险境，将士们的斗志让我鼓舞。"这可能说得过去，但一个看到英军等在码头准备上船的美军士兵评价道："他们全都苍白而且沮丧，对周围的人说，这也许是另一次邦克山战役，甚至更糟。"

豪将军在正式记录中没提到7点钟召开的军事会议，也没提到英军的其他考虑。他写道，3月5日下午的"逆风"、晚上的暴风雪、接下来一天一夜愈加狂暴的天气，这些是决定因素，这些因素使得敌军有更多时间巩固高地上的防御工事，"我确信在这样不利的条件下发动进攻胜算甚微，因此得出结论：准备撤离波士顿是最可取的"。

第三节

波士顿城中的人谁也忘不了接下来的那几天。在不到48

个小时之内,曾被认为坚不可摧的波士顿城防分崩离析。豪将军的部队和停泊在港口的舰队随时有被毁灭的可能,波士顿城本身是否能存活下来都是问题。

在会上,在给伦敦的急件中,豪将军一直在说,他坚信叛军不会有所行动。现在,他和他那被捧得过高的正规军,被他一贯贬低和蔑视的"褴褛之师"智取,不但没有取胜,反而遭受狼狈而逃的羞辱。

"我军从未陷于如此丢脸的境地,"一名军官写道,"我从心底里可怜豪将军。"

差不多从3月6日豪将军命令部队和舰队准备撤离之时起,波士顿一片狂乱景象。"只有忙乱嘈杂。每个人都拼命想离开这个地方。"一个叫约翰·罗的美洲商人这样写道。

像约翰·罗一样,迪肯·蒂莫西·纽厄尔也是一个美洲爱国者,作为市镇管理委员会成员被禁止离开波士顿。"今天,"他在3月6日的日记中写道,"避难者和同伙[亲英分子]沮丧焦虑到极点……感谢上帝,我们快要得救了。"

豪将军自从10月起就没有接到过伦敦的命令,一个字也没有。他没有做过大规模撤离的长远计划,也没有任何经验可以借鉴。"我对豪将军说,"詹姆斯·格兰特写道,"我经历过很多艰难处境,但从未到过这么茂盛的森林,树枝像荆棘一样,但我们只能向前看,走出去。"

要运走的不仅仅有数千士兵和军事物资,还有数百名随军妇孺。另外,豪将军打算将所有愿意走的亲英分子都带上。

妇女、病人和伤员需要尽可能给予必要的照顾[一个人写道]。这不像拆除营房,每个人都知道自己的职责所在。这就像带着妻子、仆人、家具和一切累赘远离故土。

似乎每个人都有迫切的需求或特别要求,因为身处困境,总要抱怨某些人或某些事,怪罪某些人或某些事。

手头的运兵船和其他船只数量足够,但这些船必须备有军饷和饮用水,各种设备得搬到船上。同时,能吃的东西很少。海上风暴仍在持续,几乎所有的运输船连岸边都不能接近。一次,一艘从西印度群岛来的小帆船好容易驶进港口,让人得知70多艘食物补给船和储备船被吹离航道,正在安提瓜岛停泊并重新装配。根据某种传闻,波士顿城中的食物不足以维持三个星期。

风力尚强,搅乱港口,叛军仍旧一炮未发。虽然叛军没有开火,但可以清楚地看到他们在多切斯特高地稳步加固工事。

星期五,一切仍相对安静。3月8日,迪肯·纽厄尔和另外三个市镇管理委员会成员手举白旗穿过位于狭堤的战线,带来一封没有签名的文件。文件称,豪将军"无意毁灭波士顿,只要他的部队在登船时不受骚扰"。虽然这份声明是写给华盛顿的,但却没有抬头,因此也没有得到答复。不过,消息已经传递过去——如果允许英军顺利登船,他们就会保留波士顿不加破坏。

接下来3月9日夜晚,叛军进而占领了多切斯特的努克山(Nook's Hill),距英军位于狭堤的战线只有1/4英里①远的制高点。见此情景,豪将军下令整夜进行暴风骤雨般的炮击。"在新英格兰从未听过如此猛烈的炮火,"伊萨克·班斯写道,

---

① 约400米。

"有一发炮弹炸死了四个人。但这是唯一的伤亡。第二天,山上将士聚集了 700 发炮弹向他们发射。"

波士顿城中,忙乱嘈杂加剧。亲英分子彼得·奥立弗发现,"发泄行为"一发而不可收。大批盐和糖、成桶的面粉船上放不下,被倒入海中,连同砸烂的家具、车辆、独轮车和豪将军那漂亮的马车,没地方放的加农炮毁掉后丢入港口。

美军从四周十几个山头和岬角看去,正如华盛顿所写,街上"士兵慌慌张张,乱作一团⋯⋯手忙脚乱地将加农炮、火炮和其他储备运到码头"。华盛顿确信,豪将军已经做好了乘船前往纽约的准备。

亲英分子的惊恐和焦虑达到了极点。走是必须的,但没人知道亲英分子有多少,有没有足够的地方可以容纳,他们又会前往何方。一直等到 3 月 10 日早上,他们才被告知,可以登船了,没时间仔细考虑。实际上,他们所拥有的一切都得丢在身后。

那些逃难出来的人,那些先前逃离坎布里奇、罗克斯伯里或者米尔顿、以为能在波士顿安定下来的人,他们知道,只能舍弃一切,靠别人施舍过活。波士顿城中居民也面临着同样的未来,要舍弃亲朋故友、大好家业——他们整个故土和全部生活。

"居民此时的伤痛和混乱难以形容。我只有六七个小时的准备时间,没有办法,我只能今天离开。"亨利·卡纳这样写道。

卡纳是波士顿第一座圣公会教堂金斯教堂的教区长,他是马萨诸塞英国圣公会的领袖,在整个教派中声望甚高。他担任教区长已近 30 年，独居在金斯教堂附近的一个小木屋里，位于斯库尔街和特里蒙特街交汇处的拐角。他记下"1776 年 3 月 10 日留在波士顿家中的东西"——"一个漂亮的时钟"、两张红木桌子、茶杯茶碟、"一个雕工细腻的红木书桌和［带］玻璃门的书箱"、国王夫妇"精神饱满"的肖像，一对黄铜壁炉柴架、"一台很好的拨弦键琴"、1000 册书、一个畜棚及饲养的一头母牛和一头牛犊，还有其他东西。

绝大部分亲英分子都没有在别处生活过，或者从未想过去别处生活。他们梦想破灭，一片茫然，满怀怨恨。他们忠于英王，忠于英国法律，认为自己才是美洲真正的爱国者，他们不愿与叛乱（奥立弗法官称为"可怕的叛逆罪行"）有任何干系。他们一度相信，大英帝国的财富和实力能够保护他们，迅速终结他们心目中的暴民统治，他们的想法不乏现实依据。

一个名叫西奥菲勒斯·利利的波士顿商人，在中央大街（Middle Street）有一家商店，主营英国干货及杂货。暴民袭击英国士兵、引发波士顿血案、余波未平之时，他在报刊上发表了自己的观点。

> 我忙于经营店铺、做买卖，从未接触过神秘的政府机构。但总的说来，我不禁要说，一群人那么努力地争取公民自由和宗教自由，却随时准备剥夺他人的天赋自由，这是我始终也想不明白的……
> 如果一些个体只要自己愿意，就可以随时惩罚另一群个体，那这样的政府我闻所未闻。依照我对政府的粗浅理解，这正是政府最需要规避的。

波士顿名人西尔维斯特·加德纳医生后来给自己的女婿写信说：

> 一群不法叛民，极为残忍地对待所有落入自己手里的英王子民。没有其他罪过，只是因为他们忠于国王，服从世界上最好的政府，他们的行为让人性蒙羞。我觉得，我不能继续留在波士顿，把自己交到这群人手上。我认为，从古至今，世界上任何一个地区的民众，都没有美洲民众，在英国宽厚仁和的政府（愿上帝保佑它）统治下，享有如此多的自由；也没有任何处在暴虐统治下的民众，比我们当前的境遇更为悲惨。

据说舰队将开往新斯科舍的哈利法克斯，但没人说得准。说到底，谁又能知道他们将来在海上又会遭遇哪些不幸？

很多拼命想逃离的人"不能忍受与家人分开"，很多选择留下的人也是出于同样的原因，尽管他们知道落在叛军手里会受到"不良对待"。

不难发现，那些在3月10日及之后几天挤在码头、依次上船的人中，很多人曾是地方政府的显要人物，在职业界和商业界很出风头，其中有亨利·卡纳等知名律师、彼得·奥立弗等法学家，还有内科医生、教育人士和成功的商人。年事已高的纳撒内尔·珀金斯是波士顿最好的医生，约翰·洛弗尔是波士顿拉丁学院的院长，伍斯特的詹姆斯·帕特南曾是约翰·亚当斯的法学导师，法学家兼商人福斯特·哈钦森的兄弟托马斯·哈钦森是马萨诸塞的前任总督，蒂莫西·拉格尔斯将军参加过北美殖民地争夺战，是个富有的地主、口无遮拦的托利党人，受命领导三个团的忠诚美洲人同盟（Loyal American Associators），在围城期间协助巡逻，约翰·默里和哈里森·格雷是殷实的商人。

十几个人是哈佛的毕业生，很多人是第四代或第五代美洲移民，拥有马萨诸塞最古老的姓氏，如科芬和钱德勒。即将与三口之家分开的本杰明·法纳尔是富有的彼得·法纳尔的侄子，彼得·法纳尔对波士顿捐赠不少，其中包括法纳尔厅。

这些人在马萨诸塞的保守派中有钱、有地位，总的说来属于达官显贵。不过，虽然他们身份特殊，在乘船逃离的人中却不占多数。最终，1100个亲英分子上了船，大部分人来自各行各业，有店主、职员、海关下层官吏、技工、工匠及其家属。根据一项研究，382个家属是农民、修理工和普通工匠。油漆工兼图书装订工威廉·麦卡尔平宣称，他的"首要目标就是把妻子安全地送到苏格兰"。

上述女性家属中有一个人叫汉娜·弗拉克，亨利·诺克斯妻子露西的母亲，带着六个孩子（露西的父亲托马斯·弗拉克似乎在这之前就走了）。玛格丽特·德雷珀带着五口之家加入了大撤退，她在1774年丈夫去世后，继续出版亲英报纸《马萨诸塞公告及波士顿新闻报》，这是围城期间波士顿唯一能读到的报纸。

还有一个女人叫多尔卡丝·格里菲思，她在海边开了一家声名狼藉的酒馆，人们知道她还有一个原因——她是约翰·汉考克"被弃的"情妇。

小乔舒亚·洛林也是准备撤离的人之一，一同撤离的还有那些他负责看管的叛军战俘。不过，他那俊俏的妻子伊丽莎白却不在其中，这意味着她在豪将军的"查塔姆"号旗舰上可以得到更好的食宿。

　　人群中很多是老人——卡纳牧师和珀金斯医生已经70多岁了，更多的是儿童和幼儿。威廉·希尔是个面包师，为英军配送面包，他带着一家17个孩子上了船。

　　运兵船及其他船上十分拥挤，食宿条件恶劣不堪。福斯特·哈钦森一家子被分到下等舱。富有的本杰明·霍洛韦尔发现自己和36人共用一个船舱，其中"有男人、女人、孩子、父母、男主人和女主人，被迫像猪一样挤在地上，连个睡觉的地方也没有"，直到他们离开港口。

　　新罕布什尔总督约翰·温特沃思鉴于形势，雇了一艘双桅帆船，随舰队同行，塞进了50个人。

　　接下来的几天，载有亲英分子的船只驶离港口，颠簸而行，直到卡斯尔岛南面的金斯公路，在叛军加农炮射程之外停锚，为其他船只腾出空间在码头上靠岸。那些流离失所的人们坐在那里，随着海浪摇晃，日复一日。

　　3月10日，豪将军发布公告，命令所有居民交出可供军需之用的所有亚麻和毛线织品，并指派一个名叫克林·布拉什的军士负责监督命令的实施。

　　　　先生：［布拉什的官方委任书如下］我得知波士顿城中有大量物资，若为叛军据有，会使他们继续从事战争。我已通告所有忠于英王的居民从此刻起丢弃这些物资。未丢弃或未交给你的人，将一律视为叛军同党。故此你有权并有责任收缴符合描述的此类物资，向物主颁发证明，证明已将其物品征用，若无意外，将按物主的要求返还。

事实上，布拉什（后来被人称为"自命不凡的纽约托利党"）得到授权，想拿什么就拿什么，只给一张毫无价值的证明。他率队沿街大肆劫掠，手拿斧头的暴徒、醉醺醺的士兵和水手在街上横冲直撞，随心所欲闯入没锁门的住宅和店铺。"此前从未有过如此的破坏、如此的暴行。"商人约翰·罗这样写道。有一次布拉什带人来到罗的码头和仓库，一举抢走了价值超过2000英镑的货物。

"士兵和水手在抢劫。"迪肯·纽厄尔在3月13日这样写道。他次日又写道："如上条。"

3月15日，纽厄尔和其他市镇管理委员会成员被叫到政务大楼，被告知军队将于今日登船，留守的公民最好待在自己家里。若有妨碍英军的行为，豪将军警告说，他将烧毁波士顿城，但最后发现风向"不适合"开船。

一直到星期天，3月17日那天，也是圣帕特里克节，风力才减弱，有利航行。

凌晨4点部队开始撤离，八千多名英军沿着波士顿黑暗狭窄的街道行进，仿佛在游行。7点钟，太阳升起来，聚集在码头的船只开始扬帆。9点钟，一切就绪。

"风和日丽。"一个在英军服役的亲英分子斯蒂芬·肯布尔少校写道。"这是世界上天气最好的一天。"活力四射的阿奇博尔德·罗伯逊这样写道。

整个过程像是个奇迹，今晨以前只能在想象中做到。120艘船离岸，船上载着1.1万人——8906个英军士兵，667个女人，553个孩子，在港口上等待的另有1100个亲英分子。

"正午之前，"詹姆斯·撒切尔写道，"看到他们整个舰队扬帆漂离我们的海岸，带走可怕的战祸，我们的宽慰难以言表。"岸上的人在欢呼哭泣。"这在我们眼中是个奇迹,必定是上帝之力相助。"阿比盖尔·亚当斯写道。

及至整个舰队在金斯公路抛锚,豪将军的"查塔姆"号旗舰来到,每艘军舰发射雷鸣般的21响礼炮,"查塔姆"号旗舰同样报以50响礼炮。炮声震耳欲聋,提醒人们注意皇家之师的威猛。

早在上午9点钟的时候,普罗斯佩克特山和多切斯特高地的美军清楚地看到发生的一切,美军战线一片欢腾。很快,小男孩纷纷从波士顿跑过狭堤,带来消息说,"龙虾壳子"① 总算走了。

邦克山战役的时候,沙利文将军惊奇地看到,即便在舰队已经驶离之时,英军似乎仍在派人加固工事。他策马慢跑巡视,一查究竟,却发现那些只是逃走英国佬设置的稻草人。

正午刚过,来自罗克斯伯里的第一支500人的部队穿过狭堤开进波士顿城。他们都出过天花,因此具有免疫力。他们敲锣打鼓,挥舞旗帜,领头的是骑在马背上的阿蒂默斯·沃德。

不管从哪个角度来说,奏凯进入波士顿的都应该是华盛顿,但华盛顿却以其一贯的大度,把这个荣誉给了沃德这个前任总司令,这个最先提出、最坚决主张进驻多切斯特高地的人——虽然这在多大程度上影响了华盛顿的决定已不可能知道。

华盛顿留在坎布里奇,参加由诺克斯炮兵团随军牧师主持的周日祷告。来自康涅狄格的埃比尔·伦纳德牧师选取了《出埃及记14:25》的段落:"又使他们的车轮脱落,难以行走,

---

① 独立战争时美军对英国士兵的蔑称,因英军身穿红衫,颜色像龙虾壳子。

以致埃及人说,我们从以色列人面前逃跑吧,因耶和华为他们攻击我们了。"①

华盛顿于次日骑马进入波士顿,那是 3 月 18 日,星期一。这是他第一次近距离观看这个地方。此前八个半月,他每天都透过望远镜从各个角度观察这座城市,不管光线如何。他来时没有鼓乐,他的目的,用他给大陆会议的报告中的话说,是评估造成的损害,看看敌军留下了什么。

城市虽然"饱受苦难",但外观并不像他之前想象的那样糟。他给约翰·汉考克写信说:"我特别欣慰地告诉您,先生,您家房子的损害不值一提。"其他一些好房子被英军严重破坏,窗子打破,家具砸烂或被盗,图书被毁。但在汉考克位于比肯山的宅院,一切井然,沙利文将军对此也作了证实。这不乏讽刺意味,因为这所房子一直被好战的詹姆斯·格兰特将军占用,正是他想把新英格兰海岸线上的所有城镇夷为平地。"但我相信,"沙利文写道,"这位勇猛的将军处置了〔葡萄酒〕窖里的几样东西。"

随处可见英军最后的挣扎,他们想毁掉一切能为美军所用的东西——钉入铁钉的加农炮、砸烂的炮架和推车。留在海边的船只凿沉了,桅杆也被砍掉。撒切尔医生忧虑地注意到,城内某些区域仍有天花"潜伏"。

但让华盛顿意外的是,尽管敌军最后几天那么混乱匆忙,没被毁掉或者带走的东西还有很多。当时的军需官托马斯·穆

---

① 摩西用手杖分开红海,让以色列人通过。埃及人在后追赶,但"车轮脱落,难以行走"。后来摩西再挥手杖,红海合上,将追赶的埃及人尽数淹没。

夫林记录到，汉考克码头有 5000 蒲式耳①的小麦，城里谷仓有 1000 蒲式耳的豆子和 10 吨干草，贮木场有 3.5 万英尺②的上好木条，英军留下的马超过 100 匹。事实上，除了牛肉、弹药和金银，几乎应有尽有。华盛顿估计，全部物资的价值约有 4 万英镑，经过后来的清点发现，正确的数字应该是 5 万英镑。

另一个意外是敌军防御工事的坚固。波士顿城"坚固异常……几乎无法突破，每条街道都已布防"。华盛顿写道。见此情景，他是否回头想过当初自己执意派军进攻这样的工事，想过军事会议如何明智地阻止了他？他没有向任何人提起过。

前途黑暗时华盛顿从不流露绝望，同样，此时从他的文章中、他外在的举止或言论中，也看不出欣喜若狂的样子。

3 月 20 日，华盛顿命纳撒内尔·格林暂时接管这座城市，自己回到坎布里奇专心思考下一步行动。确信豪将军想驶往纽约，华盛顿向那里派出了五个团。但英军舰队仍在卡斯尔岛以南游弋，他不敢更多派兵。他现在也担心，豪将军的撤退可能是个圈套，真正的图谋是在布伦特里附近的某地登陆，杀个回马枪，迂回包抄多切斯特和罗克斯伯里。

3 月 20 日夜，波士顿及整个南海岸听到一声震耳欲聋的爆破声，英国工程兵蒙特雷索和罗伯逊炸毁了威廉城堡。次日清晨，茫茫大雪中，豪将军的舰队继续南下，在布伦特里附近的南特斯克特路（Nantasket Road）抛锚。

船上的人同样也揣摩不透豪将军的意图。"我们不知道要

---

① 约 176 立方米。
② 10668 米。

去哪儿，但极为沮丧。"一个亲英分子这样写道。他们被困在港口里快要两个星期了，有个人受不了绝望，跳船自尽。但对船上的大多数人来说，经历了这些以后，随便去哪里都行。"正像俗话说的，'刀山火海'都要比波士顿更安全。"一个军官这样描写军中的情绪。

撤离波士顿十天以后，舰队终于在3月27日重新上路，这次是开往公海。几个亲英分子聚在一艘船的甲板上，说他们坚信很快会胜利返回，一个叫乔治·欧文的有名商人出现了，一脸凝重地说："先生们，你们谁也不会再见到那个地方了。"他5岁的儿子站在他身边，这句话深深地留在了记忆里。

商人欧文站在亲英分子一边，最主要的原因是因为他认为叛军必败。但华盛顿部队在波士顿取胜，让他改变了想法，很多人也是一样。

白天过去时，舰队消失在地平线，去的不是纽约，而是哈利法克斯。

第四节

通信员骑着快马把消息传到普罗维登斯和纽波特、哈特福德、纽黑文、纽约、费城，然后传到马里兰、弗吉尼亚、卡罗来纳和佐治亚，从波士顿赶去要辛苦地跑完1100英里[①]。对那些相信美洲事业的人来说，这是开战以来第一个令人振奋的消息。

"我们在波士顿的朋友，看到野蛮的压迫者刚走，本国威

---

① 约1770公里。

武的胜利之师就开进城去，他们的快乐难以言表。"《纽黑文日报》这样报道。

"英军颜面扫地。"《纽约法制公告报》这样写道。

拿起武器的自由人民胜利了，全世界都在观望。这个国家有了英雄——"可敬可爱的"华盛顿。费城居民和大陆会议成员在3月30日的《晚间邮报》上读到：

> 感谢上帝，我军将如此强大的英军赶出美洲最为坚固的城防。取得如此光荣的胜利，归功于我们可敬可爱的乔治·华盛顿将军阁下的睿智、坚定、无畏和善于用兵，归功于其他将军的勤勉尽职、英勇谋划，归功于我军士兵的坚忍不拔、奋不顾身。

大陆会议下令，颁发华盛顿一枚金质奖章。"无私与爱国的精神引领你走上战场，也引领你走向光荣。"一封正式的感谢信这样写道。

> 美洲历史名人堂里的显要位置会铭刻你的名字，告诉子孙后代，在你的领导下，一群未经训练的普通人数月之间成了真正的战士。

"欧洲人会怎样看待这一事件？"大陆会议中马萨诸塞代表埃尔布里奇·格里写道，"自命不凡的英国议会会怎样面对这一事实？"尤其令人叹为观止的是，美洲仅"用了大约三十分之一的力量，就将英军赶出了波士顿"。

战败的消息六个星期以后才传到伦敦，议会中批评谴责声浪如潮，带头的仍是那些热情的辉格党人，他们的实际分量并不比以前更重。在下议院，伊萨克·巴雷上校、卡文迪什勋爵和埃德蒙·伯克激烈地抨击当局，诺斯勋爵和杰曼勋爵为战术应用辩护。

在上议院，萨福克伯爵为政府辩护时耐心地解释说，弃守波士顿从去年10月起就是既定政策。他说得有理。

曼彻斯特公爵回应说："不管你们想如何粉饰这个结果，事实仍未改变：派去控制马萨诸塞湾局势的部队被赶出了首府，现在殖民地军队取胜的旗帜正在波士顿城墙上飘扬。"

在坎布里奇的司令部，波士顿市镇管理委员会成员和马萨诸塞的地方议会的代表赶来感谢华盛顿"几乎兵不血刃地"拯救了波士顿，对他赞誉有加。哈佛大学受当时情绪感染，授予华盛顿荣誉学位，而华盛顿几乎从未真正上过学。

面对如此褒扬，华盛顿应对得体，谦逊而优雅，但事实上并不像自己表现的那样淡然。他在给弟弟的私信中说道，"从周围得知，我的名气依旧响亮"，他很开心。他希望人们也要记住，今天的一切都不是凭空得来的，也不是意料之中的。

我们对抗敌军，坚守阵地……缺乏弹药。在敌人的炮火下，我们解散了一支部队，重新招募了另外一支部队。敌军有22个团的英国精锐之师，占据美洲大陆最险要的位置，花费巨资构筑起最坚固的防守工事。我们的实力远不及他们，最终却突然意外地让他们尝到了羞辱的失败。

他对自己所起的作用感到自豪，至少想对自己的弟弟说说自己不得已作假的事情。

平心而论，我敢肯定，自有战争之日开始，没有人像我这样临危受命……我面临的苦难和挫折有很多是前所未有的，为了不让敌军看出来，我只好向自己的朋友——实际上是向自己的部队——遮掩，因此我的举动有被人诟病的危险。

豪将军进攻多切斯特高地是他的"最大愿望"，他几乎"无法承受"他感到的"强烈失望"。像其他人一样，他把3月5日的暴风雪归功于上帝的眷顾。他告诉约瑟夫·里德，他对"上帝的意旨没有怨尤"，因为他已经转而相信亚历山大·蒲柏的观点"存在即为合理"。

对那些随敌军逃亡的亲英分子，他唯有蔑视。"自甘蒙蔽的可怜虫！"他这样称呼他们。他听说有些人自杀，他觉得如果更多人这样做倒也不错，"别人都说，没有比他们更可悲的生命了。"

但接下去他很少有时间考虑这些问题了。"我忙着把一个旅又一个旅的兵力派往纽约，我自己也准备动身了。"他对里德说。

波士顿围城战役是一个巨大的成功，就像公告中所说的那样。华盛顿的表现确实超乎寻常，尽管武器弹药不足，缺少营房，疾病流行，军官没有经验，士兵缺乏管束，服装不够用，资金不足，他的的确确击败了豪将军及其正规军。他对大陆会议的耐心堪称典范，军事委员会不止一次制止了他贸然进攻波士顿的决定，那样做将不啻是一场灾难。他接受了委员会的判断,没有闹情绪,也没有自我卖弄。

他经历了繁重的工作和巨大的压力,很少有人能承受这一切,他一直保持着冷静的头脑、健康的体魄和旺盛的精力。

他曾因反感新英格兰人而纠结,但事实证明,他知人善任,把自己的希望寄托在格林和诺克斯这样未经考验、土生土长的北方佬身上。没有诺克斯,就不会有多切斯特高地的胜利。要言之,是亨利·诺克斯力挽狂澜。虽然纳撒内尔·格林未像诺克斯建功奇伟,但他所率部队是全军纪律最好的,十分突出,而他自己也一跃成为华盛顿最中意的中尉。在格林和诺克斯身上,华盛顿发现了最宝贵的东西。他们有能力、有精力,像华盛顿一样,不管面临怎样的结果,他们从不会忘记为何而战。同样重要的是,这两个年轻军官对华盛顿忠诚拥戴。

多切斯特高地的"奇迹"之后,华盛顿再没有因为谁是新英格兰人而对他略有微词。

他对未来形势不抱幻想,大陆会议中很多有识之士也是一样。约翰·汉考克警告华盛顿,英军所受的屈辱,足以让他们变成更加可怕的敌人。

> 不知道他们会怎么想,一点眉目都没有[汉考克写道]。不过,他们心怀不甘、想要复仇,我们完全有理由做最坏的打算。我也不怀疑,他们会尽其所能为我们制造各种灾祸。

但华盛顿感到,一场政治大变革即将到来,最近他从司令部写给约瑟夫·里德的信中对此有所流露。他说这很大程度上要归功于一本小书《常识》，这本书年初刚刚出版，作者托马斯·潘恩当时还默默无闻。

> 我的同胞用这样的形式组建政府，并对王室一贯忠诚，我知道他们不愿意接受独立的观念［华盛顿写道］，但长时间的迫害让很多美好的东西消失了。我最近接到弗吉尼亚寄来的私人信件，从中发现，《常识》这本书让那里的人们思想发生了巨大的改变。

"这是天底下最有意义的事业，"潘恩写道，"一切合乎道义和理性的事物都渴求独立地位。"

一个又一个团起程前往纽约，将近一年原地不动的部队第一次离开新英格兰，踏上征途。

环绕波士顿的巨型工事仍旧保留，只有沃德将军率领一支部队留守，负责卫戍。

大多数人对即将开拔极为期待，士气前所未有得高涨。很多人认为，当兵本来就应该是这个样子。

普通士兵大多不知道要去哪里，但都对出征感到高兴。一个来自达克斯伯里的士兵约翰·拉帕姆给"敬爱的父母"写信，让他们尽快寄双鞋过来，"因为我想我们很快就要开拔了，不过要去哪里我不知道，也不能说"。

希思将军和沙利文将军及所率部队业已出发，格林将军率五个团于4月1日随后开拔。三天以后，4月4日，星期四，华盛顿骑马离开坎布里奇。

第二部　决定命运的夏天

数百万后代子孙的命运，现在将取决于这支部队的勇气及表现。

——乔治·华盛顿将军
1776 年 7 月 2 日

第四章　划定界限

我说不清楚为什么喜欢行军。但既然投身到这一光荣事业，我就愿意到任何需要我的地方。

——约瑟夫·霍奇金斯中尉

第一节

两周多的时间里，部队一直在路上，长长的不规则纵队穿行在马萨诸塞、罗得岛和康涅狄格滨海地区的宁静乡村。开阔的田野，低矮林木覆盖的小山，现在只隐约透露出一点春天的气息。

一路有几十个有集市的城镇和道路交汇处的小村庄，当地居民前来欢迎他们，提供食物和水，或只是站在门柱前和厨房门口，观看队伍行进时的壮观场面。这么多同胞武装起来了，整个部队三三两两地通过，要走几个小时。大部队，不管是什么样的大部队，都是美洲居民不熟悉的景象——这样规模的军队在美洲殖民地的任何地方都前所未见。

正像希思将军所写的那样，部队行进得"非常迅速"。

希思等穿制服的高级军官骑在马上，辎重车辆努力赶上。加快速度是当天的命令，是每天的命令。华盛顿告诉纳撒内尔·格林，必须"加紧"赶往纽约。亨利·诺克斯及其炮兵部队得"取道捷径，全速前进"，有几次华盛顿也提到自己"极其匆忙"。

4月5日，华盛顿一行进入普罗维登斯，整个罗得岛的居民好像都赶来看他，格林的两个团充当左右护卫队（"未穿军装者"不得出场，所有士兵"都洗了澡，洗净手脸，剃了胡子，头发梳齐整并且扑了粉"）。"本镇绅士"在海克斯大厅（Hackers Hall）举办盛宴，华盛顿受到民族英雄应有的款待和祝贺。但第二天天一亮，他又上路了，没有多停片刻。

横笛手约翰·格林伍德回忆说，每个人都"飞速"前进。早饭前行进五六英里是常事，平均每天行进15英里到20英里①，不管这个季节如何多雨，天气如何多变，道路如何糟糕。路上还有霜，即便天气好的时候，也会和烂泥混在一起，路面十分湿滑。

马萨诸塞炮兵团中一个名叫所罗门·纳什的士兵写道，"下雨"并且"路况恶劣"的时候，运载10门黄铜大炮，一天只能行进10英里到14英里。

行军并没有像约瑟夫·霍奇金斯想象的那样讨厌，他上路几天后给妻子萨拉写信说道：

> 我愿意用最好的方式报效祖国，只要我能够。敌人逃走了，我想我必须追上他们……我说不清楚为什么喜欢行

---

① 约24—32公里。

军,但既然投身到这一光荣事业,我就愿意到任何需要我的地方。

他发誓要"快乐地进军",显然,能够行军并沿路受到热烈欢迎,整个军队士气高涨。

队伍开进康涅狄格以后,他承认"我累坏了,不过总的说来我们很受欢营[欢迎],人们对我们很好"。像大多数马萨诸塞人一样,霍奇金斯从未离家这么远。

部队最远只能到达新伦敦,从那里他们将沿长岛海峡走水路,贴着康涅狄格海岸,以避开敌舰。不过,只要行军,就总会有一些因素限制,水路尤甚——为了等待合适的风向,宝贵的几天浪费掉了。又或者,起航后遭遇恶劣的天气。4月11日,纳撒内尔·格林的部队突遇暴雪狂风,被吹离岸边。四天过去了,仍然音信皆无。华盛顿当时已到纽约,他对大陆会议说,他担心他们可能遇难了。实际上,格林的部队直到4月17日才抵达纽约。

不管采用什么方式行军,所有人都知道前面等着他们的是什么。他们将第一次与敌人在战场相见。就像霍奇金斯所说,他们将直面"危显"①。

没人知道英军人数会有多少,但很少有人为此烦心。一个原本务农的小伙子约瑟夫·普拉姆·马丁刚刚入伍,他来自康涅狄格,满腔热情:"我从未想过人数问题。在我看来,美军是不可征服的。"

另一个士兵回忆道,每个民兵战士都认为自己抵得上两三

---

① 霍奇金斯常写错别字,原文为 troble,为 trouble 之误。

个英军，很少例外。

华盛顿的新司令部位于百老汇街1号，位于纽约最南端的岬角，炮台公园后面的一栋华美的大宅。华盛顿在这里权衡当前的形势，他对面前的困难不抱幻想。基于现实的考虑，他对正赶来增援的英军人数忧心忡忡。英军舰队什么时候会来？纽约两面是可以航行的河道，还有一个港口，足以容纳可以想象的出的最大的舰队。美军没有海军，该如何守卫这样一座城市？

不管在地理条件上、战略地位上或是其他方面，纽约与波士顿截然不同。在波士顿，华盛顿知道敌人在哪里，他们是谁，要阻止他们需要些什么。在波士顿，英军的命运很大程度上由他决定，尤其是入冬以后。而在这里，英军拥有海上的绝对优势，完全控制着水路，几乎可以从任何方向随心所欲地发动进攻。开战的时间和地点将完全由英军选择，这是最让人担忧的。

李将军2月份衡量局势之后，变得非常疑惑。"该怎么防守这座城市？我自己拿不定主意。到处都是又深又便于航行的水道，谁控制了海上，谁就控制了这座城市。"他很精练地概括了当前的形势。

不过，华盛顿没有表达过类似的疑虑。他后来告诉大陆会议，尽管有种种让人焦虑的事情，但他毫不怀疑，他能守住这座城市，并迫不及待地打算这样做。纽约"非常重要"，他写道，因为控制了纽约码头，就等于说控制了哈得孙河，进而控制了加拿大以北的整个哈得孙河到尚普兰湖走廊。一旦敌军控制了这条走廊，就可以将新英格兰与其他殖民地分割开来，这实际上也正是英军的意图。

但防守纽约的决定更多是基于华盛顿的政治判断而不是军事策略。凭借政治嗅觉,他知道大陆会议和纽约的爱国者将会竭尽全力守卫这座城市。对美洲民众这个整体,因而对于美洲的事业,没有什么能产生比这更大的政治影响。而华盛顿热切地希望,美洲的事业将是美洲独立的事业。

也许他去年就已经和大陆会议成员讨论过纽约这个话题,在他去坎布里奇就职之前。约翰·亚当斯1月6日的信件中将纽约说成是"整个大陆的关键",并肯定"将不遗余力保障其安全",说得再清楚不过。

不过,大陆会议还没有发布守卫这座城市的特别命令。这个决定是华盛顿自己做出的,他毫不含糊地承诺,将"尽我最大所能,挫败敌军的图谋"。

在波士顿,马萨诸塞的亲英分子相对较少,他们或者逃离美洲,或者与英军一同被困,用华盛顿的话讲,"内部敌人"从未成为真正威胁(本杰明·丘奇通敌事件只是个案)。纽约的氛围完全不同,这个城市仍旧分成两派,形势紧张。亲英情绪,或者亲托利党情绪,普遍存在,虽然没有以往明显。有些人是激进分子,有些人对那些因种种原因未能及时宣布自己爱国的人心怀不满,这些人不仅限于工商业。

纽约三分之二的房产属于托利党人。一年前,1775年,纽约商会中半数以上的人是铁杆亲英分子。1776年1月的一个星期天,著名牧师约翰·罗杰斯在华尔街长老会教堂的讲坛发表了热情洋溢的布道,力劝年轻人勇敢地为国战斗。能说出这样的话,他本人也足够勇敢。"我们正处于内战的灾难之中。"他说。纽约城里的人也是这样感觉的。

到夏天的时候,纽约和长岛将给华盛顿配给五个团的兵力，由赫赫有名的利文斯通、菲什、罗斯福、雷姆森、考恩霍芬等人率领。但城中的亲英分子仍旧数目可观，有男有女，来自社会的各个阶层。

东河对岸的长岛，村落和广袤的农场中，居民仍大多是荷兰后裔，亲英分子占据绝对多数，位于港口远端或上湾（the Upper Bay）的斯塔腾岛是另一处亲英分子的根据地，因此，谋反、暴动或有组织的武装抵抗极有可能发生。此刻，亲英武装组织正躲藏在长岛的暗处，伺机而动。

几个月以来，英国战舰，包括载有64门大炮的"亚洲"号，一直虎视眈眈地停泊在上湾，提醒这座城市完全由其掌控。直到4月8日，华盛顿抵达纽约正好一周前，"亚洲"号等军舰才撤到纽约湾海峡以远，来到通往港口的外围水道，位于长岛和斯塔腾岛之间。英军战舰"戈登公爵夫人"号上，老谋深算的军人政治家、纽约总督威廉·特赖恩保留着他的司令部，据说暗中指挥着亲英分子的行动。

在波士顿，有人源源不断地从被困城市里面带出宝贵的情报，帮了华盛顿大忙，豪将军对华盛顿的实力和意图却知之甚少或一无所知。而纽约情况正好相反，大批居民仍效忠英王。

华盛顿的新英格兰部队毫发未损，确切地说，像他向大陆会议报告时所说的那样，部队经过长途跋涉，已疲惫不堪，但完整无缺，业已就位。此外，从康涅狄格、新泽西和宾夕法尼亚来的各营战士已经来到，估计还有更多的营从马里兰和特拉华赶来。迫切需要这些新生力量，但地域间的仇恨和不合也因此加剧，华盛顿仍旧担心这会分裂这支部队、这个国家。"亲爱的先生，我们别无指望，只能依靠上帝的仁慈和军队的和睦。"他从位于百老汇的司令部给约翰·亚当斯写信这样说。

他还了解到，军纪几乎没有得到改善，新加入的大多数人都是新兵，像去年夏天的部下士兵一样没有规矩。一些人被誉为爱国主义的楷模，却完全不适合随军作战。比如康涅狄格小队，全都由"上了年纪的绅士"组成。

受命赶往纽约之时［一份旧档案这样记录］，这个连队最早来到指定地点。他们一共有24人，年龄加起来有一千岁，他们都已经结婚，膝下子孙多达159人。

华盛顿的新英格兰部队，其军容及表现本应鼓舞其他殖民地部队的信心，但是没有。一个来自宾夕法尼亚的年轻上尉亚历山大·格雷顿用矫揉造作的笔法写道："冷眼看去，所见之种种，皆不足以令人作乐观想。"格雷顿在文章中很少掩饰自己的优越感，在他看来，新英格兰佬"一盘散沙"，"不谙战事"，"全然不知我们对列克星敦及邦克山战役诸英雄的看法"。大部分军官和普通士兵仍旧难以分辨，军容总的说来还远远谈不上。

直到约翰·格洛弗上尉率领的马布尔黑德部队到来，格雷顿才发现有的新英格兰部队值得自己称道。"即便在这样的军团中，也有一些黑人，令不熟悉他们的人深感不快乃至受辱。"

纽约和波士顿经验还有一处重要的明显区别——这一次，出战与否将几乎不能由军事委员会决定。

4月13日，星期六中午，华盛顿来到纽约，没有欢迎仪式，他径直来到百老汇的司令部开始工作。几天以后，玛莎·华盛顿到了，他们后来在俯瞰哈得孙河的一所漂亮的乡间住宅安家，位于纽约市以北2英里的地方，名叫亚伯拉罕·莫尔捷宅院（后来称为里士满山）。

不过，百老汇街1号仍是华盛顿的指挥中心。这所房子又称肯尼迪大楼（Kennedy Mansion），是纽约的著名地标，30多年前由苏格兰移民、成功的地产商人阿奇博尔德·肯尼迪建造，后来一直是他儿子、海军上校阿奇博尔德·肯尼迪的住宅，直到他不久前启程前往英格兰。房子门前是博灵格林广场（Bowling Green），被视为美轮美奂的建筑，有高高的楼梯、宴会厅和50英尺长的会客室。屋后花园一直延伸到哈得孙河岸，屋顶天台和圆形顶阁上，周围数英里的景色一览无余。

像在坎布里奇一样，华盛顿坚持让自己军中的"家人"和自己住，随时待命。

华盛顿对地形不熟悉，动身去视察防御工事。这些工事早些时候由李将军建造，后来大陆会议派李将军统率南卡罗来纳的部队，新泽西的威廉·亚历山大将军继续建造。亚历山大更为人所知的名字是斯特林勋爵，他有钱，有社会地位，生性豪迈，喜欢豪饮，58岁的时候担任军官，并宣称从父亲那里继承了苏格兰伯爵的头衔。这个声明是有疑点的，但他表现得很真诚，其他军官和他的部下也都普遍接受。华盛顿对他评价很高，这不是没有原因的。

李将军和斯特林构建工事的时间太少，兵力也太少。动员了城里的男人来干活，包括大量黑奴，但这还远远不够。"至少需要8000人才能让这个地方有点防御工事的样子。"斯特林强调说。

华盛顿发现，工事只完成了一半。即便有了现在的军队，他知道这还不够。军队挤满纽约的街道，好像很威武，士兵们对自己的人数都感到振奋，其实只有半数人算得上合格。华盛顿非常担心随着气候回暖传染病会带来的破坏,以及现在这样肆意挥霍的状态会造成的损害。华盛顿之前来过纽约,对纽约有足够的了解,他不喜欢也不信任这座城市,说它是美洲最罪恶的地方——这样的看法非常普遍。

纽约比波士顿大,比费城小,和平时期人口约有两万,挤在一个不足 1 平方英里的地方,面积不到曼哈顿岛(当时称纽约岛)的十分之一。曼哈顿岛从炮台公园到位于哈勒姆河上的北部边界,延伸约有 11 英里①。纽约城北的狭堤要比这长得多,被称为外城(the Outward),分布着树林、溪流、沼泽、大片岩石,其间散落着一些小农场和乡间大宅,一直通到金斯桥,那里一座窄木桥横跨哈勒姆河,将曼哈顿岛和大陆连接起来。

泛泛而论,这是一个工商业、造船业和海上贸易发达的城市,可以看的东西很多,可以聊的话题很多。"城里的居民普遍活泼有生气。"一个游客这样写道。这里的女人"俊俏",他写道,其他刚来纽约的人也这样觉得。不过,他补充道:"在街上看到这么多黑奴,令欧洲人感到刺目。"

百老汇是条又直又宽的干道,两边绿树成荫,坐落着漂亮的房子和教堂。皇后街临近繁忙的东河码头,是发达的商业中心。市政厅位于华尔街,或像当地人所说,"在华尔街里"。

亨利·诺克斯 11 月的时候去泰孔德罗加途中第一次在纽约停留,他很欣赏那些"比我们那里宽得多的大街"和"比波士顿盖得好"的砖砌房屋。至于纽约人,那就另当别论了。他给深爱的露西写信说:

---

① 约 18 公里。

这里的人超乎寻常的地方在于：他们的马车数量可观，他们的房子陈设精美，他们的傲慢和自负无与伦比，他们的世俗观念令人无法忍受，他们的散漫到处可见，他们对托利党的好感让人难耐。

但这座城市已经面目全非了，它已成为一个兵营。数千人——也许有三分之二的人，担心这里成为祸患之地，已经逃离。人们会"觉得这差不多已经是一座空城"，一个心灰意懒的居民写道。商业完全停顿了。

大批士兵被安置在空房子及很多漂亮的宅邸里。"噢！纽约的房子啊，看看房子里都成了什么样子！"另一个居民哀叹道。公地西边的金斯学院被用作战地医院，图书馆的书搬走了，以防士兵烧书取火。

对新英格兰士兵来说，只要头上有屋顶，那就是无上的奢侈了。纽约不管怎么变，对他们来说都是神奇之地。约瑟夫·霍奇金斯总结说："纽约超过了我见过的所有城市。"不过他发现，生活"贵得离谱"。

"他们具有农民的质朴。"一个纽约人这样描述新英格兰士兵。据一份当地报纸《纽约信报》记载，他们举止有礼，出人意料，"他们对当地居民的礼貌可圈可点"。他们"早晚定期"参加祷告，长官以身作则，"礼拜天他们参加两次公共礼拜，他们在教堂里举止得体。"

但新泽西部队的随军牧师却不这么看，这个叫菲利普·维克斯·菲希安的年轻人是长老会的虔诚信徒，毕业于普林斯顿的新泽西学院。他发现，军中对上帝信仰的虔诚程度远远低于自己的预期。那么多普通士兵习惯性亵渎上帝的名字，他担心这对美洲事业会产生不利影响。"但是天啊,到处都是脏话,各个阶层的人都说脏话。"他悲哀地写道。

马萨诸塞的伊萨克·班斯中尉的日记是那年春夏之际事件演变的最完整记录之一,他写到自己在城里转悠时的所见所闻,写到供水厂,写到比例大过常人的乔治三世马上雕像。雕像高居在博灵格林广场,就在华盛顿的司令部门前。"其设计模仿一位罗马皇帝的雕像。"班斯写道。雕像上的乔治三世"比真人大了约有三分之一",马匹和骑手"由铅铸成,线条整洁,镀了金","伫立在白色大理石底座上",底座有15英尺①高。

当时有分属不同教派的20多个教堂(一些教堂是马萨诸塞人不知道的),班斯上尉尽可能多去几家——一个"英格兰"教堂(很可能是百老汇的三一教堂,属于英格兰圣公会),一个公理会集合地,一个只说荷兰语的高地荷兰人教堂(也许是位于金街上的荷兰老教堂),还有密尔街上的舍里思会堂(Shearith Israel),市内唯一的一座犹太会堂。他最后发现,自己更喜欢荷兰教堂里牧师的虔诚,而不是英格兰教堂里的"浮华",虽然自己一句荷兰语布道也听不懂。后来的一个星期天,他和一个朋友参加了一个教友会教徒集会,教徒们坐了两个小时,一言未发,然后就欢欢喜喜地到附近的酒馆去了。

班斯一贯认真严谨,开始调查城市生活的阴暗面,这也是华盛顿放心不下的地方。他来到了位于公地以西被称作霍利区(Holy Ground)的地区,贫民和妓女出没的地区。该区大部分归三一教会所有,并因此得名。某些人估计,多达五百个妓

---

① 约4.6米。

女在这里从事皮肉生意。鲁宾逊街尤因其破烂的酒馆和龌龊的妓院而恶名远播,纽约天黑后的事端几乎都是出现在霍利区。

班斯是哈佛毕业生,受过医学训练。出于对部下的担心,承认也出于好奇,他开始独立展开巡查,所见所闻令他大吃一惊。

"刚开始接触她们〔指妓女〕的时候,我觉得再没有比她们更粗俗下流的了。但我发现,和她们越熟悉,她们的厚颜无耻就越是登峰造极。"他理解不了,怎么会有人渴望与这样的"生物"发生"亲密接触"。但事实正是如此,军官和士兵都乐在其中,"直到染上致命的疾病〔梅毒〕。"

4月22日,大陆军开进纽约不足一个星期,霍利区一片大乱。在一家妓院发现了两具残缺不全的士兵尸体,其中一个已像班斯所写,被"野蛮阉割"。其他士兵怒不可遏,前去报复,把凶案发生的妓院夷为平地。几天以后,人们在一个室外厕所发现"一个老妓女"的残骸,班斯同样做了记录,"死了很久,已经腐烂。"

华盛顿谴责所有此类"放荡行为",若有再犯,作恶者将处以最严厉的刑罚。他们若是拒捕,则将"被视为公众之敌",意即就地射杀。

他下令实行宵禁,任何士兵"私藏酒类"将受惩罚。不过,好像一切照旧,没有什么改变。"每种野蛮的欲望在这里都很容易得到满足,"华盛顿的军事检察官、来自波士顿的威廉·图德给未婚妻的信中这样写道,"士兵们在这里一个月,比在坎布里奇一年堕落得还快。"

那些妓女,那些青楼女子,"那些婊子、骚货、巫婆、破鞋",另一位军官洛米·鲍德温上校写道,她们继续"从事一本万利的行当"。鲍德温是马萨诸塞的苹果园种植主,是被派往霍利区负责军事巡查的军官之一,他接到的命令是,只管那些醉酒和生事的士兵。他说这是个"见鬼的工作"。士兵没有军装,街上只有微弱的油灯,街道昏暗迷离,要分辨喝醉或者闹事的人到底是不是军人几乎不可能。鲍德温和手下巡查队员遇到过小股男女打斗对骂,"高呼救命",然后"把他们五六个人一组赶到监狱牢房",有的人受罚,有的人"安然无恙地离开——真是见鬼的工作"。

与此同时,军中疾病"日益严重"。天花出现,夺走了几个士兵的生命。满城谣言,一则谣言称,英军已重返波士顿,占领了多切斯特高地。从加拿大传来的坏消息越来越多,大陆会议指示华盛顿派兵增援。大约 3000 名士兵由沙利文将军率领乘船由哈得孙河北上,华盛顿告诉大陆会议,他至少还需要1 万人。

大街上,公地里,部队仍在操练。防御工事在逐渐增大的压力下稳定进行。

被视为防御专家的李将军曾断言,若无海上控制权,纽约势不可守。但之前他还说过,纽约是"有利的战场",如果英军决意占领该城,势必付出惨重代价。

李将军计划中的关键一步是守住位于东河正对岸的长岛那部分,尤其是小村布鲁克林附近陡峭的河岸。布鲁克林(Brooklyn,又写作 Breucklyn、Brucklyn、Broucklyn、Brookland 或 Brookline)总共只有七八间房屋,一个荷兰老教堂位于牙买加路正中,这是通往布鲁克林渡船码头的主要内陆街道。

从纽约这边看不到河对岸的布鲁克林,那个小村被一个叫作哥伦比亚高地或布鲁克林高地的"雄伟河岸"挡住了。高地部分地区长有树木,离小村有四分之三英里①。从纽约向对岸看过去,就像华盛顿经常做的那样,看到的是高耸陡峭的河岸,陡岸上斯特林要塞正在动工,陡岸上位于右边的是富有的纽约进口商、大陆会议代表菲利普·利文斯通的庄园。

斯特林要塞完工后,巨大的方形工事将架起八门加农炮,控制东河和纽约,正如多切斯特高地控制波士顿及其港口。从布鲁克林高地上俯瞰,纽约全城、港口、河流、更远处新泽西狭长低矮的小山尽收眼底,这是整个大西洋海岸最宏大的全景之一。

东河根本不能称其为河,只是一个宽约1英里②的河口湾,逆流湍急,波浪可达6英尺③高,以难以航行著称。由于风向和波浪的关系,乘渡船来往布鲁克林往往十分困难,即便有三人划桨,到河对岸也要花一个小时。

哈得孙河或北河要平静得多,宽度超过两英里,因此就像李将军承认的那样,不可能封锁河道不让敌军进入。但纽约哈得孙河沿岸布满炮台,英军会掂量一下他们宝贵的战舰可能遭受的损失。

华盛顿同意这个方案的大体框架,其中最重要的一点是,守住纽约的前提是守住长岛。如果说纽约是整个北美大陆的关键,那么长岛就是整个纽约的关键,而长岛的防御重点在布鲁克林高地。"因为如果敌军占据纽约,而长岛在我们手里,"李

---

① 约1.2公里。
② 约1.6公里。
③ 约1.8米。

将军给华盛顿写信说,"他们会发现几乎待不下去。"

纽约或长岛可能是个陷阱,或者两者都是陷阱,这一点英美双方似乎都没有认真考虑,至少没有相关记录。

考虑到长岛的重要性,华盛顿派格林前去驻守。格林率领自己的部队,以及后来加入的宾夕法尼亚长枪连,在布鲁克林扎营。不长时间长岛就聚集了几千人——人数似乎很多,但其实不到纽约城内及周边队伍的三分之一。他们开始发挥吃苦耐劳的本领,正像人们说的那样,波士顿的经历让他们成为"至少能熟练使用铁锹的老兵"。

除了斯特林要塞,在布鲁克林另一边或称东边,还有三个要塞正在修建,目的是防御斯特林要塞和布鲁克林高地。如果英军在西边格雷夫森德附近的开阔海滩登陆——普遍认为会是如此,并从南边的开阔平原发动攻击,这条防线会阻碍其向东河挺进。

左边是帕特南要塞,以鲁弗斯·帕特南的名字命名——帕特南把大部分工事都画了下来。中间是星形的格林要塞,架有六门加农门,控制着牙买加路。右边则是博克斯要塞,以格林的一个部下丹尼尔·博克斯少校的名字命名。

这些要塞每个都由宽阔的壕沟围绕,所有要塞都由一条战壕连接,战壕长达1英里,甚至更长。几百人用斧子把树砍倒,以便让加农炮发挥最大威力。战壕边上大都竖起木桩,尖头钉入地下。右方更远处,位于上湾的一个叫作雷德胡克(Red Hook)的孤立尖角,第五个要塞"挑战要塞"正在修建。从左侧的帕特南要塞到右侧的"挑战要塞",长度接近3英里。

天越来越长,也越来越暖,艰苦的劳作仍在继续,毫不松懈。格林警告说，无故擅离者将被罚一个星期"连续劳动"。罗得岛军官伊齐基尔·康奈尔上校骑马监工，被称为"咆哮老头"。

格林本人也不辞辛劳。什么也逃不过他的眼睛。他骑在马上四处巡视工事，勘察地貌，熟悉从布鲁克林到格雷夫森德的地形，尤其是向南 1.5 英里以外树木茂盛的山脊，这个山脊被称为高恩高地，是几个要塞及南部平坦开阔地带之间的天然屏障。

小岛总督岛上，土方工程和大炮布置也在进行。总督岛位于高地和雷德胡克之间，是东河的门户。"我们做了很多工作，"华盛顿 5 月初写道，"总督岛上树起巨大而坚固的工事……下方尖角（称为雷德胡克）虽然小，但极其坚固的炮垛——几项新的工事也在进行，其他地方的很多工事已告完成。"

纽约城中也设了路障，根据一名幸存下来的英军情报人员的话，"每条面向北河和东河的街道都堆起厚达 10 英尺①的木箱，里面装满土，以拦截企图登陆的部队"。

哈得孙河两岸布置了大炮，以前建造的乔治堡布置了重型加农炮，东河上的怀特霍尔码头更多。

亨利·诺克斯自豪地汇报说，纽约城内及周边 120 门加农炮已经就位，这一次弹药充足。一个严峻的问题就是急缺炮兵。诺克斯知道，很多普通士兵没有滑膛枪，甚至什么武器也没有，他说服华盛顿又给炮兵部队增加了五六百人。尽管他们完全没有炮兵经验，但有人手总比没有强。

---

① 约 3 米。

炮兵每天的劳作一点不比那些挖战壕堆土方的士兵轻松，也许还要危险得多，一个叫作所罗门·纳什的马萨诸塞士兵在日记中有所流露。

星期一，5月13日，从要塞取回一门发射32磅炮弹的大炮，放在大炮台东边……开始堆炮弹。

星期四，5月16日，我们一些人开始试验两弹连发，除了两门炮，其他都好。一门炮炮口裂口，另一门在大炮台炸成碎片，一块碎片飞出三四十杆［约20码①］，打到一所房子上……从屋顶穿过，透过地板钻进地里。房屋损毁，但没人受伤。

星期三，5月22日，开始制作枪弹……

星期五，5月31日，我们连更多人开始制作枪弹。这个月就这么过去了。

6月初，诺克斯和格林一同策马来到约克岛崎岖的最上端，查看哈得孙河上方230英尺②高的一道嶙峋山脊。这是岛上的最高点，很快将在此动工再建一个大型工事，后来被称为"华盛顿要塞"，以阻止英军溯河而上。同时还计划在哈得孙河对岸修筑工事，后来称为"宪政要塞"。

格林在诺克斯的波士顿书店里结识了他并成为朋友，现在两人的友谊不断加深。两人发现，他们在整个军事决策中的地位越来越重要，对形势的判断几乎总能取得一致。他们都钦佩

---

① 约18米。
② 约70米。

并忠于华盛顿,并都开始协助华盛顿处理与大陆会议的关系。

格林在一封信中强调,迫切需要更多的部队。他告诉战事委员会主席亚当斯,如果大陆会议能够为那些伤残或阵亡的士兵提供援助,这本身就会吸引更多人入伍,并"最大程度激发相关人员的勇气"。他还写道,军官士气低迷,获得的报酬连日常开销都不够用。好的军官是"一支军队的灵魂",格林写道。大陆会议不能过于自信,"战争的命运仍旧很不确定",他告诫说。

> 如果这支部队战败,有两三名高级军官阵亡,武器储备尽失,这样的打击对美洲政治会产生怎样的后果,我实难想象。

应亚当斯要求,诺克斯提供了一份军事书籍推荐清单。5月16日致亚当斯的信件中,诺克斯用最强烈的字眼表示,他相信是宣布美洲独立的时候了。像华盛顿,像格林,也像亚当斯一样,诺克斯热切期望脱离英国,越快越好。

> 占世界人口很大一部分的一群人正面临生死关头,未来是幸福还是悲惨皆取决于此。如果我们做出错误选择,我们和后代子孙都将受累。错误的选择!任何稍有理性的人都知道,合乎自然的选择只有一个,那就是独立——违背道义的人必是我们的敌人,应当与之脱离干系。我企盼这样的事件早日发生,让它尽快到来吧。

玛莎·华盛顿来到纽约与总司令会合,露西·诺克斯和卡蒂·格林也从新英格兰赶来与丈夫相会,两个年轻女子都带着一个当年出生的婴儿——小露西·诺克斯和乔治·华盛顿·格林。当年秋天从格林位于长岛的营地寄出一封邀请函,没有日期,上面写道:"格林将军及其夫人向诺克斯上校及其夫人致敬,希望他们明天2点钟前来赴宴。"

第二节

无数日子花在苦役上面,无数时间用来处理例行军事事务,物资供应和案头工作问题成堆。虽然日复一日事务缠身,人们还是努力维持所剩无几的正常生活。在这些日子里,英军随时可能出现的念头从未脱离脑海,似乎每个士兵、每个平民都留着一只警觉的眼睛注视港口,看是否有英军舰船露头。每天醒来时都会想到:今天也许就是开战之日。

华盛顿下令在长岛、斯塔腾岛和纽约之间建立信号传递系统。5月18日,全城风闻有人在下湾(Lower Bay)的桑迪胡克(Sandy Hook)附近看到了英军,这一毫无根据的谣言流传了好几天。

放置大炮的地方,警卫增加了一倍。他们"不得让任何人在夜间进入炮台,"华盛顿这样命令,"除将军、战地军官、有公务的炮兵将士以外,任何人甚至白天也不得进入。"

华盛顿颁发了更多军令。士兵须"睡觉时把武器放在身边,接到命令一分钟内做好迎战准备"。每人至少发射两发子弹,以便熟悉武器运用。他们练习如何迅速从营房转移进战壕和要塞,熟悉敌军进犯时需要掩护的阵地。

根据华盛顿本人的报告，他手头有8880名士兵，其中6923人合乎要求。同时，他得到确切消息，至少有1.7万名德国雇佣兵正在途中，将归英军指挥，敌军总数可能多达3万人。

华盛顿被大陆会议召去费城商讨战事，沿路每隔一段距离备好快马，以便必要时他能以"最快速度"赶回纽约。这是华盛顿上任以来第一次离开部队，留下帕特南将军代行其职。他5月21日刚刚走，就有谣传说他是去费城卸任的。6月6日，离开已有两个星期的华盛顿回来了，受到极为热烈的欢迎，鼓乐齐鸣，五个军团游行庆祝。

"我们围绕英王雕像列队前进。"班斯中尉写道。像全军将士一样，他对总司令再次来到他们中间感到欢欣鼓舞。

从加拿大传来更令人灰心的消息，有人说受命北上、有望扭转战局的约翰·托马斯将军染上天花死掉了。

对华盛顿来说，一个有利的新局面是，在费城期间，他说服约瑟夫·里德加入部队，任副官长，军队的行政长官，军衔是上校，接替霍雷肖·盖茨将军。盖茨被大陆会议派到加拿大，看看能否有所作为。

里德顾虑重重地回来了，他怀疑自己是否能够称职——"这完全超出我的能力范围。"他这样告诉妻子。几天以后，他准备再次辞职。但华盛顿一如既往地相信，里德有天赋，他需要信心。对华盛顿来说，里德的归来是意外的福音。

城里突然传出一个爆炸性的消息：亲英分子密谋刺杀华盛顿总司令，12个人被捕，包括纽约市市长戴维·马修斯，还有两名华盛顿的亲兵。阴谋据说是这样的：英军舰队一到，就杀死华盛顿及其部下军官。

爱国的暴民冲上街头搜捕亲英分子，抓到的人遭到毒打，身上涂上沥青沾满羽毛，用蜡烛烧，或者施以"坐栏杆"的酷刑——一个人被迫跨骑在一根尖尖的篱笆栏上，两人用肩膀抬着，其他人在一边抓住他的腿不让他倒下，游街示众。

"亲爱的弟弟，"一个名叫彼得·埃尔廷的纽约人在6月13日的信中对此表示称道，"这周我们搞了几次大型的坐栏杆游街活动，尤其是昨天。有几个人被搞得很惨，坐着栏杆被抬着游街，衣服被扯开露出后背，身上满是泥土。"

一个名叫埃瓦尔德·休科克的当地摩拉维亚教派牧师在日记中记录下"这些令人震惊的不幸场景"，同时写道："一些将军，尤其是帕特南将军，及其部队，费了很大的力气平息骚乱，驱散乱民。"

华盛顿将司令部迁到市政厅，诺克斯和妻子搬到百老汇街1号，玛莎·华盛顿仍在城外的莫尔捷宅院居住，所有这些显然都是出于对华盛顿安全的考虑。

审判那两名亲兵的军事法庭上了解到的阴谋并不像一开始听到的那样耸人听闻，但的确很严重，尽管证据不那么充分。根据两人的供述，他们图谋招募其他士兵，等"舰队到来时"破坏大炮阵地，其回报是得到英王的赦免以及经济上的奖励（"奖给土地和住房"）。被捕入狱的人除了市长以外还有两名医生、一个鞋匠、一个裁缝、一个杂货商，还有一个前中学教师。但只有一名士兵被定罪，是一个叫作托马斯·希基的英国移民。他辩解说，他参与其中只是"为了欺骗亲英分子，从他们手里骗点钱"。

希基于6月28日被处以绞刑，大批人围观，士兵们大多赞同这一结果。约瑟夫·霍奇金斯写道："我希望再有20人得到同样的下场。"

当天晚上,华盛顿第一次得知,英军已于6月9日驶离哈利法克斯,开往纽约,豪将军乘坐护卫舰"灵猊"号略早一些离开。消息是一艘美军私掠船的船长派人快马送到的,该船在安娜角附近被"灵猊"号俘获,后被一艘美军的武装帆船救出。

第二天早上,6月29日,星期六,在华盛顿司令部的屋顶上,在纽约和长岛的其他观测点,美军军官透过望远镜,看到斯塔腾岛山上传来信号——第一艘英国军舰出现了。

几个小时之内,45艘舰船在下湾的桑迪胡克停泊下来,距离纽约湾海峡10英里①远。一个离得较近的宾夕法尼亚长枪手说,舰队的桅杆看起来像是整齐的松树林,"我说我觉得英国倾国出动了"。

诺克斯夫妇看到舰队的时候,正在百老汇街1号吃早餐。他们喜欢在二楼一个帕拉弟奥②式大窗户前用早餐,可以一览港口景色,这已成为他们的习惯。但突然之间,这个早上彻底毁掉了,露西·诺克斯陷入惊恐不安的状态。

"你想象不出那时她变得多么焦虑。"诺克斯给弟弟威廉写信说,"全城哗然,警报四起,士兵赶回自己的阵地,一片忙乱。我没时间照顾她,因为我的国家最需要我。"

几个星期以来,诺克斯一直催促露西离开纽约,为了她的安全,也为了襁褓中的女儿。"上帝啊,但愿我再也不要经历这样的感受!太让人难受了。但我想到了一个伪装感受的办

---

① 约16公里。
② 16世纪意大利建筑师。

法，所以我假装生气责怪她不早点走。"

日落时分，沿海湾停泊的敌舰已经超过一百艘。

有人快马赶去康涅狄格和新泽西报信，"抓紧动员民兵"。玛莎·华盛顿和丈夫告别，乘马车尽快离开纽约。露西·诺克斯和卡蒂·格林也带着孩子走了，同时离开的还有几百名城中居民。

"至高的天父洞悉人心，他知道我珍视你胜过一切。因此，我希望你能远离可怖的战场。"露西到达康涅狄格后诺克斯给她写信这样说。唯恐别人忘记是什么正在面临危险，他提醒她："我们在为国而战，可能也是为了子孙后代，数百万人的安危取决于此战的胜败。"

关于敌军巨型舰队构成的更多细节很快传来。舰队中有两艘装有50门大炮，分别是"百人"号和"查塔姆"号；还有装有40门大炮的"凤凰"号、豪将军乘坐的装有30门大炮的"灵猩"号、装有64门大炮的"亚洲"号。单是这五艘战舰的火力加起来，就远远超过美军在岸上布置的所有大炮。纳撒内尔·格林向华盛顿报告说，整个舰队有120艘舰船，有"从哈利法克斯接收的1万名士兵，还有中途加入的一些苏格兰士兵"。华盛顿的参谋、一个名叫塞缪尔·韦伯的中校还注意到，另有1.5万人到2万人的部队由豪将军的哥哥理查德·豪勋爵率领，从英格兰赶来，"随时可达"。

整个纽约"乱作一团"，休科克牧师写道："一方面，能跑的人都拿起包裹跑掉了；另一方面，附近地区的民兵从四面八方赶来。"

在长岛，格林的一个战地军官抽时间给自己远在马萨诸塞纽伯里波特的儿子写信。"我觉得我们有的忙了。"参加过邦克山战役的老兵摩西·利特尔上校这样写道。

1776年7月2日,英军登陆斯塔腾岛的同一天,费城的大陆会议做出重大决定,投票决定要与英国"解除关系"。四天以后,7月6日,消息传到纽约,立刻出现了自发性的庆祝活动。"全体军官……都跑到一个小酒店,庆贺独立的好消息。我们愉快地度过了那天下午。"伊萨克·班斯这样写道。

两天以后,约翰·汉考克的一封信连同《独立宣言》的完整文本寄到华盛顿手上。

> 情况可能发生有利的转变[汉考克写道],大陆会议决定有必要解除英国与美洲殖民地的关系,宣布美洲殖民地成为自由独立的各州,从《独立宣言》可见。我受命将《独立宣言》转交给你,并请你在高层军事会议上宣布,具体方式由你掌握。

很多人像诺克斯一样立刻看出,敌军集结,近在咫尺,大陆会议终于宣布独立,战争已进入全新的阶段,现在的战线已不同以往,风险也更大了。"整个美洲都注视着我们,"诺克斯写道,"是非功过将由后人评说。"

费城的大陆会议代表宣布放弃效忠英王,已经犯了叛国罪,从此走上了一条不归路。

"我们正置身革命之中,"约翰·亚当斯写道,"这是人类历史上最彻底、最出人意料也是最了不起的革命。"

托马斯·杰斐逊起草的序言中,掷地有声地宣布:"人生而自由",这是"不言自明的",被赋予"不可剥夺的""生活、自由和追求幸福"的权利。大陆会议代表宣誓将不惜生命、财产和神圣的荣誉来捍卫这一崇高目标。

当然，这样的勇气和远大目标起不了什么作用，不能在军事上打败世界上最可怕的军队，《独立宣言》本身无非是一个声明，宾夕法尼亚的约翰·狄金森称之为"小纸船"。正像纳撒内尔·格林告诫的那样，战争的结果远远没有确定。

但从此刻起，华盛顿军中的民兵将不再仅仅为保卫自己的家园而战，也不再作为英国自由民为合法权利而战，就像他们之前在列克星敦、康科德、邦克山，以及在漫长的波士顿围城期间所做的那样。现在，已经庄严地宣告，美洲独立了，出现了一个新的美国，因此开创了自由和平等的新纪元。

在纽波特的家乡，纳撒内尔·格林的导师埃兹拉·斯泰尔斯牧师不敢相信这一切，他在日记中写道：

> 这样，大陆会议系上了一个戈尔迪之结①，议会会看到，这结既切不断，也解不开。十三个殖民地联盟一跃成为独立的共和国，跻身世界各国之列……我竟然得以亲眼见到如此重大、如此惊人的革命发生！

举手之间，大陆会议让"美洲崇高事业"变得愈加崇高，全世界目睹了这一切，也让每个作战士兵有了更远大也更艰巨的奋斗目标。华盛顿认为这是一个"新的鼓舞"，他认为来得有点太晚了。

7月9日，星期二，下午6点，接到华盛顿的命令，城中

---

① 古希腊神话中弗利基亚国王戈尔迪打的难解之结，只有能征服亚洲的人才能解开。

几个旅的士兵列队来到公地和其他操练场,等待《独立宣言》宣读。

将军阁下希望,这一重大事件能为所有将士带来新的鼓舞,让他们带着忠诚和勇气投入战斗[华盛顿的命令这样写道]。将军知道,此刻祖国的安危[除上帝的意旨以外],完全取决于我们这支军队能否取胜。将士们正在为国尽忠,这个国家完全有能力回报他们的奉献,并让他们进而拥有至高无上的荣誉——他们缔造了一个自由的国度。

正式宣读结束了,一大群士兵和市民欢呼叫嚷着沿百老汇冲到博灵格林广场,用绳索和棍棒拽倒了骑在青铜大马上的乔治三世的镀金铅像。狂欢的人群砍掉了雕像的头,切下鼻子,剪断头上的桂冠,并把头部残骸戳到长矛上立在一间酒馆门前。

据说,雕像剩下来的铅大部分后来熔化做成了子弹,"射穿那些顽固不化的敌人的脑袋"。

自从1775年春天开始,士气从未如此高昂,一时热情激荡。有人以为,发表这个伟大的《宣言》,推倒一个象征性的雕塑,就足以改变历史进程,但这一切都以戏剧性的方式被狠狠扇了一个耳光。三天以后,7月12日,英军突然出动,让所有人看到,防守纽约做的功课还远远不够,并让人们知道一个更重要的不祥事实:没有海军,纽约无可防御。

那是一个和煦的夏日,有凉爽的西南风,非常适合航行。大约在下午3点,国王陛下的"凤凰"号和"玫瑰"号战舰在三艘补给船的护送下,从斯塔腾岛起锚,全速驶入港口,凭借有力的风向和海浪,迅速前进。

纽约城中警告的炮声四起。士兵从四面八方跑来,穿过挤满惊慌失措的人们的街道,雷德胡克和总督岛上的加农炮开火了。敌舰驶过曼哈顿南部,开往哈得孙河口,老乔治堡和其他海岸炮台也炮火齐发。指挥老乔治堡炮火的是纽约炮兵部队一个19岁的上尉亚历山大·哈米尔顿,他离开金斯学院投身美洲事业。敌舰开火还击。加农炮炮弹呼啸而至,击穿房屋,砸向依旧拥挤的街道。华盛顿后来写道,听到妇女儿童四处逃窜、高声哭喊,看到自己的部下被敌舰狂暴的火力网惊呆了或吓坏了,站在浅滩上,无助地傻站着,他心如刀割。

二等兵约翰·马丁是个新兵,来自康涅狄格,只有15岁。他后来回忆道,他很高兴"看到事件的全貌"。这是他第一次听到加农炮的"呢喃",他"甚至觉得那声音是美妙的,至少是壮丽的"。

哈得孙河沿岸炮火齐鸣,城市上空烟雾越来越浓重,空气中弥漫着硝烟的气味。

英国战舰紧贴新泽西海岸,迅速溯河而上,消失在视线外。5点30分的时候,他们穿过了华盛顿要塞的火力网,到黄昏时分,已到纽约上游30英里①,在哈得孙河最宽处特里敦(Tarrytown)的塔本西(Tappan Zee)安然停泊。他们的任务是切断叛军的供给线,动员当地的亲英分子。

美军炮兵发射了将近200发炮弹,仅从纽约炮台发射的炮弹就超过150发,但效果并不明显(根据"玫瑰"号的航海日志,美军"打掉了我们右前方的支索"、前方的短索、前方的

---

① 约48公里。

吊索、前中帆的耳索、撑杆帆和主中帆的操帆索，一发18磅的炮弹击中了我们前桅，一发击穿了舰载艇，几发穿过船帆，几发击中船身")。结果证明，诺克斯的炮火对自己人比对敌人的杀伤力更大。六名美军炮兵因加农炮爆炸致死，因为他们本身缺少经验，或由于过于自信，据说也可能是因为很多人喝醉了，这是当天唯一的伤亡。

随后颁布的将军令中，华盛顿难掩其失望情绪：迎敌时表现出来的行为不可宽恕，令他感到厌恶；一些军官不知尽责，反倒站在那里傻愣愣地看，令他感到羞耻。对骄傲的华盛顿来说，他和他的军队已经成为笑柄。

> 这样缺乏军人素质的行为会令每个优秀军官痛心，让敌人对这支军队产生刻薄的看法。身处危险，能冷静地坚守岗位，等候命令，再没有什么比这更能显示一个士兵的勇气和素质；相反，此时意志薄弱、四处观望，会显得小家子气，令人蔑视。

诺克斯私下里写道，死了六个人是很不幸，但他安慰自己，希望这一天的行动能让其他人吸取教训，下次不那么"莽撞"。

但还有更大更深刻的教训。如果两艘敌舰连同补给船就能迅速轻易地进入哈得孙河上游而没有遭受岸上炮火的重创，那么10艘或12艘敌舰连同运输船也可以做到，进而整个英国舰队也能做到。如果他们在上游卸下1万名或更多士兵，纽约的华盛顿及其部队将插翅难逃。

当天的闭幕式令华盛顿更增烦恼。当晚，载有64门大炮的"雄鹰"号扬满风帆，稳稳驶入海湾，船头桅杆顶上飘扬着圣乔治旗，表明这是海军上将豪勋爵的旗舰，因此英国舰队和更多部队也离得不远了，渐浓的暮色中，皇家海军的礼炮声从海面上滚滚传来。

第三节

英国士兵的士气前所未有地高涨，在波士顿度过凄惨的冬天，然后几个月孤零零地隔绝在哈利法克斯，接下来是几个星期更无聊的海上时光，现在，夏天的斯塔滕岛像是天堂。

"[我们]住得很舒服，周围都是忠诚的自由人，他们提供各种生活必需品，数量多，种类广，很多东西我们已经短缺很久了。"一个英国军官写道。"我们处在自然界最美的岛屿，画笔也不能为之增色。"另一个军官宣称。"这里，"第三个军官这样说，"我们经历了敌对状态开始以后最奢华的生活……鲜肉……鸡蛋、黄油、牛奶，还有蔬菜"，一切都"很实惠"。

阿奇博尔德·罗宾逊带着绘画工具去附近的山间散步，像在波士顿时候那样画水彩画。这里的区别是，面前展现的一切尺度更大——远处是纽约和长岛点缀其间的广阔海面，前景中央正在停泊的英国舰队显得更大。

英军士兵发现给养很好，并且在美洲土地上受到始料未及的欢迎——事实上，人们"兴高采烈地"公然向他们打招呼。"我们现在食盐供应非常充足，"一个军官总结道，"大量的朗姆酒，各式武器数量极多，最妙的是，原以为会与我们作对的人成群结队跑到我们这里来。"几乎每一天都有窘迫不堪的亲英分子或美军逃兵出现，满嘴都是受苦的故事，很多人是夜间乘船从长岛或纽约逃出来的。

安布罗斯·塞尔是个爱国的年轻英国人，也是有才华的作家，任豪将军的文书。他在日记中写下了对亲英分子的同情。"看着他们消瘦可怜的脸，"他写到几个从长岛逃出来的人，"听到他们仅仅因为不愿放弃效忠国王、热爱祖国，就像猎物一样在树林和沼泽里遭人追杀的故事，让人无法不起同情之心。"

对于逃兵的同情心就少多了，对他们的信任更少，甚至没有。人们"不相信这些受到蒙蔽的可怜虫"，查尔斯·斯图尔特上校写道，这也是大部分英国军官的看法。詹姆斯·格兰特认为，美洲人都不可信，亲英分子也好不到哪里去。"岛上的居民，"格兰特通过观察得出结论，"他们憎恨叛军，因为叛军压迫过他们……但根据斯塔腾岛上最忠诚的英国子民的供述，通过与他们的谈话，我非常确信，我们在美洲一个朋友也没有。"

不过，更加老谋深算的豪将军却不这么看，他立刻看出亲英分子可以利用，而这在波士顿是不具备的。"我和特赖恩总督在雷德胡克的船上会面，从他那里我得到了叛军情况的最完整的情报。"在斯塔腾岛登陆仅仅几天之后，豪将军于7月7日向洛德·杰曼汇报道。

《独立宣言》的消息只不过印证了"这些无知愚民的丧心病狂"，安布罗斯·塞尔义愤填膺地写道，"人类从未写过比这更粗俗、更虚伪、更恶劣的声明。"

国王陛下的士兵谈论着即将到来的"狩猎季节"。军官兴致勃勃地写道，对猎物的渴望空前强烈，所有的叛乱分子都是猎取的对象。"我们的部队对他们非常蔑视，"塞尔写道，"渴望有机会为那些在邦克山倒下的同胞报仇。"

罗顿勋爵经历过邦克山战役和波士顿围城，很高兴看到部下仇恨新英格兰人。很多人被军事法庭判处强奸罪，他只觉得快意。他写道，这充分证明他们的食物改善了，"精神抖擞"。

> 岛上的性感美少女苦闷不堪，我军士兵的精壮身体让她们像半人半羊的森林之神那样骚动不安。女孩走进树丛摘取玫瑰，难免要冒遭到蹂躏的极大风险。她们对这些生猛的路数毫无经验，连应有的半推半就都省了。这样一来，我们每天在军事法庭都有好戏可看。

不过军事法庭本身就证明，这样的行为在英国统帅看来并不可乐，事实上那些被判有罪的人面临的刑罚要比美军惯用的刑罚更加严厉。

英军罗顿勋爵此前给亨廷顿伯爵写信，表示希望"尽快了结这些［美洲］无赖，因为和他们打交道只会脏了手，我相信，只要您给我们可以英勇奋战的必要手段，他们绝挺不过这场战役"。现在，"必要手段"已汇集斯塔腾岛，数量之多令人振奋，他开始热切地期望，那些"新英格兰唱诗班"——他喜欢这么叫他们，能与带着宽刃利剑刚刚赶到的苏格兰高地战士狭路相逢。

透过望远镜，可以清楚地看到远处十几座叛军兵营，敌人看起来"人数很多"。根据亲英分子和逃兵的消息，纽约城叛军的兵力被高估为3万到3.5万之间。但英国人毫不怀疑，眼前这一仗对于叛军来说是致命的，这一仗也会极为惨烈。

很多英国军官最担心的是美军不肯出战，一个军官匿名在伦敦的《早间纪事报》上写道："我们唯一担心的是叛军不敢全面迎战……如果……他们决意只去防守……我们的任务就完不成了。"

即便在"凤凰"号和"玫瑰"号成功闯入哈得孙河上游之前,很多英军军官都认为,对纽约的进攻将从北面发起,这样,皇家海军从河上和港口上猛烈炮击之时,陆军可以从空虚的后方挺进纽约。但豪将军对作战计划只字不提,只说要等援兵全部赶到。豪将军也喜欢相对舒适的斯塔腾岛,还有动人的洛林太太的陪伴,他显得一如既往的沉稳。

他的海军上将哥哥在多大程度上影响乃至决定作战战略,成了一个公开的话题,变得很重要,因为兄弟二人刚刚被乔治三世任命担任一个含混古怪、可能还自相矛盾的角色——和平特使。

人们知道,豪将军想用"制胜一击"最稳妥地迅速解决一切,这也是其上司乔治·杰曼勋爵始终如一的看法。与一些部下不同,豪将军确信美军会出战。从哈利法克斯前往纽约之前,他在一封信中说,他们无疑迫切希望战斗,"英军撤离波士顿以后,他们正在洋洋自得,更愿意决战";这是结束这种昂贵的战争最有效的方法,再没有什么比这"更值得希求或争取的了"。

海军上将手里拿着橄榄枝还是宝剑不得而知,但他坐镇"雄鹰"号,并且会有更多战士和运输船赶来,这两点产生的效果非比寻常。海军上将以骁勇善战闻名,他年纪更大,不像弟弟那样喜欢享受,肤色更黑,表情更阴沉,人们亲切地叫他"黑迪克",被认为比弟弟更加明智。

实际上,他们在绝大多数政治和军事问题上想法一致,相处融洽,海军和陆军联合作战时常有的摩擦和猜忌似乎可以避免了。不管采取什么战略，人们猜测，海军和陆军会紧密合作，相安无事。

7月13日，星期六，豪将军及其部下与特赖顿总督一起，在"雄鹰"号上与海军上将一同进餐，谈话"涉及军事事件、国家、叛军"，一直谈到傍晚。

第二天，豪勋爵做出了一个惊人之举。他派一名精挑细选的军官菲利普·布朗中尉，从"雄鹰"号下船，举着休战旗，穿过海湾，来到纽约，身上带着一封写给"乔治·华盛顿绅士"①的信。约瑟夫·里德奉华盛顿之命，带着亨利·诺克斯和塞缪尔·韦伯来到海边，接见了他。

"我带来一封信，先生。是豪勋爵写给华盛顿先生的。"布朗中尉见面时说道。

"先生，"里德回答道，"我们军中没有叫'华盛顿绅士'的人。"

布朗问华盛顿愿意用什么头衔称呼自己，里德回答说："先生，华盛顿将军的军衔你们是知道的。"

"是的，先生，我们知道。"布朗回答，"我敢肯定豪勋爵会对此感到非常遗憾，因为这封信是普通信件，不是军事信件。"

豪将军也"非常遗憾没有早点来这里"，布朗又说，暗示海军上将后悔没有在《独立宣言》发表之前来纽约。

布朗回到"雄鹰"号报告美军的反应。"这些人那么虚荣和傲慢！"安布罗斯·塞尔在日记中写道。但海军上将坚持寄信。三天后，布朗又举着白旗出发了，这次信封上写着"乔

---

① 绅士的等级远低于勋爵，英方称华盛顿为绅士，有贬低之意。

治·华盛顿绅士等等"，但又一次被拒收。

次日，海军上将做了第三次尝试，这次换了一个信使，一个叫作尼斯比特·鲍尔弗的上尉，询问华盛顿将军是否愿意接见豪将军的副官詹姆斯·佩特森上校，这次得到了肯定答复。

于是，7月20日星期六正午，佩特森上校来到纽约，直接被接引到百老汇街1号，在那里他见到了华盛顿，里德和诺克斯等一旁陪同，礼节庄重而得体。

华盛顿的卫兵在门前侍立，华盛顿就像诺克斯所写的那样，"穿着英俊，外表高雅"，佩特森的举止在里德看来"非常礼貌且庄重"。

佩特森落座，与华盛顿隔桌相对，他向华盛顿保证，豪勋爵无意"贬低华盛顿将军的尊严或地位"。豪勋爵和豪将军都对乔治·华盛顿的"为人""极为尊重"，佩特森说。他从口袋里拿出同一封信，上面仍旧写着致"乔治·华盛顿绅士等等"，放在两人之间的桌上。华盛顿任由那封信躺在桌上，一副碰都不想碰的样子。

佩特森解释说，"等等"是代表还应提到的一切头衔。"当然，"华盛顿说，"代表一切头衔。"给一个负有公众职责的人写信，称谓应体现其地位，否则就是纯粹的私信，华盛顿说。他拒绝接受这样的信件。

佩特森说起英王的"善良"和"仁慈"，他任命豪将军和豪勋爵为特使，"化解这场不幸的争端"。里德后来写给大陆会议的报告中说，华盛顿简要地回答，他"无权与那些褫夺他权威的人讨论这样的话题"。

华盛顿接着说，他相信，豪勋爵从伦敦来，得到的授权只是给予赦免。如果是那样，他就来错地方了。

"没有过错的人不需要赦免,"华盛顿直白地说,"我们只不过是在捍卫我们认为毋庸置疑有权拥有的一切。"

按诺克斯的说法,那个英国军官"敬畏交加,好像见到什么超自然的东西"。

佩特森说,他很遗憾,"重要关头的重大事务"竟因"拘泥形式"而"受到阻碍"。

会议结束了。佩特森后来写道,华盛顿"极为庄重极为礼貌地允许我告辞"。

屋子里的人很久都不会忘记这一幕,华盛顿的表现堪称完美。作为领袖,单有仪表还不够,按照华盛顿的标准,他必须知道如何表演,沉着精确,约翰·亚当斯后来表扬华盛顿是当代最出色的演员。

对华盛顿来说,刚刚结束的那一幕是场不能不演的闹剧。他丝毫不相信英国提出的和平建议,不管建议是什么,不管表述得如何得体。人们认为,他同意参加这次"会面",部分原因是为了让英国人及自己的部下看到,他也能够应付场面,不比任何军官或者绅士差;但更重要的,华盛顿向不在场的英军总司令传递出一个毫不含糊的信号,在这方面,华盛顿无疑是成功的。

就可能达成的英王可以接受的调停方案,豪勋爵向杰曼勋爵报告说,这次"会面……诱使我对达成向往的结果不报指望"。

英国军舰源源不断地开来,一开始,船帆只是东方地平线上的一小块光斑,通过纽约湾海峡时候每过一小时就稳步变大。塞缪尔·韦伯数了数,7月25日有五艘船,7月26日八艘,7月29日又来了二十艘。

炎热干燥的仲夏来了，热浪滚滚。1776年的冬季极为寒冷，夏季极为炎热，"没有一丝风，温度达到了94度。"① 安布罗斯·塞尔在"雄鹰"号上记录道。

亨利·诺克斯在百老汇街1号的办公桌前给妻子露西写信说，酷热中他工作得很辛苦，感觉筋疲力尽。

> 我一般日出时候或者稍早一点起床，马上就和团队里的一些人去祷告，唱赞美诗，或者读一章［圣经］。早餐前要处理大量公务。从早餐到晚餐，我就在烈日下煎熬，热量足以烤熟鸡蛋。实际上，我亲爱的露西，我这辈子从未这样劳累。

8月1日，45艘舰船组成的集群带着亨利·克林顿将军和查尔斯·康沃利斯和大约3000名士兵出现在桑迪胡克。他们刚从南卡罗来纳回来，在欢腾的英国人眼中"华丽亮相"。

对美军来说，这些战舰和克林顿的部队来得太突然，"好像从天而降"。

还有更多的船赶过来。

8月4日，纳撒内尔·格林报告说，地平线上又发现21艘船，豪勋爵的舰队到齐了。好像是为了印证海军上将此行任务的含混，运兵船都取了类似以下的含混名字："善意"号、"友谊"号、"忠言"号、"神恩"号。

"最近来的船太多，"眼花缭乱的安布罗斯·塞尔写道，"我们得知，叛军统领对士兵传话说，我们晚上把船开走，第

---

① 约34摄氏度。

二天再开回来，制造假象让他们害怕。"

约瑟夫·里德给一个朋友写信说，不到10天，来了至少100艘船，"外国"（黑森①）士兵只到了一部分。里德好像真的害怕了。他第一次表示出强烈的怀疑：面对这样的强敌，防守纽约是否明智。"我们留在这里纯粹出于荣誉感。"他心中另有策略。

"我的观点是，"他写道，"我们应该步步为营，打持久战，尽量拖延，避免决战，实际上避免出战，直到具有明显优势。"

实际上，他看不到优势，他如何力劝华盛顿接受这样的观点，不得而知。

即便是坚定乐观的亨利·诺克斯也暗自痛苦。"我们现在的行为太重要了，让人不寒而栗——后代的命运压在我们这支军队的肩上，重量一点没有减轻。而我得遗憾地说，我们军队的数量不足以抵挡敌人可能发起的狂暴进攻。"他在8月5日的信中对弟弟说。

华盛顿仍执意坚守，并深信纽约一定能够守住。

8月12日，又来了100艘船，甚至更多，布满纽约湾海峡外围的海面。船只太多，花了整整一天才驶入港口。船帆扬满，彩旗飘扬，礼炮齐鸣，船上岸上的海员和士兵欢呼得嗓子嘶哑。

纽约从未有过这样的景象，屋顶上站满了"看热闹的人"，视野好的码头挤满了人。现在，全部英国舰队停泊在斯塔腾岛附近的海面上，形成"密密麻麻的一长串"，有大大小小的船只约400艘，战舰73艘，其中一线大型战舰八艘，每艘载有

---

① 德国中西部一州，来自这里的雇佣兵下称"德国兵"或"德国军团"。

50门或更多火炮。英国军官高兴地相互提醒，这是在美洲海域见到过的最大舰队。事实上，这是18世纪最大规模的远征军，是英国乃至世界上最大、最强的出征舰队。

虽然这批战舰中最大的看起来已足够威武，对从未见过类似战船的美洲人来说简直是庞然大物，但英国海军还有更大的战舰，即便"亚洲"号和"雄鹰"号也不能与之相比。比如，"胜利"号装有98门火炮。考虑到桑迪胡克海水较浅，还得经过东河和哈得孙河，舰队通行困难，海军上将豪勋爵明智地选择了速度和灵活性，没有选择体积和火力。

就1776年美洲殖民地的规模而言，英国展示的军事实力是超乎想象的。总计有3.2万士兵在斯塔腾岛登陆，装备精良，训练有素，数量超过纽约的全部人口，甚至超过费城。费城是北美最大城市，人口3万人。

约瑟夫·里德在给妻子的信中表达了很多人的感受。

> 我看到他们集结起来的巨型舰队，看到他们所做的准备，考虑到由此产生的巨大开支，我不由得感到惊奇：这个民族竟然甘冒风险，不怕麻烦，不计花费，来到3000英里[①]外的地方，来掠夺和毁灭另一个民族，只因他们不愿将自己的生命和命运交给别人支配。

斯塔腾岛上星罗棋布的营房里，英军像过节一般昂扬。但在美国这边，在参加过波士顿战役的老兵当中，气氛同样欢快。纽约营房里的杰贝兹·菲奇和长岛上的约瑟夫·霍奇金斯

---

① 约4828公里。

就是这样。他们这些人毫不怀疑,不管将要发生什么,这支部队一定会有不凡表现。

他们的信心很大程度上来自对自身实力的错误估计,不错,"几乎每天都有敌军赶来,"霍奇金斯给妻子写信说,敌军人数可能多达2.5万,但她不必担心,"因为我们现在有42000人,每天都有新人加入。"一份报纸说,美军有7万人。

很多新来的士兵很有军人的样子,穿着漂亮的军装,带着精良的武器,充满自豪地开进城里。最小的殖民地特拉华派出了全军最大的一个营,"特拉华蓝衫军",800人穿着帅气的红边蓝衫,白色腰带,鹿皮或羊皮马裤,白色羊毛长袜,带着上好的"刚刚进口的"英国滑膛枪。威廉·斯莫尔伍德将军率领的豪迈的马里兰营由"名流、望族和富人"组成,武器更好,猩红色的外套有浅褐色镶边,看起来更是精神抖擞。约翰·格洛弗上校手下粗犷的马萨诸塞渔民身着蓝色海员服,白衬衫,白马裤,白帽子。格洛弗身材矮胖,穿着带白色花边的蓝色精织上衣,佩着一对银手枪。

虽然新生力量源源不断加入,成为每天一景,但逃兵也与日俱增。登记新兵更加困难,部分原因是1776年夏天美洲粮食大丰收,士兵有理由说家里需要他们。"他们的抱怨数不胜数。"康涅狄格军团的上校说。

> 有的人割了十车或者十二车干草却没有人收,有的人有很多草需要割,有的人还没锄完玉米地。有的人,即便不是所有人,都要耕地、种冬小麦。有的人一家子都病了,没人照料。

纽约和长岛迫人的暑热中，营地热传染开来。霍奇金斯中尉向妻子莎拉承认"很多战士情况不妙"，实际情况严重了不止一倍（霍奇金斯这么说是不想让妻子过于担心。他最小的孩子与他同名，只有两岁，在家乡病得很重。霍奇金斯得知后非常担心）。杰贝兹·菲奇所在的连队有180人患病，不能作战，患病人数接近连队总人数的三分之二，其中包括指挥官杰德戴尔·亨廷顿上校。"疾病在营房里肆虐。"一个叫阿尔比金斯·沃尔多的连队医生这样写道，并说其他营地的情况更糟。

"水质太差，我们都病了。"新泽西的随军牧师菲利普·菲西安说，他自己也病了。

> 今天早上我们医院一个人死于痢疾……昨天新英格兰部队的医院里两个人死于痢疾，还有30个人因痢疾或其他肠胃疾病卧床不起。
>
> 营房里还有很多人状况不好，但不愿去医院，其中有我的老邻居、可怜的唐纳森先生。他昨天来到医院，但今天早上就爬回营房，宁愿死在营房里也不愿回来。

像在波士顿时候一样，华盛顿和其他将军强调要保持卫生。尤其是纳撒内尔·格林，不断下令要保持营房清洁，茅坑要每天盖上新土，每周开挖新的茅坑。

将军还明令禁止士兵在要塞的战壕里便溺［格林在7月28日的命令中写道］，这是最可耻的行为。这些问题如果放任不管，战壕里散发的臭气很快就会在营地里引起鼠疫。

患病人数估计在3000人到6000人之间。"他[指华盛顿]的士兵正一天天减少。"一个刚"从外地逃出"来到纽约的英国人这样写道。

> 大批大批的人得不到照料，生着病，脏兮兮的，分散在各处，不好控制。令人厌恶的疾病，尤其是天花，令部队减员严重。我离城时金斯学院已经改成了医院，里面住着6000个病号。

"这些事情让人伤感，但这都是真的。"华盛顿向约翰·汉考克报告说，"我希望会有改观。"

> 处在种种不利的条件下，我将尽最大努力，实现心中那伟大的目标。目前，从我得到的汇报和军队面貌来看，我会得到士兵的支持。强大的敌人、意料之中的进攻，看起来都未损害他们的斗志。

等待已经够漫长的了。从离开波士顿赶往纽约算起，到8月中旬已经过去4个多月了，每天都接到抓紧行动的命令。英军直到7月底才来，没像华盛顿设想的那样立刻发动进攻，反倒一直观望，一个星期又一个星期地等下去，而他们的海军和陆军源源不断地赶来。不管他们的作战计划是什么，也不管"适合作战的季节"已所剩不多了，他们似乎一点也不着急，实在难以解释。

华盛顿不清楚英军会进攻哪里，应该如何分配兵力，从一开始到现在这都是个棘手的难题。格林和里德的意见他最重视。他们确信敌军会进攻长岛,不仅因为那里亲英分子很多,而且因为那里海岸宽阔,适合船只停靠,便于士兵在军舰炮火掩护下顺利登陆。

但华盛顿担心,登陆长岛可能是疑兵之计,随后是对纽约的全面进攻。他无法确定,只好违背一条最古老、最基本的兵法——面对强敌切勿分散兵力。他把部队粗略分为几个等份,理由是可以根据战事发展将部队从东河两岸来回调动。

8月15日格林写给华盛顿一份很长的报告,强调还有一个更值得重视的事情——新来长岛的部队不仅缺乏纪律,没有经验,武器和装备薄弱,而且"不了解地形"。他们不熟悉当地地形,而这是格林认为最重要的,"行动时,他们可能不会相互配合,不像那些早已彼此认识的人既熟悉同伴也熟悉地形。"

他确认兵士"斗志高昂",像华盛顿一样对此感到欣慰。只是在结尾处,他遗憾地承认,他高烧不退,已卧病在床。格林最担心部队的健康状况,他自己却在这关键时候被病魔击倒了。

英军高层指挥官会议上,亨利·克林顿将军主张对哈得孙河上游的约克岛北端发动进攻,但一次又一次会议下来,他发现自己说服不了威廉·豪,豪另有计划。

8月18日,星期天早上,乘着东北风,"凤凰"号和"玫瑰"号"迅速通过",沿哈得孙河而下,回到舰队当中。它们在上游逗留期间,美军把一艘船点燃冲向"凤凰"号,但无济于事。两艘船返航时,美军大炮像上一次一样轰鸣起来,"好比雷声不断",但同样没有造成多大破坏。

两艘敌船从上游返回,是否有美军将领把这看作开战的先兆，我们不得而知。

第二天，8月19日，华盛顿让人把一些旧船沉到炮台公园与总督岛之间的东河河口，希望能阻止英国舰队从纽约和布鲁克林之间穿过的可能企图。

军法官威廉·图德上尉说，全军将士急于行动。铁锹和锄头用起来得心应手，"比利"·图德写道，"每一寸土地"都构筑了防御工事。"根据我方的地理优势，我想豪将军一定为何时进攻而烦心。但就算他能拿下这个岛，也会付出巨大代价，以致胜利变成毁灭。"换句话说，至少这将是另一个邦克山。

8月29日，华盛顿得知，他最为器重的纳撒内尔·格林病情加重。诺克斯在给妻子的信中写道，"可怜的格林将军""病情严重"，"有生命危险"。无奈，华盛顿解除了格林的职务，把重病之中的格林从布鲁克林高地转移到河对岸、纽约以北几英里一处"通风良好"的房子里。

华盛顿派生性固执的约翰·沙利文接替格林的位子。沙利文刚从加拿大回来，他既没有格林的能力，也没有格林的眼光。另外，用格林的话说，沙利文对长岛的地形完全"陌生"。

华盛顿在此前写给约翰·汉考克的信中真诚地赞扬沙利文"有斗志，对我们的事业充满热情"，但也"有虚荣的毛病"，太"想出名"。接下来，华盛顿很大度也很实际地承认，这支部队的每个指挥官都有更大、更严重的缺点，包括他本人。华盛顿说沙利文"缺少经验，但我们所有人都是这样，都缺少指挥大规模战役的经验"。

8月21日，星期三的某个时刻，华盛顿草草给约翰·汉考克写了张便条，说没什么特别的事情通报。

同一天，位于伊丽莎白敦附近的一处乡间宅第中，前大陆会议成员、新上任的新泽西民兵指挥官威廉·利文斯通"十万火急"地给华盛顿写信说，他派去斯塔腾岛的一个密探带回消息，英军将兵分两路发动进攻，一路进攻长岛，一路沿哈得孙河而上，进攻随时可能发生，"最迟今夜"。

华盛顿让约瑟夫·里德回信说："我们这里未发现重大动向。"

第五章 战 场

将士们,记住,你们是自由人,在为宝贵的自由而战。

——乔治·华盛顿将军

第一节

1776年8月21日夜,一场骇人的暴风雨席卷纽约,这是人们记忆中最猛烈的风雨。那些熟悉罗马历史学家李维著作的人,还有很多熟悉莎士比亚剧作的人,在怒火倾注的风暴中看到了某种预兆。对他们来说,如此狂暴的夜晚大有深意。

历史记录者菲利普·菲西安、安布罗斯·塞尔和埃瓦尔德·休科克称之为"飓风样的暴风雨"、"最可怕的风暴"、"我所见过的最猛烈"、"不同寻常的奇观"。布鲁克林高地上一个来自康涅狄格的军官阿布纳·贝内迪克特少校写道,7点钟,西边升起一团硕大的雷雨云,越升越高,样子可怕,"云团里满是超负荷的电,闪电不停从这一头掠到另一头"。雨下起来了,"接着是咔嚓一声巨响,声音能盖过一千门大炮……几分钟之内,天穹黑如锅底,整个天宇都燃烧着闪电"。雷声不是一串串响起,而是"一直隆隆响个不停"。

暴风雨肆虐了三个小时,但奇怪的是云团似乎静止不动,在纽约上空"打着旋","成团或成片的闪电打在地上,好像从四面八方打个不停"。

房屋起火焚毁,东河边上斯特林要塞下方的 10 名士兵同时被一道闪电击中身亡。纽约城里,一个从街上匆匆走过的士兵被击中,成为失明的聋哑人。城里另一个地方,三名军官被一道闪电击中致死,后来的报道中说,他们的宝剑和口袋里的硬币熔化了,身体像被烤焦了一样。

对贝内迪克特少校来说,战场上的浴血厮杀、枪炮齐鸣,是他所向往的东西,"但一个看不见的手从神秘的天空深处掷出一道闪电,这里面似乎有深意,有些隐秘的目的"。

他无法解释云团为什么那么长时间静止不动,除非像他猜测的那样,"纽约城内外的大部队吸引了它的注意力,从中引发了数量惊人的雷电"。

第二天,8 月 22 日,星期四,天未破晓,天空中一丝云彩也没有,好像没有反常的事件发生。伴着清爽的晨风和阵阵鼓声,期待已久的英军对长岛的进攻开始了。

护卫舰"凤凰"号(上面有豪勋爵)、"玫瑰"号和"灵猩"号,以及两艘可对岸上部队进行炮火支援的双桅炮船"残骸"号(Carcass)和"雷电"号起锚出动,沿纽约湾海峡就位,掩护登陆。大概 5 点钟,天光破晓,克林顿将军和康沃利斯将军率领 4000 名精锐的先头部队出发了,船上堆着几十艘平底船,是在斯塔腾岛逗留期间建造的。

早上和煦的阳光下，侵略军穿过3英里①宽的海面，缓慢但是稳健。8点整，"凤凰"号发出一枚信号弹，4000人全部登上格雷夫森德湾狭长、平坦、空旷的海滩。

一切都经过精心筹备，陆军和海军的每个行动都密切配合。登陆非常顺利，好像是一场演习，也没有遇到抵抗。驻守在岸边、由爱德华·汉德率领的宾夕法尼亚长枪手人数较少，已经撤离。侵略军一路走，一路赶走牛群或将其杀死，焚毁麦田和农舍，8英里②以外的纽约都能看到空中浓密的烟柱。

更多部队随后赶来，纽约湾海峡挤满了90艘船，一幅壮观景象。一波又一波的士兵赶到，明媚的阳光下红衫鲜明、刺刀闪亮。一营穿蓝衫的德国精锐步兵乘渡船来到，手持滑膛枪，按作战序列一字排开。到了中午，1.5万全副武装的军队已经上岸，40门大炮也运到了，很快就在附近的平原上顺利无比地布置起来。还有更多的人在路上，包括随军的妇女。

几百名亲英分子从四面八方赶来欢迎英军，很多人带来了藏了很久的各种物资，英军受到的欢迎比斯塔滕岛更加热烈。同时，康沃利斯率先头部队一直向内陆推进了6英里，在一个叫作弗拉特布什的荷兰移民小村安营扎寨，离林木茂盛的高恩高地不远。

面前景致如诗如画，安布罗斯·塞尔写道：

> 美丽的海滩上有15000人的部队……然后来到邻近的平原……大小船只把船帆铺平晾干，阳光充沛，雨后的小

---

① 约4.8公里。
② 约13公里。

山和草地绿油油的……另外,此行意义重大……斗志昂扬。

上岸的英国海员"享受上好的苹果,果实累累的苹果树到处都是"。塞尔接着写道:"看到摘果子的水手和苹果同时从树上掉下来,真是好玩。"

但这场景的另一面就完全说不上如诗如画了。一个叫约翰·海因里希·冯·巴德勒本(Johann Heinrich von Bardeleben)的德国中尉写到烧毁的房子、烧成灰的田野、道路两边的死牛,老人用悲戚的眼光看着这个显然一度丰饶富足的人间天堂。

一个团驻扎在果园当中,周围都是苹果树和梨树……放眼四顾,这里也是一片毁灭的景象。几乎到处都是五斗橱、椅子、有镀金镜框的镜子、瓷器,还有各式各样精美昂贵的物件。

德军和英军都惊奇地发现,美洲原来这么富饶,乡间宅院高大坚固,家具精美。"每块田地都能找到上好的水果。"冯·巴德勒本中尉写道,他离开一片荒凉的道路,一个人走了一圈,"梨树和苹果树尤其多……有的房屋全部是木头造的,里面的家具好极了。一眼就可以看出有多么舒适、美观、整洁。"

对很多英国人来说,他们在长岛上看到的富足景象证明,美洲人在大不列颠的支持与付出之下,确实地变得富有。

实际上,1776年美洲人的生活水平在世界上是最高的,他们的物质财富远没有后来那样多,但仍大大超过别处的人。

有这么多财富，住在自己的土地上，为什么竟然反叛神授其权的君主，为自己引来大祸？这是侵略者无法理解的。

消息一大早传到纽约，但华盛顿对登陆的敌军人数知之甚少。有人告诉他，敌军有 8000 人到 9000 人，他立刻得出结论：这次登陆像他预料的那样是佯攻，随后他只调拨 1500 名援兵渡过东河前往布鲁克林，这样长岛的全部美军人数接近 6000 人。英国可能对纽约发动另一场更大规模的袭击，这样的考虑仍旧存在，但那时似乎没人知道到底会发生什么。

杰贝兹·菲奇中尉所在的团受命渡河，他在日记中写到，向布鲁克林行进了大约 1 英里①后，长官告诉他们停下，等下一步命令。

> 我们等待时听到关于敌军的很多不同说法，有人说他们离我们 4 英里，有人说两英里半，还有人说他们从登陆地点推进了不到 1 英里，那他们离我们就有将近 10 英里。所以总的说来，我们不知道信谁的，除非我们亲眼看到敌人。

摩西·利特尔上校的情报非常准确，他给儿子写信说，敌军在不到 3 英里以内的地方，并且说："我想应该把我的遗嘱寄给你了。"

同时，数量可观的康涅狄格援兵到达纽约。就在当天，有 12 个康涅狄格团在城里列队走过，"现在大军中有一半是康涅狄格部队！"一个军官向妻子吹嘘说。约瑟夫·里德写道，整

---

① 约 1.6 公里。

个军队士气前所未有的高涨。

直到第二天8月23日，华盛顿才发布将军令，明确地说敌军已在长岛登陆。这对每个军人来说无疑是个严重的时刻，华盛顿唤起他们的荣誉感、爱国精神和对自由的热爱。

> 那个时刻很快就要来了。这支军队的荣誉和胜利，这个美好国度的安危，都取决于此。将士们，记住，你们是自由人，在为宝贵的自由而战。如果不能表现得像个男人，你们的命运将是被人奴役，你们的子孙后代也将如此。

他们也不应忘记，他们面对的敌人对他们如何蔑视。

> 不要忘记你们的勇气和意志如何遭到残暴侵略者的轻贱和诋毁，虽然他们已从波士顿、查尔斯顿等地的惨痛经验得知：一小群勇士对抗无耻的兵痞及雇佣兵，保卫自己的家园，投身伟大的事业，会有怎样的惊人之举。

他们必须"冷静但坚定"。另外，像在波士顿时候一样，他再次警告表现怯懦者将被就地正法。

华盛顿给驻守金斯桥北边的希思将军传话说，确定敌军的真正意图之前，他不敢减少纽约的兵力。

"我从未担心敌军的兵力，"希思回信说，"我更担心他们的战术，他们一定在伺机而动。他们像法国人一样，习惯声东击西。"

约瑟夫·里德与华盛顿的关系最为密切，他也流露过同样的担忧。"最应该警惕的是防止敌人突袭,"他写道,"这是我们最应担心的。"

华盛顿当天下午渡河来到布鲁克林,与沙利文会面。沙利文告诉他,只有一些小摩擦。华盛顿回到纽约,仍更相信豪将军没有投入全部兵力。

如果在长岛登陆后英军未随舰队向纽约进发,他向大陆会议报告说,那很可能是因为他们力所不逮。几天以来,要么是逆风,要么是涨潮时候风力太小。

华盛顿举棋不定,反复无常。8月24日,他重新任命布鲁克林的指挥官,让伊斯雷尔·帕特南担任沙利文的上司,此举很可能动摇军心。几天的工夫,士兵们已经看到生病的格林被沙利文接替,现在沙利文又被帕特南取代。

英勇的"老帕特"受人欢迎,也许能够鼓舞士气,但要在这样的条件下指挥这么多人,他的经验和脾气都不适合。华盛顿似乎也马上认识到,这是一个很糟糕的选择。

次日清晨,星期天,帕特南带着五个营渡河来到布鲁克林,引起不小的轰动。"宗教仪式刚刚结束,"阿布纳·贝内迪克特写道,"从渡船上传来阵阵军乐声,不久一队队士兵爬上高地,来到要塞……人们高声欢呼迎接将军,他的到来激发了全军的信心。"

当天,沙利文下令谴责临战之前我行我素、目无军纪的行为,但士兵们还是一会儿跑到这里,一会儿跑到那里,到处都有士兵闲逛,仿佛是在度假,有的甚至走到战线几公里外的地方。"马匹和车辆在军中四处穿行,"菲利普·菲西安写道,"有人离开,有人加入……枪支和野战炮不停开火,周围一片喧嚣。"

这样混乱无序、目无长官的状态，和敌军缜密有序的登陆相比，其间的反差再明显不过了。

华盛顿来到布鲁克林后，被他见到的景象激怒了。在当天晚些时候所写的一封信中，他斥责老帕特是最没有经验的中尉，一切"无组织"的行为必须立刻停止，"组织严密的正规军与乌合之众的区别就在于，前者讲究良好的秩序和纪律，后者行为放逸、纪律涣散"。

能看到事物本来的样子，而不是自己希望的样子，这是华盛顿最突出的才能之一。已经亲眼看到布鲁克林部队中"松散无序、没有军人素养"的状态，并且知道他们在人数上明显少于敌军，华盛顿本可命令他们趁时间还来得及立即撤回纽约，但他没有，甚至也没有任何证据表明华盛顿曾经考虑过这样做。

在纽约，一半以上的美军，包括很多精锐之师和亨利·诺克斯一样的优秀军官，自始至终都在焦急地等待敌军对那里发动进攻。"我们预料，如果风向有利，敌人的舰队随时可能出现。"来自康涅狄格的威廉·道格拉斯上校写道。

同一天，另外5000名德国兵从斯塔腾岛横渡纽约湾海峡，豪在长岛的总兵力至此达到了2万人。

次日清晨，8月26日，华盛顿又回到布鲁克斯，与各指挥官讨论战局，并对防御工事和军队部署做出评价。不出所料，他骑马离开布鲁克林，来到高恩高地，从山脊可以看到英军分布在弗拉特兰兹（Flatlands）平原的白色营帐。"华盛顿将军在几个将军的陪同下，前往观察敌军动向。"一份记录这样写道。透过望远镜，他可以清楚地看到豪的部队在进行每天例行的列队操练。

制订的计划是，帕特南将军指挥布鲁克林高地各要塞的防御，沙利文将军和斯特林将军率部向前推进至林木茂盛的山脊的"外部工事"，控制穿过这个长长的天然屏障的仅有几条道路和通道。

高瓦讷斯路（Gowanus Road）位于最右边，平原路位于中央，有人认为英军最有可能从这条路过来，第三条道路是百德福路（Bedford Road），位于左边。三条路都相当窄，嵌在山脊里，因而"易守难攻"。

两支军队之间只有群山和林木遍布的山脉，地形绝对有利，美军认为这是理想的前方防御线。约瑟夫·里德认为它"非常重要"，这无疑代表着华盛顿的看法。如果战斗打响，肯定会在树林中交火，一致认为美军最善于丛林战。

斯特林率500名士兵负责右边的高瓦讷斯路，沙利文同时负责指挥另外两条道路。中间的平原路有1000名士兵驻守，左侧的百德福路由来自宾夕法尼亚的塞缪尔·迈尔斯上校率领另外800名士兵驻守。因为军装不够，每人都在帽子上别上一条绿色的树木嫩枝，以示身份。

帕特南只偶尔去过几次长岛，对那里的情况几乎一无所知。华盛顿给他的具体命令是，让精锐部队驻守在前面，"发生险情时阻止敌人穿过树林接近工事"。

实际情况是，一支不到3000人的部队，几乎全部没有作战经验，要守住4英里[①]长的山脉。而剩下的6000人继续待在布鲁克林的要塞里。地形崎岖，沟通困难；林木茂密，有的

---

① 约6.4公里。

地方100英尺①外有什么动静根本看不到。

如果美军有骑兵充当"耳目",或者有可靠的情报人员,防守起来可能胜算更大,但两者都没有。大陆军没有骑兵,大陆会议认为骑兵没有必要,华盛顿也没有提出要求。虽然华盛顿始终认为密探很重要,但现实情况是,他一个密探也没有。

同样,到了英军登陆的第五天,也没有任何人驻守第四条通道。这条通道知道的人较少,位于最左边,位于百德福路以东3英里。这条通道叫作牙买加山口,比其他道路更窄,因此最容易防守。然而,沙利文、帕特南或者华盛顿的将令都没有表示对牙买加山口的注意,也没提到在那里部署足够的士兵。

考察战局并与部下将军沟通以后,华盛顿批准了这一计划,很可能到了最后关头才决定让五个有马的年轻民兵军官巡防牙买加山口。

华盛顿当晚回到纽约,最终相信英军会对布鲁克林采取"大动作"。他给约翰·汉考克的信中也是这么说的。他也给希思将军写信说,根据"目前局势",敌军可能对长岛"投入主要兵力"。然后接下来,好像是打不定主意似的,他又一次提醒这可能"只是疑兵之计,好让我们分兵去那里,以此削弱此处的兵力"。

他知道,他的部队对将要发生的准备不足。他部下的军官中只有很少几个曾与敌军在战场对阵,他自己也从未指挥过实战。他的责任,无尽的"职责的重担"压在他身上,他刚到纽约时饱受其苦的不确定形势仍旧困扰着他。敌人不会耽搁太久。气候温暖的日子,"适合作战的季节",很快就会过去,但

---

① 约30米。

此时他仍安慰自己,希望再过几天敌人才会进攻。

这是漫长焦虑的一天。在莫尔捷宅院营地的私人空间里,华盛顿转念想起了自己的家,也许这样做是为了减轻压力。他在书桌上给芒特弗农的管理人伦德·华盛顿写了一封长信,谈论的都是面粉的买卖情况,还有房屋空间工程的具体指示。从大部分内容来看,似乎他的脑袋里只有这些。

> 我由衷希望这个秋天你能把房屋北段的屋顶盖好,也许你得跑遍弗吉尼亚、马里兰和宾夕法尼亚才能找到合用的钉子。这项工作不完成,就会极大拖延一切工作——妨碍林木的设计……还会让房屋处于讨厌的杂乱状态,我还希望烟囱能够竖起来。简单地说,我想让全部工作进入收尾状态,哪怕你得雇佣不同行业的很多工人来完成。

关于战争,他写道,再有几天可能"就会有眉目,不是这样就是那样"。也许他此刻没有想到战争,那是因为世上没有什么东西"能够补偿我失去家居幸福的损失,能让我背负职责的重担,这重担一直压在我肩上,剥夺了我的所有欢乐"。

也许当晚他给玛莎写过信,或在其后的某个时刻写过,我们不得而知,因为她后来把所有的信都毁了,只有三封信留了下来,还是因为意外。那一夜他一定睡得很少,但以后的几天他会睡得更少。

亨利·克林顿的外表和举止并不打眼,开战至今,他也没做过什么可以向人证明:外表具有欺骗性,他有出众的聪明才智,虽然只有他自己知道。一年多以来,他在军中一直不得志。在波士顿,他和威廉·豪一直有龃龉,最让他痛心的失败是他未能说服豪将军赶在叛军之前占领多切斯特高地。他被派去南卡罗来纳，任务失败了。6月份进攻查尔斯顿的沙利文要塞以丢人的惨败告终，任务被迫取消，主要是因为克林顿过于谨慎。然后他回到纽约，发现自己力主从哈得孙河上游侵入的方案被豪弃之不顾。

克林顿知道自己的弱点，他知道自己有时不易相处，容易"放言无忌"，他脾气不好，在讨论问题时热情过度，往往适得其反。

不过一落到笔头，克林顿就显得又大胆又有说服力，何况他又刚从面目全非的查尔斯顿回来。他吃了败仗，坚信战争的方向不是占领土地，而是消灭叛军，不管何时何地，只要可能，就要对叛军进行包抄，海上不行就从陆上。作为战略家，他精于使用地图。"看看地图。"他会这样说。

在格雷夫森德登陆不久，他和另一位将军威廉·厄斯金爵士还有罗顿勋爵，骑马勘查叛军防御情况和穿过高恩高地密林的几条通道。亲英的农民告诉他过了百德福路有牙买加山口，好像无人驻守，三个英国军官继续前进，看看听到的话是不是实情。

克林顿立刻制订了一个计划。不过这次，他没有亲自找豪陈述，而是请厄斯金将军带着他写的计划去弗拉特兰兹的司令部，他是这样写的：

叛军地势之利可能会因为一条峡谷改变，这条峡谷距我们约有6英里，位于乡间，可让骑兵打头阵。一旦占领峡谷，岛屿可以得手。再向前一两英里，就有通往布鲁克林工事的路。侧翼进攻必须投入重兵，原因不用细说。接到信号应从敌人右翼开始进攻,甚至舰队也要参与,舰队(到时潮水情况会有利)应开动并向东河的敌军炮台充分展示实力,不过不要投入全力。重点沿拱桥从弗拉特布什、新乌得勒支几个点展开进攻,这些是主攻,另外配合多个小型进攻。进攻应猛烈,但不可过于强攻,唯有包抄叛军左翼的部队应尽力向前推进。只要占领霍华德宅第[霍华德酒馆]上方的通道,叛军必然直接弃守溃败。请允许我建议,部队应入夜开始行动,这样到天明时一切都会[准备]就绪。

几天过去了,8月26日,也就是华盛顿在布鲁克林视察的同一天,豪派出克林顿,并告诉他进攻将完全按照他的计划进行,准备当晚行军。

格兰特将军带着两个旅,将在清晨纽约湾海峡附近对敌人右翼发动"有力的"进攻,分散敌人兵力。利奥波德·菲利普·冯·海斯特将军的4000名德国兵将从弗拉特布什出发,牵制敌人中部的兵力。同时,主力部队会在夜色掩护下出发,黎明时就位。

克林顿将指挥夜间行军的先头部队,豪将军率其余的主力部队随后,总人数有1万人。

英军正在列队,准备出发。如果让准备迎敌的美军士兵描述一下普通英国士兵,大多数人可能会说:他们是饱经历练的老兵,来自伦敦和利物浦的社会底层,欠债者、酒鬼、惯犯之流,被欺负被毒打,以致没有思想、只知服从。这是美军士兵的普遍看法,但事实却非如此。

与美国士兵比起来,英国正规军的训练好得多,纪律好得多，装备好得多，领取报酬也准时得多，这是毫无疑问的，双方军官对此都十分清楚。另外，英国红衫军的整体健康水平要好得多。注重卫生是英国军队生活的一部分，这方面的纪律作为军队常规得到严格执行。即便在斯塔腾岛驻扎了那么久，英国士兵，正如他们的长官一直记录的那样，健康状况极佳，这与叛军那里疾病横生的状况形成强烈反差。

为什么"当地的乡下人"在自己熟悉的气候里，被肠胃疾病折磨；而国王陛下的军队不熟悉这里的气候，健康状况却堪称完美？《伦敦纪事报》试图做出解释，说区别在于正规军非常注重清洁。

> 在正规军部队里，每个士兵必须根据季节和气候，每周换两次或许三次干净衬衫。有人数固定的军官负责监督士兵洗衣服，如果没有女人为他洗衣的话。

英国军中来自社会底层的人确实很多，大多数人是来自英格兰、苏格兰和爱尔兰乡下的年轻人。他们是农民、没有一技之长的劳工，还有手艺人——铁匠、鞋匠、面包师、做帽子的、锁匠、纺织工人。他们从军不是被迫，而是被承诺的条件所吸引——有饭吃，有衣穿，报酬哪怕微薄但是稳定，还有冒险的机会，也许甚至有些荣耀。他们来自农村或小镇，他们的出身和美军士兵没有多大差别。

英国正规军的平均年龄接近 30 岁，比美军平均年龄多 5 岁，但他们从军时间为 5 年或 6 年，而华盛顿的志愿兵几乎都没有当过兵。对英国士兵来说，当兵没什么新鲜的，艰苦就是他们的生活方式。他们一举一动都像军人，规章制度和军队传统熟极而流。他们为加入国王陛下的军队自豪,为身上的军装自豪,并对所在团队极为自豪和忠诚。

像这样的日子,战争前夕,他们会密切留意武器和装备的每个细节,密切留意自己的仪表。大多数人会刮胡子,让军装尽可能鲜亮。行进时,远远看去,他们穿着红衫,扎着腰带,一列一列地前进,巨大的战旗飘扬在 10 英尺①长的旗杆上,看起来十分威武。不过凑近看会发现,他们的红衫前面及腰后面略长,常常都已褪色,或者露出肘部,袖口磨破了,膝盖打了补丁,袜子或绑腿经常破得不能再补,只是象征性地穿戴着。

他们对自己感到骄傲,对自己的身份感到骄傲,同时对美军敌人怀有真实的轻蔑乃至仇恨,把他们视为懦夫和叛徒。

他们不乏饱经战场的老兵,有一些年纪较大的士兵和军官经历过七年战争时候的欧洲战场,或参加过北美殖民地争夺战,或经历过波士顿大撤退或邦克山战役。其他人,长岛上绝大多数英国士兵,包括德国士兵,只知道演习和例行操练。虽然他们从军的时间很长,但英国已有 10 年没有开战,时间更长。对大多数英国士兵和年轻军官来说,如同几乎所有美国士兵一样,即将到来的战斗对他们来说是崭新的。

夜色降临,一切就绪。9 点钟的时候,下达了出发的命令。克林顿率一个轻步兵的精锐旅,刺刀上膛。康沃利斯率领 8 个后备营,带着 14 门大炮随后出发。再后面是豪将军和珀西将军带领的另外 6 个营、更多大炮以及辎重车。1 万人的总

---

① 约 3 米。

队延伸 2 英里[①]多长,先头部队前面,有两名骑马的军官和三个知道路的亲英农民在前面带路,两名军官分别是威廉·格兰维尔·伊夫林上尉和小奥利佛·德兰西上尉。

英军的白色营房仍立在那里,篝火仍烧着,一切都显得没有什么异样。

夜晚凉爽得不同寻常。长长的纵队悄无声息,行进得极为缓慢。一个疲惫不堪的苏格兰军官已经忙于军务几夜未睡,他说这是他见过的最辛苦的一次行军,好像没有尽头。"我们拖着沉重的步子缓慢前进,"詹姆斯·穆勒爵士写道,"每分钟都要停一停,停留时间长得能让人睡着,然后又被叫醒,再用同样的方式前进 20 码[②]。"

威廉·豪同意了克林顿的计划,现在这支军队将要冒巨大的风险——投入如此多的兵力夜间行军,穿越不熟悉的乡野,像盲人一样由三个当地农民带路——他们是否可信都成问题。如果被敌军发现,或敌军进行突袭,他那长蛇般的纵队会被分割打碎。如果一切按计划进行,这次努力看起来也无非是一次典型的侧翼包抄。不需要多好的想象力就可以看出,前路充满未知,一点变数都会导致一场灾难。

实际上,除了指挥官以外,没人知道这次计划的细节,没有一个军官或士兵知道他们这是要去哪儿。

队伍沿着当时的金斯公路向东北方向前进,然后在新洛奇(New Lots)村转而向北,直奔高恩高地。

先头部队行进得更快,同时"扫除"看起来可能示警的当地

[①] 约 3.2 公里。
[②] 约 18 米。

居民。三个亲英的农民警告说,前面休恩梅克桥(Schoonmaker's Bridge)可能有叛军等在那里。这座桥下是一条咸水溪流,注入牙买加湾。这个警告引起了一点小小的争执,整支部队都停了下来,但桥上一个人也没有,部队继续向前。

霍华德酒馆也没有叛军的影子,这个酒馆离牙买加山口的入口只有几百码。这时候已经是凌晨2点了,酒馆老板和他14岁的儿子被从床上拖起来,受到严密盘问,然后也被迫在前引路。据他们所知,牙买加山口没有守备。

伊夫林和德兰西两个上尉和其他骑马的军官率先进入通道,蜿蜒崎岖的小径从一条窄窄的峡谷穿过,头上是茂密的树枝,比马道宽不了多少。

离开酒馆大概只有十分钟,部队见到五个骑在马背上的黑影,那是五个巡防的美军。他们以为英军是自己的队伍,策马入队,立刻被逮了起来,一枪未发,也几乎没出什么响动。

囚犯被带到克林顿将军面前,克林顿成功地从他们那里得知,巡防山口的只有他们五个,山口确实毫无守备。

克林顿进一步逼问,要他们说出在布鲁克林的叛军人数。其中一个美军军官爱德华·邓斯库姆中尉、金斯学院毕业的21岁的小伙子,愤然对克林顿说,如果易地而处,他不会用这样的方式侮辱对方。克林顿说邓斯库姆是个"无礼的叛逆",威胁要吊死他。邓斯库姆回答道,华盛顿将军会以牙还牙、以眼还眼。不过邓斯库姆的勇气没起多大作用,他和其他四个人被带走,克林顿及其先头部队继续进发。

天刚破晓,他们已经穿过峡谷,来到山脊另一侧的百德福路。士兵领命躺在路边高高的草丛里休息片刻。

部队通过山口用了将近两个小时。有的地方得把树砍掉让大炮和车辆过去,还只能用锯,不能用斧头,尽量不发出声音。豪将军的部队达到百德福路时,太阳已经升起来了。

9点整,按照事先的安排,两声重炮轰响,发出信号。德国军团向敌军中部、格兰特将军向敌军右翼发动突然袭击,豪将军的部队则沿路继续赶往百德福村,再赶往更远的布鲁克林。

数年后亨利·克林顿回忆说,豪非常担心,"总司令似乎有点怀疑敌军会在我们行军途中进攻,但我相信,他们没在峡谷迎击,败局已定"。

整夜好运都伴随着他们。什么东西也没丢。在漆黑一片的夜里,部队在陌生的乡野行进了9英里[①],秩序井然,一切都按计划进行。这一天也和他们在长岛登陆的那天一样,晴好无比。

第二节

凌晨3点钟的时候,帕特南将军在布鲁克林司令部被一个卫兵叫醒,得知敌军已在纽约湾海峡附近的高瓦讷斯路向美军右翼发起进攻。

英军指挥官格兰特决定先于计划时间吸引这条战线上美军的注意,300名英军突然杀进高瓦讷斯山口,枪声大作,穿绿色制服的美军民兵仓皇逃窜。

帕特南冲到布鲁克林战线外斯特林勋爵的营地,命令他应敌,"赶跑他们"。他几乎不知道敌军来了多少人。警报炮响

---

① 约14.5公里。

起，部队跑向要塞时鼓声隆隆。萨缪尔·帕森斯将军与斯特林共同负责高瓦讷斯路的防守，他和帕特南一样，也在布鲁克林的司令部过夜。此时他上马飞奔而去，第一个赶到现场。直到一年前，帕森斯还是康涅狄格一个小镇的律师。

> 天已大亮，我看到敌军穿过树林，从北面下山。我只来得及集合20个逃跑的士兵，占领敌军前方半英里远的一处高地，阻挡住敌军总队，争取时间让斯特林勋爵率部赶到。

斯特林的部队有1600人，包括亨廷顿上校的康涅狄格军团，杰贝兹·菲奇就在其中；还有塞缪尔·阿特利的宾夕法尼亚营，以及斯莫尔伍德的马里兰部队和哈斯利特军装五颜六色的特拉华营，这两支部队被认为是整个美军的精锐之师。不过当时，两只部队的指挥官詹姆斯·斯莫尔伍德和约翰·哈斯利特，都因出席纽约的军事法庭而不在战场。

"天快亮的时候，我们从营房向敌军方向走了2英里，我们看到他们了。"特拉华部队一个19岁的中尉伊诺克·安德森这样写道。好像眨眼之间，他们就位于摩西·利特尔所说的"雷霆战"之中。

红衫军团走来时"保持着队形"，战旗飘扬，战地大炮摆在前面。根据一个美军士兵的记载，斯特林走出据点，提议他们"用真正英国人的方式决战"。英军开到200码①以内，然后加农炮和滑膛枪一齐发射，"不时有人倒下"——同一个士

---

① 约183米。

兵写道。"我们的人都站得笔直,没有一个人表现出一丝退缩。"他们接到的命令是一枪不发,直到敌人走到 50 码[①]以内,"但他们看到我们面对炮火如此冷静和坚定,决定不再靠近。"

"我们猛烈开火——每个人都打得很好。"年轻的伊诺克·安德森记录道。

> 我看到一个人一头从马上栽下来——我打鸟时可从来没有这么准,不过我不知道我打死或者打中敌人没有。对方还击,打死了我们两个人,打伤了一个。是时候撤退了,我们撤到 400 码以外,与赶来的阿特利军团会合。

一个小时内,英军两次向帕森斯部队所在高地发动攻势,两次被美军挡了回去。斯特林的部队遭到不间断的炮击,但美军还以颜色,炮声和硝烟中美军从未退缩。

在开阔地作战的第一个小时里面,大陆军表现英勇,相信自己能够挺住。斯特林提醒部下,正是这个格兰特将军夸口说只要带 5000 人他就能横扫美洲。但他们不知道,格兰特只是部分地发挥了自己的优势兵力,然后就按计划保存实力。"我们有几次小规模交火,几个小时一直炮击,吸引了他们的全部注意力。"格兰特后来写道。

中部,德国炮兵从凌晨起就一直从山脊两边炮击沙利文的战线。可以看到冯·海斯特将军的旅已到南部平原,但没有行动的迹象。三个德国旅站成一线等待,队伍长约 1 英里。

---

① 约 46 米。

沙利文骑马从布鲁克林赶来弗拉特布什隘口指挥军队,他看到德国人没动,而右翼的斯特林处境艰难,就派去几个团增援。

9点钟以前,战斗的进展似乎都在美军意料之中,敌军进攻,或者佯攻,美军迎头阻击。

但到了9点钟,豪将军作为信号的炮声响起,沙利文突然意识到,一整支英国部队正从后面包抄过来,他被包围了。

山脊那边的平原上,冯·海斯特将军下达军令,鼓声响起,德国军队行动起来。

沙利文留下前方部队,让他们尽力阻挡德国人,然后将主力撤回,转身面对逼近的英军。尽管人数少得多,但美军射向英军的火力势不可当,两方的军官都怕自己的士兵被打成筛子,双方将士常常都不知道发生了什么。面对被歼的危险,逃命的不只是美军士兵。

克林顿先头部队的一个轻步兵军官带领30人进入几百名美军长枪手组成的"非常密集"的火力网,在他从未见过的猛烈交火中看到第三个人倒下。他和六个英国士兵向树林里跑,更多叛军不知从哪里跳出来,好像每个方向都有子弹射来。

我让部下找最近的屏障躲起来,我们都跑散了,有几个人跑进低矮灌木丛中,其他几个一直跑到平地那一边……跑过平地时,我们暴露在300个美军的火力之中。我们简直是从他们当中跑过,他们叫我们投降。我停下来两次向后看,看到的都是密密麻麻的长枪手,看不到自己人。我拼命向屏障那里跑,敌人的子弹雨点般射来……最后我总算一头扎进屏障后边。

一团混乱中，沙利文努力控制局面，不让手下慌乱。形势险恶，除了撤退没有别的选择，在这"是战是逃"的阶段，他率领部下以最快速度向布鲁克林阵地方向跑去。

那些留下来据守山脊的美军现在面对漫山遍野的德国兵，穿绿外套的德国步兵（jaeger，字面意思是猎户）和穿蓝外套的精锐步兵带着17英寸[①]长的刺刀，穿过树林，爬上陡峭的山坡——"可怕的山坡"——像弗尼吉亚长枪手一样迅速娴熟。德国人出现得太突然，美军只来得及开一两枪，甚至一枪未发。有些人像挥球杆一样挥舞着滑膛枪和来复枪还击，然后被刺刀刺穿，有些人求饶，"他们对德国兵的恐惧……难以形容。"冯·海斯特将军写道，一看到蓝衫，他说，"他们立刻投降，跪地求饶。"那些来得及逃走的人又从树林里跑回来，或者跑到树林外的开阔地，正好一头扎进英军的火力网中。

与此同时，整个美军左翼阵地崩溃了。数千士兵逃跑，数百人被俘。沙利文负责断后，让尽可能多的人跑到安全地点，神奇的是大多数人都成功跑到了布鲁克林阵地。

然后，沙利文被俘了。一个侥幸逃脱的美军士兵刘易斯·莫里斯在一封家书中提到沙利文："我最后得到的消息是，他在我们阵地附近的一个玉米地里，双手各拿一只手枪，敌人在他身旁站成两列，他直接从当中走过，真希望被俘的是我。"

华盛顿来到布鲁克林的确切时间没有记载，但相信他是在大约9点钟的时候从纽约渡河而来的，大概正是豪将军开炮发信号的时候。

华盛顿像帕特南一样在半夜被叫醒，得知格兰特已先行发

[①] 约43厘米。

起进攻。到天亮时,华盛顿仍担心敌人会对纽约发动第二次更大规模的进攻,看到五艘敌舰——"狍子"号,"亚洲"号、"威武"号、"普雷斯顿"号、"驱逐"号,凭借有利的风势和潮水,向东河开来,他心中的忧虑越来越重,这正是他最担心的。

然后风向奇迹般改变了,向北吹去。敌军来回转了几圈,想找合适的水位,最后还是放弃了。只有"狍子"号"水位够高",偶尔发射几枚炮弹威胁雷德胡克的炮台。

华盛顿看出,敌人的目标是长岛。他立刻向布鲁克林增兵,一刻不停地乘船渡河,约瑟夫·里德陪在身边。

被派去增援布鲁克林的人中有一个二等兵叫约瑟夫·马丁,他回忆说,渡船靠岸时士兵们发出欢呼,聚在码头上看热闹的人也同样报以欢呼,"显然他们都在祝我们好运"。但对马丁来说,他想到的只有战争的恐怖,"种种惨状"。

到达对岸布鲁克林时,他第一次见到流血受苦的伤兵,"年轻士兵都在想什么我不知道,但我知道自己的感受。"

> 我看到一个中尉……他在队伍中跑来跑去,一边哭一边嘟囔,问每一个人他是否得罪过他们,是否伤害过他们,请他们原谅,又说如果他们冒犯了他,他也会发自内心地原谅他们。就算站在绞刑架下,绳索套在脖子上,他也没有这么恐惧和后悔。真是个好士兵,我想,是个好军官,年轻士兵的楷模!除了死,我宁愿忍受任何痛苦也不愿意这样出丑。

华盛顿在激战中做了些什么,这方面的记载很少,而且说法不一。人们记得他骑在马背上,透过望远镜观看两军交锋。传闻说,他骑马从人群中走过,勉励大家"表现得像个男人,像个军人";或者说:"只要有手有脚,我就会战斗下去。"一个士兵后来说,他走在阵地上,号召大家振作起来。也许这一切他都做了,但更有可能他位于布鲁克林高地的制高点,显然对发生的一切束手无策。

到了10点钟,华盛顿的部队已被包抄,无法挽回,英军离布鲁克林阵地不到2英里①远。成百上千战败的士兵源源不断从战场上下来,很多人身上有血或者有伤,所有人都疲惫不堪,军官不见踪影。华盛顿面对灾难无能为力,只能骑在马上观望。

只有右翼还传来加农炮和滑膛枪的声音,不屈不挠的斯特林正在迎战格兰特人数远远占优的部队,仍旧相信他们正在坚守。

指挥宾夕法尼亚部队的塞缪尔·阿特利上校后来回忆说,他当时实际上认为英军就要败了,"大炮轰鸣,撤退的敌人成片倒下,像被割的草。将士们喊道'我军必胜'"。

但格兰特一直坚守,在此期间,岸边的船只又给他这支五千人的部队送来两千海军陆战队队员,当年春夏时候特赖恩总督招募的两连纽约亲英分子也赶来支援。

帕特南命斯特林"赶跑"敌人,因为没有相反的命令,斯特林率部坚持了四个小时。约翰·哈斯利特上校自豪而绝无夸张地说,他的"特拉华士兵"成密集队形"巍然屹立",战旗飘扬,敌军炮火一直向他们身上"招呼"。"他们人数虽然是我

---

① 约3.2公里。

们的六倍"，却不敢进攻。

但他们耽搁得太久了。11 点钟，格兰特的红衫军猛攻斯特林战线中部，数千德国兵从树林里攻击左翼，斯特林终于要撤的时候已经太晚了。本打算取道撤离的高瓦讷斯路上，更多英军从后面包抄过来，康沃利斯率领的整整一个师挡在他和布鲁克林之间。他看到唯一的一条逃生之路还可以走，就在他左边的高瓦讷斯湾方向，得穿过一片湿地和一条溪流，涨潮时有 80 码①宽，而潮水马上就要来了。

斯特林命令部下"选择最佳路线"穿过湿地和溪流，然后他和莫迪凯·吉斯特少校带领 250 多个马里兰士兵迎头阻击敌人，掩护其他士兵撤离，也许甚至可以冲破红衫军已在高瓦讷斯路一座石头农舍旁建立的防线。

这是当天最惨烈的战斗。被敌人致命的火力逼退，斯特林等人又五次冲了上去。斯特林自己"像只野狼一样"战斗，今晨之前从未面对敌人的马里兰士兵也像指挥官一样勇猛。

据说，华盛顿在布鲁克林的山上，看到马里兰士兵在一次次冲锋中倒下，他哭了，"仁慈的上帝啊，我们今天将要失去的是多么英勇的战士！"

斯特林最终放弃，命令士兵散开，努力择路回到布鲁克林阵地。

那些试图穿过湿地逃走的人中，很多陷在烂泥里，动弹不得。不会游泳的人悲惨地在湍急的溪流中挣扎，头上是呼啸的子弹。几个军官让马匹游了过去，一些不会游泳的人退了回去，成了俘虏。

---

① 约 73 米。

宾夕法尼亚部队有个叫迈克尔·格雷厄姆的二等兵，18岁，参军只有6个月，当天早上和另外八个人驻守在美军阵地中部，这时接到撤退的命令。他发现自己置身于斯特林仓皇逃命的部队当中，几乎四面八方都有人在跑。

> 混乱和恐怖的景象我很难描述……我走进一片沼泽或者湿地，很多我们的人正穿过它撤退。有人陷在里面，向同伴大喊，让他们看在上帝的面上帮帮自己。但每个人都只顾得上自己的安危……湿地一侧有个池塘，我觉得是用来推动水磨的。很多人来到池塘，跳了进去，一些人淹死了……我平安回到了营地。我们连昨天派去警戒的八个人中，只有我逃了出来，其他人都被杀或者被俘了。
>
> 此时此刻，我搞不懂我们的部队怎么会被敌人包围得如此彻底。

约瑟夫·霍普金斯后来写给妻子的信中说，他仓皇逃进湿地，一路有敌人开火，他几乎不知道谁被杀、谁淹死、谁做了俘虏。

斯特林将军发现自己被彻底包围，无路可逃，决定不向英军投降。他冲过英军的火力网，把自己交给冯·海斯特将军。

当天正午或者稍晚，溃败结束了，这一天美军一败涂地。迄今为止行动迅速的英军想继续推进，直接攻打布鲁克林。也有很多英国军官觉得没时间停留，但豪将军下令停止行军。

按照最初计划，克林顿将军说主攻虽然凶猛，但不可推进过远。唯一的例外是极为重要的侧翼攻势，用他的话说"应尽可能向前推进"。

克林顿后来对豪将军停止前进的决定这样写道:"此刻,看到敌人惊慌逃窜,我可不想遏制将士们的热情。"豪将军自己后来回忆起当时的士气,他写道:"得再三下令才能说服他们停下来。"

这是革命以来的第一个大规模战役,也是迄今为止在北美大陆发生的最大规模战役。双方投入兵力超过 4 万人,战场绵延超过 6 英里①,战斗持续 6 个多小时。对大陆军、现在的美利坚合众国的军队来说,这是第一次真正经受炮火考验,结果是一败涂地。

"哦,悲哀!悲哀!悲哀!"随军牧师菲利普·菲西安在日记里潦草写道,表达的只是显而易见的情绪。

对英国人来说,这是"光荣的一天"——格兰特将军简洁地归纳为"轻取敌人,取得完胜"。"我上封信提到过这次战役的计划,"格兰特给哈维将军写信说,"你会为我们得以出战感到高兴。如果上天能让这些道貌岸然的扬基人回归理性,很快独立的狂热就会减退。"

一切都像"钟表一样精确"。克林顿的全盘计划"超乎我们想象地"成功,珀西勋爵向父亲报告说,"我们的士兵表现得像是为正义事业战斗的英国军人。"在詹姆斯·穆勒爵士看来,士兵前所未有的勇猛。

安布罗斯·塞尔认为,只有一件事他们失败了,"他们没有对手跑得快,实际上很多人总是撞到一起,把自己人撞倒"。

在正式报告中,威廉·豪让人毫不怀疑这是一场大捷,他也像其他人一样对这支军队不吝赞美之词:

---

① 约 9.7 公里。

英国和德国将士的行为都非常值得尊敬，这样的勇气和坚持在军中前所未见。像有机会如此作战的人一样，他们的行为充分表现了不同寻常的战斗热情。

豪报告说，他的伤亡不到400人，59人阵亡，267人受伤，31人失踪。德国军团只有5个人阵亡，26人受伤。

另一方面，叛军的伤亡超过了3000人，豪声称，1000多人被俘，另外2000人被杀、受伤或淹死。

不过，豪所说的两军伤亡的反差远远夸大了。华盛顿无法给出准确数字，后来在给大陆会议的报告中估计，大约有700人到1000人阵亡或被俘。

帕森斯将军成功逃脱了被俘的命运，他写道，战斗期间，他和手下检点了阵亡美军的数字，连同"大量敌军尸体"，一共有60人。虽然总数还无法知道，但帕森斯觉得死亡人数"微不足道"。

其他亲身参与激战的军官确信，英军死亡人数比美军多，但英国俘虏的士兵也最多。

美军方面很少有人愿意承认这一仗败得多么惨，实际上，美军的损失虽然没有豪所说的那样大，但也是惨重的。比较接近的估计是，大约300名美军阵亡，1000多人被俘，包括三名将军：沙利文、斯特林和纳撒内尔·伍德哈尔。英军对沙利文和斯特林颇为礼遇，甚至请他们登上"雄鹰"号与豪勋爵一同进餐，但伍德哈尔几周后因伤死去。

英军手里成群的俘虏中有塞缪尔·阿特利上尉和杰贝兹·菲奇中尉。阿特利被带到豪将军位于百德福的司令部，他和其他俘虏受到"污言秽语的攻击，军官、士兵、随军妇女都破口大骂,所有人都质问卫兵为什么把他们带来,为什么不用刺刀捅他们"。

杰贝兹·菲奇战斗了一整天,被围以后才投降,他和"很多囚犯"被关在一个谷仓里。他尽其所能安慰自己的朋友、连长约翰·朱伊特。朱伊特被刺刀捅了两次,一次在胸口,一次在肚子,痛苦不堪。"晚上大部分时间我都和他坐在一起,睡得非常少。"菲奇写道,"上尉……知道自己快要不行了,常常唠叨说死真不是一件容易事。"

朱伊特有10个孩子,他让菲奇答应,告诉妻子他是怎么死的。后来,菲奇给她写信说,她的丈夫"被俘以后袖子和部分衣服被撕掉",被刺刀刺中致死。

不列颠、苏格兰和德国士兵用刺刀伤害投降的美军,这样的记载已经屡见不鲜。总有传闻说,德国人用刺刀把美军士兵钉到树上。一封据说是不知名英国军官写的信刊登在《马萨诸塞密探报》上,写到投降的美军如何被"遣送"。

> 德国人和我们苏格兰人没给战俘分配营房[信中这样写道],纳降之后,看到他们欣然用刺刀"遣送叛军",真是大快人心……你知道战争无常理,尤其是在面对反叛陛下及其国家的邪恶敌人的时候。

根据可靠的纪录,确实有很多美军士兵投降以后受到毒打,或像朱伊特上尉一样被刺刀刺穿,但并没有大规模的虐俘记录。《马萨诸塞密探报》上的那封信经常被引用,但很可能是伪造的,为了宣传的需要。伦敦报刊的一种说法是,德国人在一个大坑里埋了500名美军士兵,这也不是真的。

一些美军战俘，包括杰贝兹·菲奇，记录了俘虏他们的对手如何真诚善良、彬彬有礼。菲奇写道，即便是素有恶名的格兰特将军"也对我们很好，给了我们一大块羊肉"。

对英国人和德国人，尤其是德国人来说，这些俘虏很让他们好奇，这是他们第一次有机会从近处观察这些叛军对手的样子，"他们看起来一点儿也不像军人，没有军装，只有五颜六色的破裂的外套。"一个甚感惊奇的德国人写道。冯·巴德勒本中尉也意外地看到美军穿的衣服这么糟糕，他写道：大多数人"只穿着破旧的农民的衣服，带着武器。大多数军官的衣服也好不到哪儿去，他们不久以前还只是普通的手工业者"。

在用密码写的日记中，冯·巴德勒本中尉也记录到，一些同伴军官"放弃了当英雄的念头。一些跪地求饶的俘虏遭到殴打"。

对大多数俘虏来说，更糟糕的待遇还在后面，他们被关在旧谷仓里、教堂的地下室里、停泊在港口的条件恶劣的英国俘虏船里，忍饥挨饿。

当天接下来的几个小时里，炮声停歇以后，布鲁克林防御工事里的美军估计英军会全力进攻，他们不安地等待着，一个小时又一个小时过去了，什么也没有发生。整个下午和傍晚都可以听到伤员的惨叫，他们躺在战场地上，躺在未被掩埋的尸体中间。几乎每个小时都有未被俘虏的散兵逃回阵地，肮脏不堪的一个人或是三四个人一队，很多人伤得很重。"可怜的伤员哭着回到阵地上。"菲利普·菲西安写道。第二天早上，莫迪凯·吉斯特和其他九个人回到了营地，英勇的马里兰部队回来的只有这几个人。

第三节

8月28日，星期三早上，华盛顿及其部队面临的形势非常严峻。他们被敌人智取，打了败仗，现在又被困在布鲁克林这块方圆约3英里的区域，背对东河，而只有风向合适时才能从东河逃脱。风向一变，英军只要派几艘战舰就能让他们无路可逃，布鲁克林已成为一个随时可能弹出的老鼠夹子。

然而当天一早，华盛顿又从纽约调来更多部队，好像他根本没明白自己的处境有多么险恶。

两个宾夕法尼亚团和约翰·格洛弗的马萨诸塞部队大约1200人渡河开进布鲁克林战壕遍布的阵地，场面壮观。也许这样的场面正是华盛顿需要的，他也的确成功了。一个叫亚历山大·格雷顿的宾夕法尼亚军官写道，新来的部队带来了显著的变化。"我们走过去时，为昨天的不幸而难过的一张张愁容有了一丝生气，伴随着一阵低语……他们说这些小伙子也许能做点什么。"

新来的宾夕法尼亚部队的指挥官是英俊自信的托马斯·米夫林，32岁，他曾是华盛顿在坎布里奇时的随员，现在是准将。米夫林立刻主动请缨，去最外围的防线视察，然后回来向华盛顿报告，他一点儿也不知道自己即将起到的作用。

约瑟夫·霍奇金斯累得几乎头都抬不起来，不过还是花时间给家里写信说，"因为上帝的仁慈"，他现在还完好无损。像所有人一样，他觉得随时都会再次投入战斗。"敌人离我们的防线不到1.5英里。"他写道。

天气一下子变得和昨天完全两样，渐黑的天幕下，气温降了 10 度。

最外围防线的长枪手领命向敌人不断开火,也许只是为了振作士气。英国开火还击,一直持续到下午。这时候,云团散开,暴雨倾泻而下,东北方向过来的暴风雨让这支败军的处境更加艰难。

下午3点,警报的炮声在暴雨中响起[菲利普·菲西安写道],鼓声隆隆召集士兵。士兵们乱糟糟地跑来,列成纵队来到阵地。整个过程中一直暴雨如注,整个军队的枪炮都湿了。黑压压的英国正规军向我们逼近,想迫使我们的长枪手后退。警报响过以后,我军开火了,一直持续到傍晚。因此走在自己的阵地里成了一件危险的事,因为在哪里都能听到无休止的炮声,总有[加农]炮弹从我们头上飞过。

暴雨声枪炮声一直持续到夜里。在河对岸的纽约,埃瓦尔德·休科克牧师写到,布鲁克林隆隆的炮声和电闪雷鸣夹杂在一起。

第二天,8月29日,星期四,暴雨未停,雨势未减,士兵没有帐篷,食物也极少或根本没有,几乎生不了火做饭或取暖。二等兵马丁有先见之明,离开纽约前在背包里放了一些饼干应付。他写道,饼干"硬得能硌掉老鼠的牙"。有块生猪肉能嚼一嚼,已经觉得是种奢侈了。几乎所有人都饿着肚子,浑身湿透。战壕里,士兵站在齐腰深的水中。几乎不可能让枪支不湿。士兵们再也熬不住了,站在水中或露天坐在污泥里睡着了。

华盛顿几乎没睡或根本没睡，凌晨4点半的时候给大陆会议发出了一封不太连贯的短信，说手下的士兵非常"悲惨"。对前一天的失败，他只说曾和敌军"交战"，没有沙利文将军和斯特林勋爵的消息。"我也无法确定我们的伤亡。"他也没报告当晚英军"向前掘进"，这在当时已经开始了。英军没有冒险正面进攻，而是向美军阵地挖掘壕沟，筑起了胸墙，离帕特南要塞已不到600码①。

不过虽然受到了很多苦，这场风暴却帮了华盛顿的大忙。当此处境，东北方向吹来的恶风都是命运的眷顾。只要风暴未歇，豪勋爵的船只就没机会"沿河而上"制造破坏。

但谁知道好运还能持续多久？如果自己的运气用完了怎么办？"但万一出师不利，使我的声誉受损，"他在接受任命时曾对大陆会议说，"我请求在座诸位记住：我今天怀着最大的诚意宣布，我认为我配不上做总司令的荣耀。"

有人提醒华盛顿，不能指望沉在东河里的旧船真能挡住英国的战舰，尤其是那些较小的战舰，那些战舰可以穿过总督岛和布鲁克林之间的那个河段而上，那里根本就没有阻碍。

虽然前景灰暗，但没人像华盛顿这样表现冷静，他在雨中骑马一遍遍巡视。战争之前，他曾对士兵说过要"冷静而坚定"，那时候正士气高涨。现在，面对败亡的命运，他以身作则，体现了他提倡的素质。不管感到多么愤怒，多么痛苦，多么绝望，他都自己承受下来。

自从4月份初来到纽约，华盛顿战略的重点就是密切观察、随机应变。午前的某个时候，华盛顿听取了米夫林将军关

---

① 约550米。

于英军夜间"掘进"的报告、约瑟夫·里德的坚决主张,通过亲身巡查,他做出了一个重大决定。

一封意在误导的紧急密信送到了驻守金斯桥的希思将军手上,所有平底船或单桅船,差不多所有用得上的船只,都应"毫不拖延"地征集起来,因为"从新泽西要来很多个营的兵力,要来这里替换其他部队"。密信由米夫林签发。

华盛顿后来回忆,他强调执行命令时"不必拘泥",意思是说只要能用的船只都要就地征用。

希思把这个任务交给了休·休斯上校、一个纽约的中学教师,休斯为了完成这个任务,接下来的 24 个小时几乎都在马上度过。

下午 4 点,雨还没有停,华盛顿与各位将军召开会议,地点在俯瞰东河的布鲁克林高地顶点的利文斯通庄园。

米夫林曾向华盛顿提议,要么出战,要么立刻撤退。他请求允许他提出撤退的建议,并且承诺如果建议得到采纳,他和宾夕法尼亚军团将在最外围防线充当后卫,守住防线,直到其他部队离开。米夫林对华盛顿说,他坚持要承担这个最危险的任务,以免自己的声誉因为提议撤退受到影响。

按照会议纪要里面的话说:"提请军事委员会考虑,当此局势,离开长岛及其附属设施〔要塞〕、移师纽约,应是适当之举。"

只有一个人表示怀疑——约翰·姆罗因·斯科特将军,一个有名的纽约律师,爱国心切转而从军。

"建议提出得突然,我反对得也突然。"斯科特后来写道,"我受不了让敌人占领我们的一寸土地,但很快我被毋庸置疑的理由说服了。"

提出的理由有：武器被雨淋湿，士兵疲惫不堪、处境艰难、士气低落，敌军步步紧逼，部队一分为二、境况危险，最可怕的威胁是英国舰队可能很快控制东河。正如约瑟夫·里德写信解释的那样，豪勋爵每天都想有风力"相助"，"方圆3英里的地方只有几处坚固的工事，大部分是开阔的战线。我们是否要拿军队的命运、也许是整个美国的命运冒险，守卫这样一个地方？这成了严肃的问题。"

决议一致通过，命令下发，到黄昏时计划迅速展开。

去年在多切斯特高地，华盛顿利用夜色给豪来了个措手不及。在长岛，豪趁夜色派出1万人让华盛顿措手不及。8月29日星期四的这个夜晚，主动权再次轮到了华盛顿。

7点钟，命令下达。部队应将"武器、行李等一切物品准备好"，士兵们得到的消息是要夜袭英军。

被派去守卫后方防线的宾夕法尼亚军团的亚历山大·格雷顿认为这是下下策，几乎等于自杀。当此境况，几个人口头订立了自己的遗嘱，也不知道听他口授遗嘱的人能不能活下来证明或者执行遗嘱。格雷顿专心给自己鼓劲儿。

大概9点钟，没有战斗经验的士兵连同伤员和病号，领命前往布鲁克林渡船码头，表面上的理由是让新来的部队接替他们，但前方战线的士兵对此毫不知情。"行动是在高度保密的情况下进行的，"宾夕法尼亚部队的坦奇·蒂尔曼中尉写道，"不管是副官还是二等兵都不知道整个军队要渡河回到纽约去。"军官也没有得知消息。

亚历山大·格雷顿不断地想，士兵状态低迷、枪支湿透的情况下，下达进攻命令"太过鲁莽"。他越想越困惑，直到后来突然"脑子里灵光一闪——目标是撤退，进攻敌人的命令只是为了掩盖真实计划"。他把想法说给同伴听，同伴"都不敢相信"。

要塞和防线上的人也开始觉得趁夜色逃跑才是真正意图，开始权衡逃跑的危险。一个头脑特别清醒的军官、康涅狄格的本杰明·托尔马奇少校后来写道，如果他是华盛顿：

> 调动这么多部队及其装备似乎要面对很多让人生畏的障碍：要渡过整整 1 英里宽、水流湍急的河，面对的是刚刚取胜、纪律严明的军队，几乎是他兵力的三倍，英国舰队可以封锁河面，一只船也过不去。

雨终于停了，但让英国舰队无法进入河道的东北风还在吹，又赶上退潮，这些对美军撤退构成很大威胁。

第一批领命撤退到码头的部队发现，风浪太大，根本无法航行，他们只好站在黑暗中等待。根据一份记载，负责指挥上船的亚历山大·麦克杜格尔让人给华盛顿带话说，根据目前的条件，今夜无法撤退了。

大概到了 11 点，好像设计好了似的，东北风渐渐停了，然后刮起了西南风，一小支船队从纽约渡河而来，划桨的是约翰·格洛弗手下的马萨诸塞水手和渔民，格洛弗亲自渡河来到布鲁克林指挥。

格洛弗的部下发挥了关键作用，一点不逊于风向的转变。他们表现出超凡的驾船能力，他们一个小时又一个小时地掌着舵、划着桨，在湍急的逆流中航行，船上满载士兵、装备、马匹和加农炮，有时候河水再高几英寸就会漫过船舷，周围一片漆黑，还没有指示灯。很少有人能有他们这样高超的技巧，能有他们这么巨大的压力,能像他们表现得这样超凡。

随着渡船来来往往,更多士兵接到从前线撤到码头的命令。"在泥泞中行进,让人厌烦。"有人这样回忆说。

车轮以及任何能发出声音的东西都缠上了破布,严禁讲话。"我们被严令不得讲话,连咳嗽也不行。"二等兵马丁写道,"所有的命令都是军官传给军官,然后再悄声说给底下的人。"

他们像幽灵一样在黑夜里穿行,"一个团离开守备地点,剩下的部队就分散开来填补空白。"本杰明·托尔马奇写道。他还回忆说,很多人已经连续三个晚上没有睡觉了,与此同时,华盛顿骑马亲自来到码头指挥登船。

让军队有秩序地撤离被认为是最难的军事调动,即便是受过最好训练的军队也是如此。华盛顿没有经验的褴褛之师能秩序井然、悄无声息地在夜间撤离,似乎是想都不敢想的。最让人担心的是出了差错,英军发现了他们的行动,投入全部优势兵力追击。

米夫林的先锋部队处境最险,他们仍驻防在阵地外围。等待轮到他们撤退的时候,他们忙着制造动静,拨弄篝火,显得部队仍在原位。他们始终清楚,如果敌人聪明一点,他们极有可能尽数被歼。

万一英军进攻,他们会后退,然后在布鲁克林村道路中段的荷兰旧教堂重新集结。几个小时过去了,清清楚楚地听到英军的锄头和铁锹在响,他们正在黑暗中稳步向他们掘进。

布鲁克林高地斯特林要塞的全部守备部队也接到命令,当晚原地就位,以防敌舰进攻。

早上 2 点钟,不知为什么出现了一声炮响,"如果炮声出现在我们阵地,"亚历山大·格雷顿后来猜测,"也许是捣毁大炮时引爆了炮弹。"

格雷顿以后一想起那个夜晚,总会想到莎士比亚《亨利五世》中阿金谷战役(Battle of Agincourt)[1] 之前的那个漫长夜晚。正如格雷顿所写的那样:"我们在漆黑的夜色中列队,像剧中那样既紧张不安又满怀期待。"

大概早上 4 点钟的时候,天还黑着,一个年轻的少校亚历山大·斯卡梅尔骑马来外围防线找米夫林将军。

斯卡梅尔 29 岁,人缘很好,哈佛大学毕业,战前是个律师。他反应快,有魅力,身高 6 英尺 2 英寸[2],曾担任沙利文将军的副官。

斯卡梅尔告诉米夫林,渡船已经等在码头上,华盛顿正在焦急等待最后剩下的部队到来。米夫林说斯卡梅尔一定搞错了,他不相信华盛顿说的是他位于阵地外围的部队。斯卡梅尔坚称自己没错,说他骑马从最左边过来,命令遇到的所有部队开往码头,这时候他们已经动身了,他还会继续下达同样的命令。

于是米夫林命令爱德华·汉德将军集合队伍,尽快动身。

但是斯卡梅尔确实搞错了,他误解了华盛顿的意思。撤军的命令是个严重的闪失,可能导致一场灾难。

部队离开战壕,"马不停蹄地"开往河边,一直过了荷兰教堂,离码头不到半英里的时候,队伍停了下来。

---

[1] 用梁实秋译名。
[2] 约 188 厘米。

华盛顿骑马立在道路中央，质问发生了什么事。汉德正在解释，米夫林骑马赶来了。黑暗中看不到对方的脸，但汉德记得华盛顿叫道："天啊！米夫林将军，恐怕你把我们都毁了。"

米夫林"有些激动地"回答，他只不过是在执行华盛顿的命令，是斯卡梅尔少校转达的。

华盛顿说这是个"可怕的错误"，他们来得太早了，"码头那边混乱不堪"，他们必须掉头回到阵地上。

米夫林的部队整夜守在前线，几个小时数着时间，盼着能撤离，能与其他人一起逃走，现在又在黑暗中等待。对他们来说，这一时刻无比艰难。正如亚历山大·格雷顿所写的那样，这"对年轻的士兵来说是严峻的考验"。"只要见过类似处境下的部队，或认真考虑经受如此考验时人的感受，必然知道这些勇士当此境遇时的行为是多么值得尊敬"。

他们遵命回到阵地，用汉德将军的话说，"运气还不错，回到原地又坚持了几个小时，敌人没有发现之前发生的事"。

在渡船码头，部队、物资和大炮正一刻不停地装上一艘又一艘船，能装多快就有多快，装满即起航。一个驾船的康涅狄格士兵后来回忆说，当夜渡河 11 次。

但大撤离进行得还不够快。一些重型加农炮陷在泥里搬不动，只能留下。时间不多了。已经快到早上了，还有一大批部队等着上船，没有夜色的掩护，他们在劫难逃。

然而不可思议的事情再次发生了，机会、命运、运气、天意、上帝之手——随便你叫它什么——又来干预了。

就在破晓时分，一团浓雾笼罩了整个布鲁克林，像夜幕一样遮盖了一切。一个士兵回忆说，雾浓得"6 码[①]以外难以看清别人"。虽然太阳已经出来了，雾还是那么浓，而河对岸的纽约一点雾也没有。

终于等到了那一刻，米夫林的部队、防线后方部队和斯特林要塞的部队接到召唤，"可以想见，我们一点儿没有多作逗留。"亚历山大·格雷顿写道。

托尔马奇少校的团是最后乘船离开的，他后来写道，他仿佛见到华盛顿在码头的楼梯上坚持到最后一刻。

格雷顿估计，他带部队在纽约登陆的时候大概是早上 7 点，或者稍晚，"之后不到一个小时，雾渐渐散开，我们留在身后的海滩上看到了敌军的身影"。

仅仅一个晚上，9000 士兵渡河撤离，没有落下一个人，只有三个留下来抢劫的人被英军俘虏。

第四节

8 月 30 日，星期五。早上，我们大为意外地发现，他们已从布鲁克林的所有工事里撤离了……我们对之未发一枪……因为没有风，我们的舰船也没有出现，所有人都跑掉了……跑到了纽约。

正如斯蒂芬·肯布尔在日记中记录的那样，英军的第一反应是完全始料未及。叛军就在他们眼皮底下悄然消失在夜色里，这简直难以置信。英军的惊异一点也不逊于 3 月 5 日清晨

[①] 约 5.5 米。

他们醒来看到多切斯特高地上出现从泰孔德罗加运来的大炮，现在明显不同的感觉是释然而不是恐惧。叛军跑掉了，整个布鲁克林和精心构建的工事都归他们所有了。

"我们还不清楚他们突然撤离的原因。"格兰特将军写道。像英军中很多人一样，搞不懂为什么敌人花费几个月的苦工建立起庞大的工事，却又轻易地放弃。

豪将军的表现可圈可点，这场胜利是他应得的，格兰特想。他认为，布鲁克林带给人的启示是，只要对叛军施加压力，他们将再也不敢面对王者之师。

珀西持同样观点。"他们受到27日的重创，"他给父亲写信说，"我想我可以断言，他们再也不会在战场上与我们照面。他们似乎已经彻底完了，我自认为此战将彻底结束这场战争。"他也对杰曼勋爵汇报说，"这件事快要结束了。"

克林顿将军有理由为自己在这场胜仗中所起的作用感到自豪，他给妹妹写信说，他预计圣诞节的时候就可以回家了。

能来的军官都来观看叛军工事，享受斯特林要塞的景色，"这里及周边是我在美洲见过的最美丽最富饶的地点。"安布罗斯·塞尔写道，只有地上散落着未掩埋的尸体发出恶臭，令人扫兴。

关于叛军及其逃跑，塞尔像很多英国人一样，认为他们"表现差劲，不像男人"。

但也有一些人，包括格兰特将军，知道美军做出了一次勇敢而卓绝的撤离。克林顿将军后来评论道，他们"明智地"及时放弃，"非常干练地将整个军队撤出"。查尔斯·斯特德曼是珀西勋爵部下的一名军官，他后来写了一本广受尊敬的历史著作，是亲身参加战争的人写下的不多历史著作之一。在著作中,他说这次撤退"对美国人尤其荣耀"。他进一步指出如果风向改变美军将会面临的危险,而这显然是格兰特没有看到的。如果"凤凰"号和"玫瑰"号不期而至,进入东河,就像当初进入哈得孙河一样,两艘船共有72门大炮,那么,斯特德曼强调,任何逃生的机会将会"完全彻底地"断送。

华盛顿指挥撤退的能力值得称道,但主要靠的是运气,依靠撤退打不赢战争,不管撤退完成得多好。一次成功的撤退也不能弥补之前的损失——士兵伤亡惨重,还有1000人或者更多人被敌军俘虏。

布鲁克林之战后来被称为长岛战役,美军一败涂地。华盛顿在战役中显得犹豫不决,软弱无能。他第一次指挥大规模的阵地战,他和部下的将军不仅失败了,而且显得像是傻子。

几乎从他在纽约开始指挥军队那一刻起,华盛顿就让自己置于艰难的境地。他没能搞清楚英军会进攻曼哈顿还是长岛,他左右为难。李将军清楚地看到,"谁控制了海上,谁就控制了这座城市"。从华盛顿选择不理睬这一警告那一刻起,他就处在麻烦当中。

他分散兵力,指望自己能在必要时随机应变,好像让部队往来东河两岸是他所能控制的事情。就在英军进攻长岛的前夕,他还一头雾水,不知道真相是什么,应该怎么办。

而英军的一切都按部就班,从在格雷夫森德湾登陆,到1万人取道牙买加山口的夜行军,再到战役本身。而华盛顿呢,没有什么是按部就班的。假设英军会对布鲁克林发动全面的正面进攻,就像在邦克山时候那样,像他们在多切斯特高地一度准备的那样,这是美军战略的核心,但很大程度上是一厢情愿的想法。所以很快,华盛顿在战略战术上完全输掉了,这场战斗还没开始时实际就已结束了。好像他全部的痛苦都来自于敌军会从水路在哪里包抄，如何包抄，而忘记了危险可能来自陆上。

一个人，一贯坚持事情必须这样做、这么注重细节的人，怎么听任牙买加山口一直无人防守，这一点解释不通。尤其是，他8月26日在布鲁克林用了一整天研究形势。

华盛顿从未说明他在长岛战役里面发挥的作用，对很多人来说，趁夜色成功撤离的光辉既是他能力的证明，也是消除战败的屈辱和痛苦的一种途径。美军也有理由声称，敌人人数多得多，受过的训练好得多，因此胜算渺茫，他们也曾数次显示出不同寻常的勇气和坚持。

帕特南将军因为没有命令斯特林更快撤离受到诟病，沙利文因为对地形了解太少受到诟病，帕特南和沙利文都因未防守牙买加山口受到诟病。受命负责左翼的塞缪尔·迈尔斯将军后来说，他预感到敌军可能利用牙买加山口，但他什么也没做。斯特林虽然骁勇，但因为与英军在开阔地区作战，正中敌人下怀，因而受到责备。

包括亨利·诺克斯在内的很多人坚持说，如果有纳撒内尔·格林，他对高恩高地了如指掌，英军将会在牙买加山口遇到顽强阻击，结果将大不一样。也许是这样的，格林生病缺席，对华盛顿无疑是一记重创。

华盛顿认为沙利文要负主责，因为牙买加山口的警戒太弱，言外之意是在他看来，格林绝不会让英军奇袭得手。

但实际上，不管美军怎么做，英军的胜利是必然的。战斗可能会持续更长时间，英军的损失可能更大，但面对人数占优的精良部队，又没有制海权，华盛顿及其军队根本没有机会，更何况英军指挥官的经验要丰富得多。

豪将军当天下午决定停止进攻，这将是一个引发无尽猜想和争议的话题。对豪批评最激烈的人有约翰·蒙特雷索上尉，他在8月30日早上最早发现美军已经在夜里消失了。在他看来，豪将军无疑应该继续进攻，不这样做是个惨痛的失误。蒙特雷索用一句话草草评价威廉·豪的表现："竟然不乘胜追击。"

克林顿将军似乎也觉得，既然美军已经"惊慌逃窜"，豪有绝佳的机会歼灭他们，毕其功于一役。不过他也写到，如果他处在豪的位置，他也许也会"慎重行事"，停止前进。

在对议会陈述时，康沃利斯将军不肯说立刻进攻就能拿下布鲁克林阵地，他说当时也从未听到有人这样主张。

美军想再打一场邦克山那样的战役。豪将军没有忘记邦克山，无意白白牺牲兵力强攻躲在山体战壕里的敌人。如果耐心一点儿，也可以用更少的伤亡拿下这座山。"显然必须用极小的代价，逐步掘进，攻下阵地。"他后来解释说，"继续进攻会有伤亡，我不想冒险。"

如果27日下午豪乘胜追击，英军将获全胜。或者如果风向转得早一点，英国海军开进东河，美利坚合众国获得独立将大大延迟，甚至就此断送。

获胜的消息连同豪对美军伤亡数字夸大的说法终于传到伦敦，引起一片轰动。报刊上面说，如此辉煌的胜利"彻底驳倒了"那些反战分子"大言不惭的预测"。埃德蒙·伯克、查尔斯·福克斯和其他反战议员垂头丧气，托利党主要成员兴高采烈。托利党支持者、历史学家爱德华·伯克称之为"让我们脸上发光"的喜讯。

整个不列颠处于"难以言表的狂喜"之中,亨利·克林顿的一个朋友写信给他这样说。伦敦城里、各村各镇都敲钟庆祝,窗台上点燃蜡烛。据说乔治三世在皇家植物园散步时停下脚步,表示对豪将军的报告"非常满意",并将授予他巴斯勋位(Order of Bath)。

大陆会议私下里说到这次失利,最好听的说法是个"不幸的开端",更直率的说法是一场"灾难",但并没有恐慌。

在其他地方,关于战争的早期报道被看作"托利党人的说法"。接踵而至的是严重的焦虑,即便不是恐慌的话。"所有人都焦虑不安,"埃兹拉·斯泰尔斯牧师在纽波特的家里这样写道,"托利党人高兴,自由之子沮丧。"

报纸大力渲染华盛顿勇敢的夜遁,说这加强了人们对这支军队的信心,尤其是对华盛顿的信心。逃离布鲁克林是"一个壮举",《新英格兰新闻报》的一篇报道这样说。"我们得以撤离,"《弗吉尼亚公报》写道,"反映出我军总司令及全体指挥官的卓越才能。"

一个作家在《新英格兰新闻报》上宣称:"上帝眷顾我们。"另一个作家在《马萨诸塞密探报》向读者保证,长岛战败及随后的焦虑"高声宣告,全能的上帝对一个有罪的民族感到不满和愤怒"。

> 我们曾认为上帝站在我们一边。他多次用显明的事例向我们展示其权能和慈悲,他对我们的敌人不满,给以重创,这一切都是真实的。但我们是否改悔,给他荣耀?显然没有。上帝似乎翻转手背反对我们,而他的手是那么有力。

纽约被战败的愁云笼罩，士气的高涨长时间以来被认为足以抵消——即便不是战胜——敌人可能具有的一切优势，这样的士气现在已经没有了。8月30日，夜间从布鲁克林撤退的军队在白天看来一片惨兮兮的景象——浑身湿透，遍体污泥，累得麻木不堪，很多人病得瘦骨嶙峋。部队开拔前往布鲁克林时的欢呼声没有了。

"这是个令人惊讶的改变。"休科克牧师在日记中记录道，"欢快的鼓声和横笛声停歇了……消沉的情绪似乎在蔓延，街上到处都是人，看起来令人动容。"

他们被迅速彻底地击败了。"对我们可怜的新英格兰人来说这是艰难的一天。"年轻的伊诺克·安德森用朴实的话总结布鲁克林战役。

不过，虽然英军取得巨大胜利，但并非决定性的胜利，职业军人的优势兵力并没有一劳永逸地结束战斗。华盛顿和他9000人的军队仍存活下来，准备另一场战斗。

到达纽约后的24个小时以内，几乎所有人都一头睡倒，包括总司令本人。直到8月31日星期六，华盛顿才打点精神写信向大陆会议告知这次撤退。他此前"根本提不起笔来"，他解释说："自从星期一以来，差不多所有人都没有离开阵地，直到昨天早上渡过东河。之前的48个小时我几乎没下马，根本没有合眼。"

现在他"急于做出安排，重新部署军队"，他说，他还在另一封信中说到他是如何极度焦虑。

第三部 大撤退

考验意志的时刻到了。

——托马斯·潘恩

《危机》,1776年12月

第六章　命运蹙额之时

我们需要真正的勇士，当命运蹙额之时，也不灰心失望。

——亨利·诺克斯上校

第一节

"我只来得及说我还活着，一切都好。"约瑟夫·里德向妻子埃斯特报告说。不过，他的情绪只是"马马虎虎"。

> 我们事业的正义性、成功的希望，以及能振奋精神的其他种种，必须与对应的反面力量放在一起衡量，我认为反面力量很强……我的荣誉、责任，以及我们信仰珍视的其他维系，召唤我义无反顾地向前……我们被困在，或者可能被困在这个狭堤，我真希望从未来过这里。但我相信，我的国家终将自由，不管我们的命运是什么。

"纯粹因为荣誉感才让我们留在这里。"此前他给一个朋友这样写道。现在，战败的低迷之中，把美洲的命运寄托在纽约的防守上,这个想法似乎毫无道理。正像他所说,仰仗"上帝垂怜"大概是仅存的依靠。

连夜从布鲁克林撤退之时,这支部队表现出不同寻常的纪律和团结,现在又迅速陷入绝望,变得粗野失控。成群的士兵在纽约大街上招摇而过,破门而入,肆意掠夺,甚至斯特林勋爵位于百老汇大街和华尔街交界处的别墅也遭到洗劫。

经历失败的约翰·霍奇金斯本已消沉到极点,又从妻子的信中得知,他的小儿子患病不治,已经死去。这是个"沉痛的消息",他对她说。他努力不让自己对战事灰心失望。

> 但只要一想到,我们整个夏天都在挖土、建造要塞,用作掩体,现在却被迫弃之而去。现在我们在这里,没有一铲土可以用作掩体……我写这些不是为了让你灰心,也不想增加你的烦恼,只是想让你也知道我们的处境。

他仍旧放心不下,第二天又给她写信,安慰她说迄今为止他还没怎么受伤。"袖口的纽扣被子弹打掉了,擦破了一点皮,但上帝保佑,没有其他伤口。"他没提离开军队回家的事。

但成百上千的人已经这么干了,很多人带着武器弹药一走了之(一个士兵拖着一发加农炮弹走掉时被发现,他解释说,想把炮弹送给他妈妈,用来砸芥末籽)。整个康涅狄格部队的士兵正大批大批走掉,说他们已经受够了。康涅狄格和新泽西的路上到处都是回家的士兵,大概四分之一的人患病,没有生病的人也在传播着具有侵蚀作用的沮丧情绪。

普通士兵抱怨说他们被"出卖"了,有些人公开宣称他们希望李将军能回来,华盛顿的领导才能受到质疑。约翰·哈斯利特给大陆会议成员恺撒·罗德尼写信说:"我担心这个任务对华盛顿来说过于艰巨,他的部下大多是毛头小伙子。"

亨利·诺克斯对华盛顿的信任从未动摇,他给妻子写信说,迫切需要真正的勇士,"当命运蹙额之时,也不灰心失望"。如果事情进展有什么让人痛苦的不足,那就是大陆会议"愚蠢地不肯给钱"。

华盛顿在9月2日发布将军令,号召士兵鼓起勇气,坚守纽约:"每个人都应该行动起来,让我们的国家荣耀还是遭人蔑视,就在此时。"但从可见的迹象来看,他的话效果甚微。实际上,华盛顿同一天写给大陆会议的信中直白地说部队里大部分士兵"令人厌恶"。

> 民兵不但不努力鼓足干劲,像男人那样英勇抵抗,以图弥补我们的损失,反倒焦躁不安、不服管教、急着回家。很多人已经走了,有时候差不多是整个连队。

更糟糕的是,他们的做法"传染了"其他人,以致让他对整个军队丧失了信心,第一次怀疑纽约是否已难以挽回。

他需要大陆会议告诉他,如果被迫放弃纽约,纽约是否应"留作敌军的冬季营房",意思是说,是否要把纽约烧毁?"要么让敌人从纽约获得很多便利条件,要么毁掉大量财产。"他写道,这个问题"只有很短的时间考虑"。

信件立刻发往费城,碰巧约翰·沙利文将军也在同一天9月2日赶到费城。豪勋爵暂时释放沙利文,让他带给大陆会议一份和平建议。华盛顿对沙利文的这个任务不抱什么希望,但还是表示同意,因为他觉得不管豪说什么都不该由他来拒绝。

沙利文报告说，勋爵大人"渴望与美国修好"，希望"在任何地点"会见大陆会议代表团。

与此同时，英国舰队一直在东河对岸推进，向北驶向金斯桥方向。接下来，9月3日，趁着夜色，第一艘敌舰是快帆船"玫瑰"号，拖着30艘平底船，沿向北流动的潮水溯河而上，最终停泊在纽敦河的河口，正对着纽约方向一个叫作基浦斯湾（Kips Bay）的较大河湾。

第二天运兵船"大举行动"，更多的平底船沿河而上，另外两艘快帆船"驱逐"号和"珍珠"号驶进哈得孙河。

约翰·汉考克写信告知华盛顿，费城的大陆会议做出决定，一旦华盛顿将军觉得必须从纽约撤离，应对该城"不加损害"。此外，好像是为了进一步证明大陆会议中了解真实局势的人有多少，决议中又说，如果敌军"占领纽约"，他们也"毫不怀疑可以收复"失地。

像一开始一样，英军会从哪里进攻仍不确定。华盛顿最担心的是敌人从美军后面的金斯桥附近发动进攻，他深信这正是豪的意图，开始向那里派兵。希思将军提醒，敌军可能在哈勒姆河以远的威切斯特县（Westchester County）海岸登陆，华盛顿对希思说，一切都取决于可靠的情报，而他一点情报也没有。他敦促希思"不遗余力"，不惜代价，尽快找到情报。

"我们认为（至少我认为），我们不能继续留下。"里德又给妻子写信说，"但现在我们不知道怎么走，因此可以恰当地说，我们前有猛虎、后有恶狼。"

里德比他的年龄显得老成和聪明，他总是试图从更宏大、更思辨的角度看待生活中的艰辛，加上他意志坚定、擅长分析，使得他30出头就成为费城法律界的领军人物。但现在让他点燃一点希望都很困难，那些懒鬼、装病的人、流连酒馆的爱国分子、动摇不定的政治家，让他怒不可遏。

看看四周，高喊为国捐躯、捍卫荣誉的人留在这里的是那么少，而留在这里的都是那些最想不到会留下的人……我大惑不解……我发现，那些叫得最响的自由之子在战场上最为沉默……一次战斗，哪怕是一次假想中的战斗，也会尽展一个人的性格。

虽然只亲身经历了布鲁克林一次战役，里德自始至终和华盛顿在一起。六天的时间，连换衣服的时间也没有。像华盛顿一样，他也几夜未眠。华盛顿似乎能挺住，但里德是否能承受这样的压力和劳累，还要拭目以待。

埃斯特写信说，希望他能回家和她一起迎接第四个孩子出生。

现在美军分布在炮台公园到金斯桥之间的区域，据信有两万人，但士兵成群跑掉，真正人数很难说。也许有四分之一是病号，不仅普通士兵，军官也常常装病。

不过，一个病得最重的人康复了，立刻使战局发生了改变。9月5日，纳撒内尔·格林回到军中，并马上向华盛顿呈交了一个雄辩有力、条分缕析的建议书——立刻放弃纽约。他因病失去了在布鲁克林发挥作用的机会，但他从未忘记军队的命运或险境中的将士。里德等人也有同样的想法，但只有格林把观点落到了纸上。

我认为我们在金斯桥这一侧没有任何意义。我军过于分散，防线可能被切断，其他部队来不及赶来救援。在此情况下，假设敌人同时派出几艘战舰和一些运兵船沿北河而上，在纽约和中央部队之间登陆，另外一支军队从长岛出发，在河的正对岸登陆，这两支部队在长岛就形成了一条防线，可以挖战壕掩护自己，战舰很容易在防线两翼支援。防线中央筑起堡垒，我们很难甚至根本不可能从中间冲过去……如果这一切发生，阁下将陷于任何行事稳重的将军希望避免的处境——被迫在不利条件下与敌人作战，或者投降。

格林继续说，长岛失守，纽约已经守不住了，这是共识。军队分散在约克岛的这一端到另外一端，不可能挡住进攻，而再来一次长岛那样的失败将是毁灭性的，"我们的任务是研究如何避免这种重大的不幸。"此外，纽约有三分之二的人支持托利党，没有充分的理由冒巨大的风险守卫这座城市。

"我认为，迅速全面撤离是绝对必要的，美国的荣誉和利益要求这样做。"

此外，他还提出要烧毁纽约。一旦纽约落入敌人手里，没有优于他们的海军力量就不可能收复。如果纽约完好不动地留下，敌人势必拥有充足的住房和码头，还有一个能满足他们所有需求的市场。格林看不出保留纽约能为美国事业带来一丝一毫的好处，他力劝华盛顿召集军事会议。

会议于9月7日在城北莫尔捷宅院华盛顿的司令部召开，这时候约翰·汉考克的信已寄到，说大陆会议希望纽约不遭破坏。

会上一致同意，如果英军派出舰队开火，纽约是守不住的。里德、伊斯雷尔·帕特南等人要求立刻从整个约克岛全面撤离。他们说，这会让敌人失去海上优势，"不让任何事情受到威胁"，并能集中兵力。

但大多数人反对这个意见，华盛顿立刻向大陆会议做出汇报。不知道华盛顿在会上说了什么，因为没有相关记载，不过他似乎觉得大陆会议的决定是个极大的错误，格林说得对。后来在给伦德·华盛顿的一封信中他写道："如果照我自己的判断行事，纽约早已是一片灰烬。"

9月8日，华盛顿向大陆会议表示他担心再一次被敌军包抄，"不管从哪个角度说，做出选择都是困难的。"他写道。不管做出什么决定，他的军队都有可能不会上阵。这种恐惧从未离开过他，他写到，没有经验的年轻士兵在寡不敌众的形势下绝不能被拖进正面交锋。

"在任何情况下都要避免大规模行动，避免冒险，除非必须这样做。"

不过他似乎拿不定主意。"另一方面，有人认为纽约守得住，而且投入了大量人力，弃守纽约有可能打击士气，让我们的事业受挫。"华盛顿要塞和哈得孙河对岸的坚固据点能保卫哈得孙河走廊。撤退的军队总会"被困难包围"，而且"拒绝出战会让将官遭受批评"。

但接下来他提出，有可能"出奇制胜"拯救美洲事业，虽然没人知道如何出奇制胜。

士兵吃得很差，没有报酬，很多人已经两个月没有领饷了，这种情况没有改善。而在东河另一边，英军有长岛农场的新鲜物资源源不断地供应，正如安布罗斯·塞尔所写，"条件很好"。德国军团特别提出，日子从未这样优裕。

在费城,辩论了几天以后,大陆会议决定派一支三人代表团去见豪勋爵,这三个人是本杰明·富兰克林、约翰·亚当斯和爱德华·拉特利奇,9月9日起程出发。

9月10日,英军从长岛渡河占领了哈勒姆河河口的蒙特雷索岛。

纳撒内尔·格林敦促华盛顿召开军事会议。形势"太严峻,太危险",必须做决定了。华盛顿读到格林和其他六个将军联名签署的一份声明,写于9月11日,也就是大陆会议三人代表团从新泽西渡河来到斯塔腾岛与豪勋爵会面的那天。

斯塔腾岛的会议开了几个小时,主要是豪勋爵在说。"最好停止这些毁灭性的极端行为,为了我们的国家,也为了你们的家园。"穿着华贵军装的海军上将这样说。有没有办法"收回独立的这一步"?他被告知没有,会议无果,一如所料。

但这次会面至少让敌军的活动暂停片刻,夏末一直都是晴好的天气,英军在这样绝佳的进攻时机停止了行动。

华盛顿的军事会议于9月12日再次召开,这次决定弃城。主力部队将向北尽快移至金斯桥,约4000人在帕特南领导下阻止敌人进攻。伤员先行开拔,加农炮、几吨的物资和弹药要从城内拖走,这是一个极为艰巨的任务,能用的马匹和车辆都得抓紧征用。

13日,星期五的下午,英军再次行动了。用约瑟夫·里德的话说,显然正在进行一些"大规模的军事行动"。战舰"狍子"号和"凤凰"号,以及快帆船"奥菲士"号和"卡里斯堡"号(Carysfort),4艘船加起来有148门加农炮,连同6艘运兵船沿东河而上,在布什维奇河(Bushwick Creek)停泊。美军炮台"炮声大作",但这些船只没受什么严重损坏,甚至懒得还击。

14日，星期天，华盛顿得到约翰·汉考克的另一条指示。经过进一步考虑，大陆会议现在决定将何时撤离纽约的决定权完全交给总司令。只要他认为有必要撤离，他和他的部队可以"毫不犹豫"。

华盛顿立刻回信：

> 我们正想方设法将仓库等搬走……东西太大、太多，我担心没等搬完就会被打断……伤员的人数非常多，我们发现照顾他们转移是最困难的。

不过到了下午晚些时候，大部分部队已经向北来到金斯桥和哈勒姆高地，华盛顿及其随员将于当晚从莫尔捷宅院出发北行。

亨利·克林顿在"狗子"号甲板上透过望远镜观察基浦斯湾的海岸，看到密布的战壕里"站着士兵，表情显得坚定而可敬"，他后来回忆道。入侵纽约在即，又是克林顿负责指挥。

基浦斯湾并非他的选择，之前他坚决反对这个方案，坚称哈勒姆河和金斯桥才是取胜的关键。如果约克岛是个瓶子，那哈勒姆就是瓶颈。克林顿说，扼住这个瓶颈，就困住了华盛顿及其叛军，这场仗就打赢了。

虽然遭到否决，但克林顿几乎到最后一刻还在力推自己的主张。即便在基浦斯湾登陆成功，他说，仍有必要将叛军从哈勒姆和金斯桥赶走。

豪将军和他的海军上将哥哥并非没有考虑克林顿的理由，但东河和哈勒姆河汇流处的"地狱门"（Hell Gate）素来水急滩险，舰船长官对此颇为担心。

威廉·豪下达了最后的军令，说"很快打算"进攻敌军，并且建议"充分利用刺刀，以此取得勇士理应取得的胜利"。没有激动人心的话语激励人们为了国家或自由鼓足勇气，像华盛顿在布鲁克林对士兵所说的那样，只是最后提醒一下刺刀的有效性。

入侵纽约定在15号，星期天。如果豪和其他指挥官了解更多情况，再等一天，美军将会完成撤退，他们就可以大摇大摆地走进纽约。

在河流对岸的基浦斯湾，约瑟夫·马丁上尉正与其他康涅狄格士兵驻守在不深的战壕里，协助其他部队撤离。夜幕降临，河边的警卫每半个小时定期汇报，"一切正常"。二等兵马丁听到一艘英国船只那边传来回话："明天晚上就让你们不正常。"

第二节

根据官方海报，由威廉·道格拉斯上校率领的康涅狄格旅有1500人，但三分之一或者更多的人是病号，只有一半人有作战能力，正驻守在基浦斯湾的战壕里。他们整夜未睡，整整一天没有或几乎没有吃东西。很多人是新手中的新手，是上周才入伍的农村小伙子。一些人没有滑膛枪，带着自制的长矛，是把镰刀头固定在长杆顶端做成的。

道格拉斯上校是纽黑文的船长和商人，曾在布鲁克林英勇作战。他认为纽约守不住，不过，按当时话讲，他是个十足的军人。"我希望能有上帝保佑。如果我们能并肩作战，而不是像懦夫一样逃跑,那我们就能挡住他们。"他给妻子写信这样说。

当晚,五艘英国快帆船在基浦斯湾就位,乘着破晓前暗淡的晨光,道格拉斯和手下士兵可以看到五艘船的黢黑轮廓一字排开,离岸约有200码①。离得这么近,这些船比先前看来要大得多,也更有威慑力。二等兵马丁后来回忆说,他能看到载有44门大炮的"凤凰"号的名字,"清楚得就像在船上看到的一样"。

太阳升起来了,这是夏末一个暖和的早上,天空晴朗,刮着柔和的西南风,"我们躺在战壕里,一片寂静……太阳升起一两个小时,我们听到城里的炮声,但注意力被冲我们来的客人吸引了"。

远处的炮声是约克岛另一端在交火,更多的英国舰船利用有利的风向和潮汐开进哈得孙河,似乎进攻即将从那里开始。

天气变得酷热难耐,基浦斯湾的五艘船"纹丝不动"。敌军平底船组成的四个纵队出现在河对岸的纽敦湾,船边是英国红衫军。"他们来到潮头,"马丁写道,"一字排开……直到成为一大片盛开的三叶草的形状。"

大概10点钟,80多艘平底船组成的舰队率先开进河内,船上摩肩接踵地站着4000个英军和德军士兵。罗顿勋爵与克林顿将军在领头船上,他后来写道,德军不习惯"这种水上生涯",担心挤得这么紧凑会遭到敌人的打击,开始唱起赞美诗,红衫军用自己的方式回应,"充满热情、不加区别地大骂己方和敌人"。

---

① 约183米。

渡河进行得很慢，几乎无声无息，然后突然之间，基浦斯湾里并排停泊的船只行动起来，布鲁克林战役开始以来将近三周的平静被打破了，迎来了雷鸣般的结尾。

就在三天前，海军上将豪勋爵还关切地说，只要美军放弃"独立"，就会"停止这些毁灭性的极端行为"。现在，大约11点钟，他用这样的方式把橄榄枝抛到一边，三名大陆会议代表和其他任何人谁也没有想到，基浦斯湾在场的所有人也不会忘记。

激烈程度超乎想象，一个英国候补少尉这样写道。"炮声不停吼叫，让人心惊，不管陆军还是海军当中很少有人听过这样的炮声。"安布罗斯·塞尔写道。

炮火持续了整整一个小时，没有停顿，一共约有80门火炮向岸上近距离开火，河上密布呛人的浓烟。约瑟夫·马丁"纵身一跃"跳进战壕，他觉得单是炮声就能要了他的命。

火力网将不多的胸墙击得粉碎，美军身上撒满了草皮和沙土，烟雾太大，向敌人还击根本不可能。

炮声终于停了，烟雾散去，第一波平底船显现在阳光中，开始向岸边开去。美军已逃散，腿能跑多快就逃多快。

道格拉斯上校告诉部下逃跑保命，但下这命令几乎没有必要。他写道，敌舰的炮火想象不到的"猛烈"，"但大部分炮弹都从头顶飞过去了。部队分散在各处，召集不起来，我发现整个部队都在退却"。

罗顿勋爵从领头船上看到，炮声一响叛军就立刻瓦解了，"乐于逃向"最近的树林，"我们逼近岸边，登陆，编队，一个人也没失去。"

并非所有美军都逃掉了，另外一个英国军官写道："我看到一个德国兵把一个叛乱分子的头砍了下来,戳到战壕里的一个杆子上。"

克林顿及其先头部队向内陆推进了四分之一英里[1],没有遇到抵抗,占领了一个叫作因克兰堡(Inclenberg)的高处,然后停下来等待。

华盛顿的新指挥所在北边 4 英里[2]以外的哈勒姆高地的最高点,他听到基浦斯湾传来加农炮的咆哮,看到远处升起硝烟。他立刻跳上马背,向南飞奔而去。他在离基浦斯湾大约 1 英里[3]处的一片玉米地勒住缰绳,发现士兵"四散奔逃"。这是他最害怕的事,更糟糕的是,他的部队处在不可控制的恐慌之中,美军在敌人面前变成了懦夫。

盛怒之下,他策马来到他们中间,试图阻止他们。他失去自制,狠狠地咒骂。根据某些记录,他挥舞着一支上膛的手枪。另外一些记录中,他拔出了佩剑,威胁说要捅死他们。没有人听他的,他把帽子摔在地上,厌恶地大喊:"我就要靠这些人来保卫美国吗?"

德国人的先头部队出现的时候,逃亡的美军不肯停下来,据说华盛顿用马鞭打了几个军官。一些士兵转过身来开火,打死打伤了几个敌人。一些美军高举双手投降,德国兵向他们开枪或者用刺刀捅他们。

两个旅的大陆军、两千多人的部队,由塞缪尔·帕森斯和约翰·费洛斯带领,赶来增援。但他们一见四处都是惊慌的逃

---

[1] 约 400 米。
[2] 约 6.4 公里。
[3] 约 1.6 公里。

兵，也掉转身子跑掉了，地上洒满了滑膛枪、弹夹、水壶、背包、帽子和外套，而他们见到的敌军还不足一百人。

约瑟夫·马丁说："那天，恐惧和慌乱的恶魔好像完全控制了一切。"只有华盛顿例外。暴怒的华盛顿不顾个人安危，冒着被俘的危险，骑马冲到离敌军不到 100 码[①]的地方，两个随员费了好大劲才拉住缰绳带他离开了战场。

更多英军登陆，邻近傍晚，又有 9000 人准备在基浦斯湾上岸。这时候传来消息，叛军已弃守纽约，一个英国旅迅速南下，纽约落入英军手里。

城中居民张开双臂欢迎他们，"王者之师来到他们中间，"安布罗斯·塞尔写道，"居民的脸上带着喜不自胜的表情，他们甚至抬起了几个士兵在街上游行。不管男人女人，表现得都像狂喜过度的疯子一样。"在炮台公园的老乔治堡，一个女人扯下大陆军的旗帜，踩在脚下，然后挂上了英国国旗。

塞尔在豪勋爵的旗舰上看到了整个场景。他对叛军更加蔑视。"这些夸夸其谈的先生花了那么多苦工来加固工事，两三个小时之间，这座城市及其周边就丢掉了，没有任何抵抗，或者说，连做出像男人那样抵抗的姿态都没有。"

最开始没逃走的士兵最后侥幸逃脱，亨利·诺克斯直到最后关头才在哈得孙河找到一条船。伊斯雷尔·帕特南和几千人本来已出发上了邮路开始强行军，这条路濒临岛的东岸，会把他们径直带到赶来的英军当中。后来，阿伦·伯尔中尉，一个 24 岁的年轻副官说服他向北走，取道哈得孙河沿线较少有人走的路。

---

① 约 91 米。

整个酷热的下午，衣衫褴褛的"老帕特"表现上佳，他骑马沿着长长的队列跑前跑后，让他们不走散，继续往下走，率领部下赶在英军从东河到哈得孙河将岛屿封锁起来之前超过他们。有一次，两支军队相向而过，间隔不足1英里，中间只有一长条树林隔开。

行军部队中有一个年轻军官戴维·汉弗莱斯上尉，后来写到了帕特南将军：

> 我自愿加入他的部队，是最后离开纽约的一个团的副官，那天我常有机会见到他。他下达命令，鼓舞将士，骑着口吐白沫的马飞奔，哪儿有需要就去哪里。没有他的卓绝努力，整个军队恐怕早已分崩离析了。

帕特南和疲惫不堪的部下天黑后来到位于哈勒姆的主兵营，引起一片欢呼，人们认为他们已经失踪了。诺克斯后来也出现了，人们叫喊着表示欢迎，华盛顿甚至给了他一个拥抱。

华盛顿后来说，那些逃离基浦斯湾士兵的行为"可耻"、"可恶"、"颜面扫地、罪不可赦"。纳撒内尔·格林写到"悲惨混乱的撤退"，说华盛顿努力鼓舞吓坏的士兵的行为几近自杀，"面对大约50个敌人，费洛斯和帕森斯的整整一个旅逃跑了。"格林向一个朋友描述道，"把司令阁下丢在离敌人不到80码的地方。他对士兵这种可耻行径大为恼火，宁愿一死了之。"

华盛顿的怒气部分也针对自己，因为敌人进攻基浦斯湾是个始料未及的战术，几乎像通过牙买加山口的夜行军一样突然，他又一次被豪愚弄了。

康涅狄格军团逃兵数量惊人，本来已经名誉扫地，现在又贴上了胆小鬼的标签。康涅狄格士兵的"逃窜"被认为是导致整个惨败的原因,这样开战伊始就关系不睦的新英格兰部队和其他部队之间成见更深。

不过,并非所有意见都如此尖刻。希思将军写道,同样需要考虑其他问题。"长岛造成的伤口仍在流血。士兵们也许不知道,但军官们都知道就要弃守纽约了。"一个康涅狄格随军牧师本杰明·特朗布尔曾发表一篇热情洋溢的布道,激励士兵英勇奋战,而此前不久,他在日记中写道:

> 人们责备士兵退却甚至逃窜……但我觉得主要责任在将军……他们使得士兵们理所当然地预料:一旦对敌,可以防守,也可以安全撤退,很可能很多生命因此得救……虽然这并不光彩。失去的人这么少,值得称道。

实际上,得救的人很多。面对基浦斯湾致命的炮火,久经沙场的老兵也会逃跑。对康涅狄格部队来说,留下来纯属自杀。

亨利·诺克斯把布鲁克林和基浦斯湾的失败都归结为领导不力——军官素养不够、经验不足、总司令过于劳累。"将军是当世最可贵的人,但他不能哪儿都去,什么都干。"诺克斯在给弟弟的一封信中写道:

> 我们需要有才能的人,应从最广泛最彻底的意义理解"才能"这个词。但才能欠缺,军中大批军官是一群无知的蠢人,可以成为吃苦耐劳的士兵却成不了合格的军官。

诺克斯写道，应当建立军事学院教授"战争之道，以及能吸引人参军、为我们部队增光的其他激励手段"。

如同长岛一样，敌军的行动像时钟一样精确。但为什么他们的指挥官迟迟不向岛的另一端进发，为什么不直接向哈得孙挺进，仍旧是个谜。如果他们再向前推进1英里左右，就能把岛屿切断，正像纳撒内尔·格林预料的那样，不给帕特南部队任何逃生的机会。

为了解释这个谜团，一个浪漫的故事流传开了，这是一个传奇性的故事。罗伯特·默里夫人是个教友会教徒、狂热的爱国分子，她邀请威廉·豪及其部下将军去她位于因克兰堡、后称默里山的乡间别墅喝下午茶，拖延了时间。"默里夫人用蛋糕和葡萄酒款待他们，他们被拖住，流连了两个小时或者更久。"故事说道。因此，玛丽·林德利·默里受到赞誉，说她拯救了部分军队，甚至拯救了自由事业。她被描绘成一个真正的喀耳刻（Circe）①，用她柔媚的机巧迷倒了勇敢的英国人。也许她真的曾邀请英国军官去喝茶，也许她真的曾经非常有魅力，但同时她也是一个50多岁的女人，是12个孩子的母亲。

更接近事实的说法是，克林顿在因克兰堡止步不前是按计划行事。他得到的命令是守住那里的战线，等豪将军和当天下午后来登陆的其他部队到来。

不难想见，英国人把这次进攻视为一场巨大的胜利。豪曾想用最短的时间、最小的代价攻占纽约，现在这一切都实现了。纽约是英军战略的关键，现在终于落入他们手中。豪和部下将军对当天的表现非常满意。夜幕降临，他们的部队穿过岛

---

① 古希腊神话中的女巫，能把人变成动物，与奥德修斯相恋。

屿中央，来到哈得孙，向北推进，一直来到叛军位于哈勒姆河畔的防线射程范围内。

然后就在第二天，9月16日，让每个人都大感意外的是，这次轮到美国人来宣告胜利了。

华盛顿照例天不亮就起床，在宽敞的新司令部里起草信件。这是一栋帕拉第奥风格的别墅，主人是逃掉的亲英分子罗杰·莫里斯上校，他曾和华盛顿一起参加过英法北美殖民地争夺战。别墅位于华盛顿要塞以南约1英里，高居在哈勒姆高地顶端，实际上，它是整个约克岛的最高点。从带有柱廊的阳台望过去，右边是哈得孙，左边哈勒姆河河谷以外3英里是古老的荷兰村落哈勒姆以及"地狱门"的水域。晴朗的日子——那年9月几乎都是晴朗干燥的天气——向南可以看到远处纽约的教堂尖顶；更远处，20英里开外，是斯塔腾岛的群山。

按照约瑟夫·里德的说法，他当时和华盛顿在一起，天还早，传来消息说敌军正在进发，华盛顿派里德骑快马侦察敌情。

华盛顿预料到敌人会进攻。当天早上他给大陆会议的信中已经报告说："我派了几个侦察兵，尽量收集关于敌军部署的情报。"100多个康涅狄格巡逻骑兵队员天亮以前就领命出发了，他们是这支部队最优秀的士兵，打头的是军中最佳的战地长官托马斯·诺尔顿上校。他是个身材魁梧的农民，参加过邦克山战役。正是这个诺尔顿在邦克山与约翰·斯塔克上校一起，面对来犯英军，死守围栏，一举成名。也正是这个诺尔顿在波士顿被围期间率众夜袭查尔斯顿，打乱了英国军官在法纳尔厅上演的伯戈因的闹剧《封锁》。

诺尔顿带领骑兵队向南沿着林木茂盛的山脊刺探敌情，山脊中间是一条窄窄的山谷,叫作"无人谷"(Hollow Way)。破晓时分,就在南边高地的树林里,诺尔顿等人遭遇英军,引发了一场"爆豆般的"交火。

里德刚好在敌人进攻前赶到,约有400个英国轻步兵,差不多是美军人数的4倍。

> 我来到最前面的位置[他写道],正在那里和守卫军官说话,敌人的先头卫兵在大约50码①的地方向我们开火。我军将士表现英勇,站在原地还击,后来因寡不敌众被迫撤离。

里德飞奔去向华盛顿求援。华盛顿已骑马来到哈勒姆高地南段,那里纳撒内尔·格林的几个旅已经集结,俯瞰"无人谷"。里德赶到时,可以看到诺尔顿等人正在对面沿山坡而下,迅速退却。

然后远处树林里出现了追赶的英军,他们吹着军号,跑下山坡,好像在从事猎狐运动。"我从未有过这样的感觉,"里德写道,"他们好像是要狠狠羞辱我们。"

华盛顿这个喜欢猎狐运动的弗吉尼亚人从马背上看到这个场景会有何感想,我们只能想象,因为他从未提起过。但他的反应是立刻决定应战,哪怕像他后来向帕特里克·亨利解释的那样,仅仅是"为了重建对这支部队来说最为重要的士气"。

华盛顿下令从"无人谷"另一侧开始反击,同时命令安德鲁·利奇率领三个连的弗吉尼亚部队,由里德带路,向左迂

---

① 约46米。

回，绕到红衫军背后，把他们围困在"无人谷"。格林和帕特南负责助攻，两人立刻投入激战。

敌军"全速冲下山，来到一片平坦地带"，约瑟夫·霍奇金斯写道。布鲁克林一战以后，他第一次与格林将军的部队并肩战斗，"然后我们的战士从树林里冲了出来，然后两边开始激烈交火。"

但诺尔顿的包抄行动出了麻烦，几个士兵开枪太早，攻击了敌人侧翼，而没有绕到他们背后切断退路。战斗更加惨烈，几分钟之内，诺尔顿和利奇少校都受了重伤，倒在地上。

失去了包围并俘虏敌军的机会，华盛顿投入更多兵力用于主攻，英军也赶来增援。不大一会儿，英军人数达到了5000人。

战斗持续了几个小时，美军第一次守住了防线。慢慢地，英军开始退却，然后转身逃跑，美军随后追赶。"我们把狗赶出3英里①以外。"一个康涅狄格士兵写道。

华盛顿担心敌军招来更多部队，他的部队落入圈套，下令停止进攻，但这可不容易做到。"追击逃窜的敌人，这场面太新鲜了，费了好大力气才把我们的人叫回来。"约瑟夫·里德写道。

约瑟夫·霍奇金斯根据亲眼所见和从别人那里听到的说法，认为他们至少杀死了500个敌军，击伤人数与此接近或者更多，"有人看到他们带走了几大车伤员，另外我们埋葬了不少丢下的尸体。"

英军和德军可能的死亡人数是90人，受伤300人。美军

---

① 约4.8公里。

的伤亡要少得多，不到100人受伤，30人阵亡。但阵亡的人包括利奇少校和诺尔顿上校，他们的死对这个军队是个沉重的打击。里德把受伤的诺尔顿带出战场，对他来说，托马斯·诺尔顿是"最重大的损失"，对华盛顿来说也是如此。

向大陆会议报告哈勒姆高地战役时，华盛顿只是说这是一次"小范围激烈交火"，没说这是一场大捷。但对于将士来说，这是姗姗来迟的一次真正的胜利，是提升他们自尊急需的胜利。他们看到了红衫军逃窜的背影，正如亨利·诺克斯所写的那样，"他们发现，只要坚持，那些不可一世的敌人也会飞奔而逃。"

纳撒内尔·格林自从来到波士顿以后就从不怀疑，只要领导有方，这支军队是可以作战的。他自豪地向来自罗得岛的大陆会议代表威廉·埃勒里写信说：

> 我们将敌人打翻在地……如果所有的殖民地都有优秀军官，部队就不会有危险。没有哪支部队能像美军一样坚守战场。如果军官能像士兵一样优秀，只需几个月让部队服从军纪，美国将足以对抗整个世界。

战斗中被俘的英军说，他们从未想过美军会发动进攻，"完全出乎意料"。亨利·克林顿在总结战况时，把主要责任归结于轻步兵对叛军的"鲁莽"追击。和华盛顿的想法恰好相反，英军根本无意于当天或近期与美军交战。

一连几天，虽然两军相隔不远，但都没有丝毫动静，华盛顿的随员蒂尔曼中尉写道："平静得好像两军相隔千里。"

美军位于哈勒姆河上方岩石嶙峋的高地，占据开战以来最有利的地形,并不断抓紧使之变得更加稳固。"如果我们在这里挡不住敌人,那在美洲大陆的任何地方也不可能挡住。"约瑟夫·里德总结说。英军总司令也没有丢分,他手里有纽约,目前还看不出有什么必要继续进攻。

威廉·豪不慌不忙地制订计划,打算再一次智取叛军,而他的哥哥豪勋爵正掂量着这是否是再来一次和谈的合适时机。越来越多的叛军士兵越过防线来投诚,全都"垂头丧气",更强化了英国指挥官的共识:叛军已经走向自然毁灭。

同时,还有一些英军发现纽约非常宜人,有"很多漂亮的房子"可以驻扎,食物前所未有地充足。正值收获的黄金季节,长岛农场运来的新鲜农产品似乎用之不竭。更妙的是,叛军匆匆离开,留下了5000多桶面粉。

英军将士不当值时像游客一样参观废弃的叛军工事,惊叹其规模以及投入其中的人力。

"从东河的地狱门到北河的布卢姆斯代尔,差不多绕城一圈,整个海岸近14英里①的长度,每个能利用的地方都建筑了工事,几乎每个高地都有碉堡或者炮台。"弗雷德里克·麦肯奇赞叹道。安布罗斯·塞尔绕城走了一圈以后,看到每个街角都有叛军的胸墙或射击孔,记录下他的"惊愕"。

> 人们不禁会想,他们一定花费了极大的痛苦和人力。仅仅出于可惜的心理,也希望他们抵抗一下。但他们的恐惧压倒了决心,短短一个小时,就撤出了辛苦筑就的工事,没有稍作抵抗,也没有像样的撤退。

---

① 约23公里。

9月19日，不顾大多数英军将领——也许包括弟弟豪将军的意见，豪勋爵发表宣言，直接向美国人们发起呼吁，警告说，他们大陆会议代表的执迷不悟正把他们引向毁灭和痛苦。美洲人们应该"自行判断"，他写道，"为了正在参与的不义的危险事业，像祭坛的牲畜一样献出自己的生命"，还是"重新效忠陛下，接受和平的恩赐"，因此"安享自由与富足"，"哪个更合乎他们的尊严和幸福"。

宣言的作用似乎只是让双方将士更加振奋，9月20日至21日那个夜晚过后，随即被忘得干干净净。那晚，纽约大火，失去控制，大部分市区被夷为平地。

当时，不管哪个城镇，火灾总是一件可怕的事，像那年夏天炎热干燥的天气里尤其如此，夜间起火在所有火灾中最为恐怖。

据几个目击者说，午夜刚过就起火了，地点在纽约南端怀特霍尔码头（Whitehall Slip）一个叫作"斗鸡"的"廉价杂货店"。

借助西南风，火苗很快成了野火，开始沿码头街、大桥街、斯通街、市场街和海狸街向城外蔓延。空气中满是呛人的浓烟和燃烧飞舞的木板碎片。从北边10英里开外位于哈勒姆的美军阵地看过去，好像这个天宇都被大火染红了。

警铃没响，因为华盛顿已下令将城里所有铃铛拿去铸造加农炮了。英国士兵和其他人跑去帮忙，但火焰过于炽热，大火失去控制，没人能够接近。水桶太少，手边的水也不够，仅有的几台救火车证明毫无用处。

大火首先烧毁了房屋，继而似乎没有什么能抵挡肆虐的火焰。如果不是深夜两点钟的时候风向转为东南风,整个城市将不复存在。实际上,大火从西面烧起,百老汇和哈得孙之间的一切都毁掉了,包括臭名昭著的霍利区,一直烧到金斯学院的开阔地带。百老汇街与华尔街交汇处的三一教堂起火时,燃烧的尖顶像是一个巨大的"火焰金字塔",直到大梁烧毁,整个教堂轰然倒塌。

"难以想象会有更可怕更令人痛苦的场景。"弗雷德里克·麦肯奇说,他是试图救火的人之一。

> 病人、老人、女人、孩子,半裸着,漫无目的地乱跑,在离火远的房屋躲避,但有时第二次被火赶跑,或者第三次……火焰燃烧声、房屋倒塌声,拉倒可能引火的木屋的声音,更加深了人们的恐惧……还有100辆大车的隆隆声,是军队派来的,不停地把能抢救出来的物资和财产运送到百姓手中。男人的喊叫声、妇女孩子的尖叫和哭喊声,那么多人的声音混作一团……

担心城中起火是叛军夜袭的前奏,豪兄弟一直到天亮时才派更多的士兵和船员救火,到10点钟,火自己熄灭了。

将近500所房子被烧毁,四分之一的城市付之一炬,当时惊恐莫名的人们几乎可以肯定,这场大火是敌人干的坏事。到处都在传说,叛军的纵火犯被当场逮住,其中一个人手持"火炬",被一个英国近卫步兵打倒,"投入火海",得到了应有的下场。还有一个人在割断水桶的提手时被发现,被吊死在路标上,然后脚踝绑上绳子倒挂起来,像被宰的牲畜。

目击者说看到几个地方同时起火,不仅仅是怀特霍尔码头,这被看作有意纵火的证据。弗雷德里克·麦肯奇虽然也像其他人一样认为有人"蓄意"纵火,但他在日记中承认:"毫无疑问……火是通过燃烧的木板碎片传到其他房屋的,这些碎片很轻,被风吹走……点燃了新的火头。"

在给杰曼勋爵的信中,豪将军谴责"鬼鬼祟祟的"不知名恶徒的行径。詹姆斯·格兰特写道:"纽约亲英分子相信,新英格兰人在城中纵火,他们永远不会原谅他们。"威廉·特赖恩总督走得更远,他在给杰曼的信中暗示,华盛顿本人策划了这个图谋,并亲自指挥纵火犯。

100多个嫌疑犯被捕,但没有证据,没人被起诉,最后所有人都释放了。不管当时还是后来,都无法确定这场"大火"不是意外。

华盛顿在给大陆会议的信中称这是一场意外,不过在给伦德·华盛顿的私信里,他透露说"天意,或者某个忠实的好人,做了我们无意去做的事情"。他没有进一步再说什么。

华盛顿也没提到内森·黑尔上尉。黑尔在火灾发生第二天被英军"拘捕",这似乎也是围捕纵火嫌疑犯行动的一部分。

根据一些记载,黑尔是在纽约被捕的。一份托利党人报纸《纽约公报》说,一个不知名的"有上尉军衔的新英格兰人"在城中被捕,手里拿着"可怕的毁灭工具[指火把]",搜身时发现"他身上有500[英镑]"。这也许说的是黑尔,但弗雷德里克·麦肯奇则记录说,9月21日夜"一个叫作内森·黑尔斯的人"在长岛被捕。

不管被捕时的情形如何,黑尔招认了他是美军间谍,豪将军下令将其不经审判便处以绞刑。

黑尔当时24岁，英俊健美，毕业于耶鲁大学，是中学教师，全心全意爱国。他在康涅狄格的农场长大，兄弟六人都参加了战争。一年多以前他应征入伍，参加过波士顿围城战役，后来加入诺尔顿上校的骑兵队。不过一直以来他觉得没为国家出过什么力，当诺尔顿得到华盛顿的命令、号召部下自愿穿过前线搜集亟需的情报时，他勇敢地报了名。

一个来自康涅狄格的同伴威廉·赫尔从大学时期就认识黑尔，试图说服他放弃，提醒他说，他生性"过于坦诚，不会欺骗和伪装"，这些特点是间谍最不应该具备的。黑尔只说他会"考虑，只做分内之事"。接下来赫尔听说，他的朋友失踪了。

这个任务一开始就注定会失败——筹划不足，经验少得可怜，而且黑尔也不是合适的人选。他对刺探情报一无所知，弹药燃烧给他脸上留下一道伤疤，让他很容易被认出，一个熟悉他的亲英的表亲又在豪将军手下任副典狱长。

黑尔装扮成一个荷兰教师去刺探情报，显然，他幼稚地向错误的人吐露了自己的真正任务，导致他被捕。

他于9月21日清晨被吊死，地点在炮兵公园，靠近豪的司令部比克曼宅院，一所离东河不远的乡间别墅。

约翰·蒙特雷索上尉几个小时以后打着白旗把黑尔的下场告诉了美军，并向赫尔上尉描述了事件经过。正是赫尔把蒙特雷索转述的黑尔行刑前的遗言写了下来："我唯一的遗憾是我只有一次生命可以献给我的祖国。"这改编自戏剧《加图》里一句当时很有名的台词。有人猜测，在对英国行刑官说这句台词的时候，黑尔知道他们像自己一样熟悉这句话，所以把重音放到倒数第二个单词上："我唯一的遗憾是我只有一次生命可以献给我的祖国。"

9月26日，一个英国军官在信中写道：

> 那天我们吊死了一个叛军间谍，几个士兵从一个有钱乱党的花园里找出一个画着士兵的木板，和那个间谍并排吊在一起，木板上写着"华盛顿将军"，这是昨天我在路边越过司令部看到的。

直到几年以后，黑尔作为革命烈士的地位才在美军英雄榜上得以体现。此刻，关于他的故事，人们知道得很少，谈论得也很少。华盛顿可能又生气又悲痛，但据人们所知，他没有提到过这件事。

美军士兵像逃离即将沉没的轮船一样，一次就走掉三四十逃兵，很多人向敌人投诚，散漫和偷盗像瘟疫一样蔓延。这离一支英雄部队差得太远了。"放任、怯懦、掠夺、逃避责任，加上疲劳和危险，这样的心态太过普遍。"约瑟夫·里德写道。他心绪低沉，甚至连他自己也快要放弃了。

9月16日一次战场上的经历产生了烈火般的影响。激战正酣时，里德看到一个士兵临阵脱逃，命令他停下来回去战斗。那个士兵叫埃比尼泽·莱芬韦尔，是个来自康涅狄格的二等兵，听到命令后举起滑膛枪，在只有几码的地方瞄准里德扣动了扳机，但只发出"咔嗒"一声，子弹卡壳了。里德抢过另一个士兵的枪，扣动扳机，也只发出"咔嗒"一声。里德抽出佩剑，一连两剑砍伤了莱芬韦尔的头部，砍断了一根拇指，迫使他就范。"要是我用自己的手枪，我一定会枪毙他。"里德在9月19日的军事法庭上说。

莱芬韦尔承认自己逃跑，被认定临阵脱逃并"把枪口指向长官"，他被判第二天当众处决。但在里德的劝说下，华盛顿在最后一刻赦免了莱芬韦尔，而这时莱芬韦尔已经跪下准备迎接子弹。再有此类举动将"被处死，绝不留情"，华盛顿警告说。

"试图让一支新队伍接受纪律并服从，永远是一件极为困难的事。"里德给妻子的信中这样说道，"民主原则大行其道，平等观念深入人心，要么不建立任何纪律，要么试图建立纪律的人遭人厌憎，没人愿意这样做。"

华盛顿威严依旧，除了在基浦斯湾大发雷霆以外，他看起来沉着冷静，毫不失态，而实际上他处在人生最灰暗的一个时期，心哀若死，他所能做的只是装装样子而已。

"除非大陆会议立刻采取某些有效措施，否则我们的事业必定失败。"他在9月25日给约翰·汉考克的一封长信中说起自己的不祥预感。

像格林、诺克斯和里德一样，华盛顿知道军队的问题不在士兵而在军官。战争不是"一朝一夕"，必须"有条不紊地"实施。必须得有优秀的军官，而要获得优秀军官的唯一途径是建立常备军。必须结束这种短期服役的制度，军官必须有更好的报酬、更好的训练，必须向士兵提供优裕的饷银、足够的衣服和被褥，还得承诺免费给他们土地。

由于冲动和爱国热情，人们会"欢快地飞奔入伍"，华盛顿接下来说道，但一旦最初的热情冷却，指望"大部分士兵"无私奉献，"以前从未实现，我担心以后也不会实现"。即便在军官当中，那些真正"毫不利己"的人也无非是"沧海一粟"，这位最无私的军官这样写道。

把希望寄托在民兵组织上,无疑是建立空中楼阁。他们刚刚脱离安逸的家庭生活,不习惯军旅生活的动荡,对军事技能一点也不熟悉。面对训练有素、纪律严明、各司其职、军事知识和武器装备都更好的敌人,他们会丧失信心,畏首畏尾,望风而逃。

他写到士兵们"劫掠的贪心",军医受贿证明士兵生病或者身体虚弱,应当离开军队。他知道大陆会议和公众心中对常备军的担心,但他认为那些假想的弊端还很遥远,而如果没有常备军,独立事业很快就垮台了。

他希望严明军纪,处罚应该更重。目前对最"恶劣的违反军纪的行为",最终的处罚也不过是抽 39 下鞭子,而这种刑罚一瓶朗姆酒下肚之后就什么事也没有了,很多"怙恶不悛的家伙"反倒愿意承受。

但华盛顿还无从知道,他的大部分要求大陆会议已经着手在做,这主要归功于战事委员会主席约翰·亚当斯的努力,也是大陆会议辩论的结果。每个在战争"持续时间"入伍的士兵将得到 20 美元,还有 100 英亩土地。亚当斯起草了《新战争条例》,主要依据的是《英国战争条例》,进一步保证士兵个体的公正,为严重违纪行为规定了更严厉的处罚(多达 100 下鞭刑),增加了处以死刑的罪名的数量。亚当斯还第一次提出,要建立军事学院,这也是诺克斯极力主张的,但此时还什么也没有做。

9 月 30 日,在给伦德·华盛顿的信中,华盛顿显得更为消沉,"这就是我的处境。如果我想给敌人最恶毒的诅咒,那我希望能让他们处在我的位置,体会我的心情"。各种事务让他"累得要死"。一个团只剩不到50人了，另外一个团能战斗的人加起来只有14个，"私底下说一句，自从出生以来我还没有过这样痛苦、这样分裂的状态"，而敌人一直以来就在"扔一块石头就能到达的距离"。

然后像以往一样，他把话题转向了芒特弗农，好像这样巨大的思维跳跃是件非常自然的事，他在关心壁炉。

> 我想，客厅里必须保留原样，不过踢脚板得改一改，这是因为那扇通往新房子的门、壁炉及其朝向。楼上房间的烟囱如果可能的话应该像其他烟囱一样是斜的，但我不愿为此把隔断推倒。新房间的烟囱必须在房间正中央，门和其他一切都要完全协调统一。简单地说，我希望工程能完美进行。

如果他对军队的愿望不能实现，这场他将要从事并被寄予厚望的战争如果不能"协调统一"或"完美进行"，那至少他能在遥远可爱的家里实现这一切。

9月末和10月初的纽约，晴好的天气一天接着一天，天空湛蓝，一排排槭树和盐肤木正在变色。东河上下几乎排满了英国的各种船只，蔚为壮观。哈得孙河在明媚的阳光下波光闪烁，像是内海。这次战争间歇奇怪地拖得很长。周围的环境太美了，很多人希望战争能拖到冬季才开始，甚至到明年春天，至少不要来得太快。

10月9日清晨，这样的希望破灭了。三艘英国战舰"凤凰"号、"狍子"号和"鞑靼"号起锚，借助有利的潮汐和轻快的西南风，沿哈得孙河而上，从华盛顿要塞和宪政要塞之间强行通过。此前,美军花大力气将废船沉到河底,在水中拉起成串的缀有长钉的原木,试图封锁两岸之间的河道。

河流上方两个要塞炮声大作,三艘敌舰也以密集炮火还击。敌舰贴近河流东岸,那里河水最深。敌舰速度也许不快,但一直向前,直到来到河流上游,在塔里敦附近的塔本西的开阔水面停泊下来。

华盛顿看到了这令人悲哀的完整一幕,"让我们意外和屈辱的是,他们径直通过,没有一点困难。虽然双方激烈交火,但我们的要塞没给他们造成明显损害"。

实际上,英国死了九个船员,战舰损害相当严重。不过他们再一次用这样可观的方式宣告:哈得孙是他们的,任由他们支配。

这一天发生的事情本该让美军对战略做出决定性的改变。如果要塞的目的是防止英国海军利用哈得孙河,那么保留这些要塞的困难和风险必须立刻重新考虑。显然这些要塞已被证明毫无用处。

然而此时华盛顿没有提出质疑,纳撒内尔·格林在晚上信心满满地宣布,占据要塞天险,"这场仗没什么好怕的"。教训没有吸取,这一天是个前奏,预示着美军开战以来最惨的一次败仗,而那对华盛顿和格林来说将是痛苦和屈辱。

这次英军的计划还是包抄叛军,还是通过水路。10月12日早上,突然起雾了,庞大的舰队从东河上开动了。

"雾气很浓",这对海上行动来说是个噩梦。海军上将豪勋爵负责指挥,150艘船溯河而上,穿过危险的"地狱门"海峡,平安来到长岛海峡,显示了高超的航海技能。到中午时候,亨利·克林顿率领4000人的先头部队已在斯劳格狭堤

（Throg's Neck，又称 Frog's Neck）登陆，这是威切斯特县海岸线上一块多沼泽的尖角，位于美军在哈勒姆高地和金斯桥的阵地正东。

斯劳格狭堤是豪勋爵选定的，对英军来说是个错误的选择。在地图上看好像是个半岛，其实只是一个岛屿，只有落潮时才与大陆相通。英军试图从堤道上前进，但一队美国长枪手匍匐在原木堆后面，把他们挡了回来。更多英军登陆上岸，更多美军赶来增援。豪将军决定重新上船，等充足的物资到位，等更多援兵来到，这又花去了四天时间。亨利·克林顿夸张地称之为"蜗牛行动"，但豪期待的援兵值得等——7000 名新来的德国兵，指挥官是能力极强的威廉·冯·克尼普豪森将军。豪一旦行动起来速度惊人，这次的登陆地点是海峡上方的佩尔角（Pell's Point），是大陆的一部分。

刚刚接到斯劳格狭堤登陆的消息，华盛顿知道哈勒姆高地的要塞已身陷险境。英军将继续"原有的计划，绕到我们后方"，华盛顿写道。他们只需要通过陆路进攻金斯桥。部队必须尽快撤回，他得把兵力集中到一个更安全的地方，向北 18 英里处的怀特普莱恩斯，威切斯特县政府所在地。

危难之际，通过战俘交换，斯特林勋爵和沙利文将军重回部队，两人都受到了华盛顿和当值军官的热烈欢迎。

10 月 14 日，身材瘦削、样子古怪的查尔斯·李将军重新出现了，还是带着他的狗，立刻恢复了副总司令的职务。李引发了很多话题，使士兵和大陆会议精神振奋。他在大陆会议总是很受欢迎，克林顿远征南卡罗来纳失利，当时李是美军的总司令，打那儿以后，他在大陆会议更受欢迎了。华盛顿一次失败接着一次失败，他的能力受到怀疑，而李将军的声望前所未有地高，大陆会议中一些人把他视为未来的救主。

而李这边呢？他不断对盖茨将军说，华盛顿容忍大陆会议中"那一群牛""胡乱干涉"他的战术，只会让麻烦变得更多，华盛顿早该"威胁他们说要辞职"（如果华盛顿辞职，继任者当然是他）。

华盛顿非常了解这位老战友的怪脾气和虚荣心，很高兴他能回来，为了表示感激，他把宪政要塞改名为李要塞。

10月16日的军事会议决定华盛顿要塞及其守备部队应"尽可能长期保留"，简短的回忆纪要上就是这么写的。敌舰取道哈得孙河已经不是问题——北河里的障碍物已证明远远不够。此外，与河对面新泽西之间的"呼应"也应保持。

除了华盛顿和李，参加会议的将军还有希思、沙利文、斯特林和米夫林。诺克斯上校也出席了，但格林将军没有。根据会议纪要，只有一个不同的声音，是乔治·克林顿发出的，不是李，正如他后来暗示的那样。

上一周，大陆会议决定，如果"可行"，应尽力"成功阻止"敌人在华盛顿要塞附近的哈得孙河上航行。但我们不清楚这个决定是否在军事会议召开前就已送达，它对军事会议的决定是否有影响。

整个约克岛最后都要撤出，全部美军将转移，只留下1000人驻守华盛顿要塞。

官方的说法是"转移阵地"，而不是撤退。总司令10月17日的命令片段如下：

> 随着敌人的行动，我们有必要转移阵地……营房应拆除，仔细卷好，应手拿帐篷杆。每个连队抽出两个士兵和

一个细心的副官，跟随行李一起走，不得借故丢掉。包裹（除非是伤员的）、桌椅、长椅和大件家具放在车上，除不能行走的人以外，任何人不得上车。大车应先于连队出发……每个连队带好行军装备，确保燧石枪和弹药整齐完备。

大撤退很快开始了。部队穿过狭窄的金斯桥，沿一条叫作布朗克斯河的小河向北。伤员是最大的负担，人手和大车不够，行进缓慢而艰难，常常要士兵自己拖曳物资车和加农炮。

二等兵约瑟夫·马丁后来回忆说，他拖着一块铸铁水壶，有牛奶桶那么大，胳膊差点脱臼。休息时，他把它放下来，然后"一个人过来踢了一脚，它就滚到篱笆那边去，再也看不见了。当我们熬过了夜行军，我们发现丢掉那些铁累赘的不止我们这批人。"他写道。

当华盛顿的第一批部队正向怀特普莱恩斯费力行进时，英军正迅速在佩尔角登陆。凌晨，4000名英军和德军的先头部队上岸了，这次没有遇到抵抗。他们直接向内陆推进了1英里或者更远，如果没有英勇的约翰·格洛弗及其部下，他们还可以推进得更远，那天是10月18日。

破晓前，格洛弗从山头透过望远镜看到，敌舰似乎多达200艘。"啊，当时我焦急万分，不知道这一天会有怎样的命运……我宁愿放弃一切，只求李将军或其他有经验的军官能在场，告诉我们怎么办，至少同意我的所作所为。"格洛弗后来写道。

格洛弗只能自己做出决定，他带领大约750人冲上前去，从石墙后面顽强迎战，给敌人造成了重大伤亡，把他们拖住了整整一天，最后才被迫撤回。

洛米·鲍德温上校是马萨诸塞的苹果种植者，带领一个人数不多的团加入战斗。他后来说，士兵们自始至终都很冷静，好像在射鸭子。他认为至少打死了 200 个敌人，这无疑夸大了。但即便他错了一半，英军在佩尔角阵亡的人数也要多于布鲁克林战役。根据格洛弗的统计，美军阵亡 8 人，受伤 13 人。

美军表现出的勇猛似乎让豪吃了一惊，使得豪做出结论：每条路及其周边田地都有石墙，任何一个拐角都可能有更致命的炮火在等着他们。本来，如果英军迅速向内陆推进，他们将迎头遇上华盛顿的撤退部队。

而实际上，英军前进缓慢，非常小心，一天只走几英里，遇到的抵抗很少或者根本没有。他们沿着海岸走到马马罗内克（Mamaroneck），然后再折向内陆，开往怀特普莱恩斯。

也许豪觉得现在没必要像以前那样匆忙，而且他本来就不想切断叛军的退路。相反，按照 18 世纪的战争策略，他希望把华盛顿引到开阔地带，然后凭借他由职业军人组成的优势兵力，取得一场决定性的大捷，彻底摧毁那些新英格兰"暴民"。即便到达怀特普莱恩斯以后，豪又花了几天时间确保一切准备就绪。

佩尔角登陆 10 天以后，威廉·豪终于在 10 月 28 日派出 1.3 万英国兵和德国兵，沿大路开往怀特普莱恩斯，这个秋季的早上天气同样宜人。华盛顿打定主意，避免在开阔地带对敌，在村后地势高的地方挖下战壕，整个战线长度达 1 英里。有一段时间，似乎豪准备正面进攻，这也是美军希望的。英军的野战炮开火，豪的部队秩序井然，成两列纵队径直开往阵地中部华盛顿的指挥所。"阳光明媚，武器闪亮，也许没有哪支部队能像现在出现的这支更能显示其威武。"希思将军对来犯之敌这样写道。

突然,一列纵队向左来了个急转弯,向布朗克斯河另一边、美军右翼一座更高的小山方向开去。查特尔顿山(Chatterton's Hill)的山坡上林木茂盛,但上面有开阔地,位于美军阵地的制高点。"那片地区正是我们应该占领的地方。"查尔斯·李曾向华盛顿这样说,但直到最后一刻,美军才慌忙跑去守卫查特尔顿山,而且去的多是民兵。

英国炮兵更近了,双方炮声齐发。"空中满是浓烟,地动山摇。"一个宾夕法尼亚士兵写道,"篱笆和墙被震倒了,撕成碎片,胳膊、大腿、尸体、加农炮炮弹和葡萄弹混在一起,遍地都是。"

华盛顿下令向查特尔顿山顶增兵。英德联军涉水渡河,德国兵是这批新来的7000人部队的一部分,由约翰·拉尔上校率领,向山上发动了冲锋,守卫的民兵四散而逃。赶来增援的有哈斯利特上校的特拉华部队和斯莫尔伍德的马里兰部队,他们英勇迎战,但最后被迫放弃。

怀特普莱恩斯战役成了查特尔顿山战役,英德两军主宰了这一天,但付出了伤亡250人的代价,是美军伤亡的两倍,这场胜利什么也没有达到。

第二天,10月29日,豪决定再次暂停行动,等更多援兵到来。次日,10月30日,天降大雨。11月1日早上,豪发现一夜之间华盛顿的部队后撤了半英里,来到布朗克斯河(Bronx River)对岸一处高地,一个更坚固的据点。

又过了两天,两军等待、观望。"敌人在谋划什么大动作,"亨利·诺克斯给弟弟写信说,"而我们决定冒险,说得美妙一点，是与敌人决战。"

11月3日夜，美军哨兵报告说，黑暗中听到敌人马车的隆隆声，估计另一轮进攻即将开始。第二天，英军队伍中动静更大，美军严阵以待。但到了11月5日早上，完全出乎美军意外，整支英军都行动起来，改变方向，向西南方的哈得孙和金斯桥进发。

第三节

"众人意见不一。"一次军事会议之后，负责会议记录的约瑟夫·里德向妻子坦承。

一些将军认为英军的目的地是华盛顿要塞，或前往哈得孙上船，沿河而上攻击美军后方。"另一些人是大多数，认为英军发现美军防守严密，改变了整个计划……打算挺进新泽西，随后进攻费城。"

会上谁说了什么，谁说得最多，里德没提。不过他个人的意见是，已经是深秋了，英军来不及做出重大调整，也许只能"短途"前往新泽西，让那里为数众多的亲英分子"低迷的"情绪得以振奋。

华盛顿在给约翰·汉考克的信中说，他怀疑豪会终止战斗，"不再筹划进一步的行动"。几乎可以肯定豪是朝新泽西而去。

快到信件结尾时，华盛顿又说起他另外的担忧："我估计敌人会转向华盛顿要塞，立刻将其包围。"他说，"包围"这个词是说围困，并一定是全面进攻。

像大多数将士一样，华盛顿仍旧疲惫不堪，精神沮丧。对一些身边人来说,他显得茫无头绪,不应有的犹豫不决。尤其是里德,开始重新审视华盛顿的领导能力,他之后还会表现出这一点。

总司令越来越担心华盛顿要塞,考虑是否趁着还来得及把队伍撤出。在11月8日从怀特普莱恩斯写给纳撒内尔·格林的一封信中,华盛顿做出如下推断,而他本该早就这样做:

> 如果我们不能阻止敌舰[从哈得孙河]上来,而敌人又占领着周围地区,那么,守着一个无法发挥预期作用的要塞又有什么必要?因此我倾向于认为,把战士和物资置于险地是不够慎重的。

不过他让格林来决定。"但因为你在现场,我把下达弃守命令的决定权交给你……因为你的判断是最准确的。"

需要考虑的核心问题是哈得孙河。从华盛顿派查尔斯·李从坎布里奇南下纽约负责防御那时起,将近一年来,这条河沉甸甸地压在每一个人心头,哈得孙河是整个英军战略的关键。

英军会决定在河这边继续打理华盛顿要塞的未竟事业,还是会到河的另一边进攻新泽西?或者两者皆是?每种情况下该做些什么?

得到消息说,豪及其部队已经从哈得孙来到了鲍勃斯渡口(Bobbs Ferry),位于金斯桥上方不足10英里,现在向南而去。

华盛顿又一次决定分兵,这次是兵分四路。一支7000人的部队由李将军率领,留守哈得孙河以东,防止英军向新英格兰推进,这是兵力的绝大部分。希思将军率领另外3000人驻守 30 英里以南纽约皮克斯基尔（Peekskill）的哈得孙高地。华盛顿和剩下的部队，仅有大约 2000 人，将到河对岸去，新泽西和宾夕法尼亚来的援兵有望在那里与之会合。纳撒内尔·格林原地不动，全权负责华盛顿要塞和李要塞。

华盛顿带领 2000 人于 11 月 10 日离开怀特普莱恩斯。11 月 12 日 10 点钟左右，他在皮克斯基尔渡过哈得孙河，径直向南前往新泽西，于 11 月 13 日达到李要塞，三天之内总共行进 65 英里①。

这两天的一个好处是他和格林会面了。格林迄今为止还没打过仗，仍旧很乐观，坚信华盛顿要塞守得住，尤其是要塞的守军已经多了一倍，总兵力超过 2000 人。

角色完全掉过来了。华盛顿 9 月的时候拒绝放弃纽约，现在似乎准备这样做。格林在 9 月的时候觉得没理由再在约克岛多留一天，如果照他的想法做了，现在的全部危机都可以避免。但现在是格林想要留守岛上唯一还在美军手里的一小块土地，他说，这会保持河两岸畅通，牵制英军可能进攻新泽西（最终目标是费城）的兵力，并且有可能像邦克山战役那样重创英军。此外格林论证说，再来一次撤退会让已经低迷的士气彻底瓦解。

尽管华盛顿要塞巍然屹立在河流上方，山路陡峭，岩石密布，但从几个方面来讲，它并不像表面看来那样坚不可摧。要塞呈不规则的五角形，面积有 4 英亩②，防御墙是土堆的。士兵没有营房，也没有水源，只能从山下提水上去——冬天将

---

① 约 105 公里。
② 约 1.6 公顷。

至,如果遭到长期围困,将处于十分不利的地位。

不过指挥官罗伯特·马戈上校认为要塞至少可以坚持到12月底,格林也这样想。

从怀特普莱恩斯写信给格林的时候,华盛顿说他"倾向于认为"应当慎重,应放弃要塞,但把决定权交给格林,因为他"在现场"。现在,他自己到了现场,仍旧不能决定该怎么做,于是实际上又一次把决定权推给了格林。

"华盛顿将军阁下几天来一直和我在一起……但最后没有达成任何结论。"格林给亨利·诺克斯写信说。

"敌人的动向和意图依旧未知。"华盛顿向约翰·汉考克报告说。

对英国上尉弗雷德里克·麦肯奇来说,这是绝佳的作战天气。几乎每个晚上都有霜冻,但太阳一升起来就消失了,唯一缺少的是适合船只行动的风力。"过去几天一直没风,"他在日记中写道,"因此想派舰队沿北河而上也做不到。"

这条日记写于11月7日,证实豪将军已把司令部设在金斯桥上方6英里,下一步行动"可能是进攻华盛顿要塞"。但此刻麦肯奇上尉毫不怀疑,"压缩"华盛顿要塞是"首要目标"。像其他人一样,他对胜利更有信心,因为很多及时而准确的情报意外地来到了英军手里。如果说,华盛顿迄今尚未明白英军的"意图",那么可以说英军对美军的处境了解得相当多,至少比本来掌握的多得多。

11月2日,豪的部队仍在怀特普莱恩斯的时候,一个名叫威廉·德蒙特的美军役使(麦肯奇称之为威廉·戴蒙德)叛变了。他从华盛顿要塞来向英军投诚,带来了他绘制的要塞平面图,还有加农炮的位置,还提到了新英格兰叛军和南方叛军之间日益升级的不合和仇恨。

就在几天前，一捆华盛顿、里德和其他华盛顿随员的信件落到英军手里，这些信件是粗心的邮递员去费城后落下的，留在特伦顿的一个小客栈里，无人看守。在一封信中，华盛顿牢骚满腹地抱怨部队缺少纪律性，并轻蔑地写到那些"他不得不对付的浑浑噩噩、梦游般的军官"。另外一封信是华盛顿的随员罗伯特·汉森·哈里森写的，提供了重要得多的消息——华盛顿正在分兵。

这些信件和德蒙特叛变提供的华盛顿要塞的地图也许不会让随后的战事发生巨大改变，但英军有理由认为这是个意外之喜，麦肯奇和安布罗斯·塞尔的日记都证实了这一点。华盛顿分兵的决定被看作实力薄弱的最明显表现。"不难看出这一切会导致什么，分兵的可能结果是什么。"塞尔写道。身为豪勋爵的秘书，他是最早看到这批信件的人。如果叛军不能"因为现在的人数而感到鼓舞，那么更没有理由相信，他们的勇气会随着力量的减弱而增加"。麦肯奇认为，这些信件无疑"对豪将军帮助很大"。

到目前为止，英军无疑已从逃兵那里搜集到了足够多的情报，对华盛顿要塞的状况有了相当多的了解，不过有了地图和德蒙特的陈述仍然是很重要的，哪怕仅仅是为了证实这些情报。

尽管如此，由于邦克山的痛苦教训，人们认为一贯以慎重闻名的威廉·豪绝不会冒险对守备严密的叛军据点发动正面进攻，但豪将证明这种说法是错误的，他部下的军官也都对此表示同意。

弗雷德里克·麦肯奇对进攻有十足的信心，他进一步预测，"从事态的整体面貌来看"，只要拿下了华盛顿要塞，豪将移师新泽西。华盛顿寄予厚望的新泽西和宾夕法尼亚援军根本没有出现,英军对此也了然于胸。麦肯奇认为,已经没有什么能"阻挡我们直捣费城"了。

11月12日,华盛顿渡过哈得孙河那天,豪的部队离金斯桥已经不到4英里[①]。作战计划是从四路发动进攻,德国兵团充当主力。

11月15日正午时分,计划展开了,豪派詹姆斯·佩特森上校举着白旗给华盛顿要塞指挥官马戈上校带去消息,6月份豪勋爵派去送信给华盛顿议和的也是这个佩特森。这一次他带去了最后通牒:要么投降,要么被歼。

马戈被告知,他有两个小时的时间考虑,他立刻写了一封回信:

> 先生,如果我对您的信理解无误……"必须放弃要塞,立刻投降,否则将剑指守军。"我更觉得这是一个错误,而不是一个成熟的决定,豪将军的角色与其身份及英国的地位不符。但请准许我向将军阁下保证,我们从事的是迄今为止人类所争取的最崇高的事业,受此激励,我决意守住阵地,直到弹尽粮绝。

豪没有实施歼敌威胁的打算。最后通牒是为了加重叛军恐惧不安的心理。马戈断然拒绝,是因为他相信自己真能守得住,或者必要时可以连夜从哈得孙河上逃走。

当天下午晚些时候,关于最后通牒及马戈回信的消息传到

---

① 约6.4公里。

李要塞。纳撒内尔·格林派骑兵通知华盛顿。此前华盛顿已经骑马前往6英里以外的哈肯萨克（Hackensack），他的部队正在那里扎营。

华盛顿立刻飞奔回来，夜幕降临时来到李要塞。得知格林和伊斯雷尔·帕特南已经渡河去见马戈商议当前形势，华盛顿乘一只小船尾随而去。

渡河到了一半的时候，他见到了格林和帕特南，他们刚从对岸回来。黑暗的河流中央，格林和帕特南带来了令人鼓舞的消息，守军"士气高昂，严阵以待"。用华盛顿的话说，"夜已经很深了"，于是三个人回到了李要塞。

当晚，在美军没有觉察的情况下，英军一支由30艘平底船组成的船队沿河而上，小心划桨以免发出声音。船队经过华盛顿要塞，进入斯伯顿蒂威尔河（Spuyten Duyvil Creek），为第二天早上做好准备。

11月16日早上，星期六，华盛顿、格林、帕特南和另外一个将军、来自弗吉尼亚的休·默瑟一有机会就又渡过哈得孙河，"确定最佳应对手段"，格林写道。他们的船刚刚起航，沉重的加农炮声就从河面上传来，从远处一直到华盛顿要塞的左侧都有炮声。他们知道，进攻已经开始了。

四个将军在要塞下游的对岸登陆，爬上陡峭的山坡来到山顶，靠近莫里斯宅院的一个地方。

"在那里我们都处在十分尴尬的境地，"格林写道，"［部队］已经部署完毕，敌军在推进，我们不敢做出新的部署。"然后，他们仍没看到即将到来的灾难。"真的，我们没看出有什么不对的地方。"格林写道。

三个将军担心华盛顿的安全，劝他离开，回到河对岸去。

格林主动提出要留下来，帕特南和默瑟也相继表态，但华盛顿认为"最好"四个人都回去。

进攻来自三个方向，英国加农炮首先对要塞外围工事进行长时间的炮击。4000名德国兵从北边而下，穿过金斯桥，领头的是冯·克尼普豪森将军，他自愿请缨指挥主攻。

德国兵是执行任务的职业雇佣兵，今天将展示他们不同寻常的职业素质，而这是他们非常引以为荣的（被俘期间，斯特林将军听到德国军官说，他们从来不认为自己有义务考虑美洲争端双方谁对谁错）。

康沃利斯率领的英国兵和一个营的德国兵从东部发起攻击，乘昨晚运到的平底船渡过哈勒姆河。第三支部队是大约有3000人的英德联军，从南面进攻，由珀西勋爵带队。

到10点钟，豪将军已投入8000人用于进攻，几乎是华盛顿要塞守军人数的四倍。

要塞外围工事的最远处从南到北约有5英里。克尼普豪森将军面对极其陡峭崎岖的地形，以及驻守在岩石之间、由摩西·罗林斯率领弗吉尼亚和马里兰长枪手的迅猛火力。这是当天最惨烈的战斗，德国兵毫不畏惧。即便没有人向他们开火，要攀爬的石崖也够他们应付的了。一个德国军官安德烈斯·维登霍德上尉后来写到如何仰攻"几乎不可能通过的岩面"，然而，"每个障碍都扫除了……陡峭的岩石被征服了"。

一个名叫约翰·鲁伯的德国士兵在日记中写道："有的地方我们几乎站不住脚，只好拽着山毛榉灌木往前走。"

不过最后，我们接近了山顶，有树和大石头。我们在那里度过一段艰苦的时光，因为他们现在还没有投降的意思。拉尔上校因此下了命令:"全体战士,冲啊。"战鼓敲响,双簧管吹响,还活着的人一起大喊:"冲啊!"所有人马上混作一团,美军和德军混在了一起。大家都不开枪了,一起向要塞飞奔而去。

格兰特将军不喜欢德国兵,几乎像他不喜欢美国兵一样,但用毫不掺假的敬佩之情写到,他们如何"克服了所有困难",登上高地后,他们继续"小跑前进……如果不是克尼普豪森将军拦住了拉尔上校,我敢肯定他五分钟之内就可以攻进要塞"。

另外两路进攻也按计划进行,有的美军几乎未做抵抗,有的英勇迎敌。亚历山大·格雷顿带领一个连迎战珀西勋爵的南路进攻,他写到,150 名美军,只有一门 18 磅的加农炮,如何挡住了 800 名英国士兵。

珀西的进攻部队占领莫里斯宅院之时,据格雷顿说,离华盛顿等四个将军离开只有 15 分钟。

但只有勇气是不够的,美军人数太少,守不住这么长的战线,唯一能指望的是全速退回要塞。一个来自宾夕法尼亚的约克的 17 岁二等兵约翰·阿德勒姆写道,向山上跑这么长的距离,几乎喘不上气,再也跑不动。"我累坏了,加上大部分人都不开枪了,我很从容地向要塞走去。"

但我接近要塞时,英军的野战炮开始向要塞开火,圆形炮弹射向要塞和前线之间、位于要塞外围工事之内、挤作一团的人们。我到达要塞,坐在上面,看到敌人向我们开炮，离我们或者我坐的地方只有 400 码①。最后，一发炮弹把两个人的脑袋炸掉一部分，又炸伤了另一个人，于是我进了要塞。

到 10 点钟的时候，几乎所有的守军都被赶进要塞里面，里面几乎没有地方了。

大约一个小时过后，德国指挥官克尼普豪森要求美军投降。马戈上校说他需要时间做决定，请求给他半小时的时间。豪将军到了，命令美军立刻投降，唯一的条件是饶他们不死。

3 点钟，马戈屈服了。大约 4 点钟，2837 人的整个守备部队走出要塞，来到两队德国人中间，放下了武器。

在防守纽约的灾难性战争中，华盛顿的军队一败再败，一次次付出惨痛代价，颜面扫地。但 11 月 16 日星期六华盛顿要塞守军的投降是所有败仗里面最具破坏性的，是彻底的毁灭。一千多美军在布鲁克林被英军俘虏，已经是巨大的损失，现在，两倍于此的美军成了阶下囚，使得两场战役失去的兵力接近 4000 人——而这支军队正因为伤病、开小差迅速减员，迫切需要能扛起枪杆的任何人。

弗雷德里克·麦肯奇记录到，英军吃惊地发现，那么多美军战俘不到 15 岁，或者年事已高。所有人都"穿着随便"，邋里邋遢腌臜，没有鞋子。"他们古怪的样子经常惹得我们大笑。"

摧枯拉朽般占领华盛顿要塞，俘虏守军，占有大量武器、工具、帐篷、毯子和大约 146 门铜炮和铁炮，这一切是英德联军在几个小时内完成的。而这一切本来可以不发生。

---

① 约 366 米。

59个美军阵亡，100个或者更多的人受伤。英国兵死了28个，伤了100多个。德国部队伤亡最严重，死了58人，伤了250多人。

情况已经很糟了，但本来还可以更糟。在格兰特将军和麦肯奇上校看来，这都是因为克尼普豪森将军拦住了拉尔上校，不让德国兵进入要塞。格兰特写道："［在战斗中］他们遭到痛击，心里有火，本来不会饶了那些新英格兰佬。"麦肯奇写道："屠杀将是可怕的。因为叛军人数太多，没有空间做有效抵抗，而且他们吓坏了，没有力气。"

等待美军战俘的是另外一种恐怖，几乎所有人都被关在拥挤异常、没有取暖的谷仓或窝棚里，或者英军停在港口的俘房船里，成百上千的人因病死去。

据说，从对岸看到这幕惨剧，华盛顿哭了。虽然这似乎不太可能，因为关于华盛顿不动声色的记载太多了，但他的心一定在哭泣。他以前面对过打击，但没有面对过这样的打击。后来他给弟弟杰克写信说："事态发展越来越糟，我快要累死了。"

纳撒内尔·格林在给亨利·诺克斯的一封沉痛的信中写道："我感到悲伤、苦恼、无力、难过。现在我比任何时候都更需要朋友的安慰，很希望能够见到你。这件事情太可怕，后果堪忧。"

华盛顿和格林的判断都出现了严重失误，两个人都担心自己的威望会受到影响。实际上，很难说哪个人更在意别人的评价，对他们两人的批评都将很严厉，尤其是那些被俘的美国士兵。亚历山大·格雷顿十几年后写到这段，仍难掩对此前决定的反感。

最快、最激烈的反应来自查尔斯·李。据李自己说，他对华盛顿要塞的消息大为光火，甚至扯掉了几根头发。"我对你说的话我必须恳求你保密，不过我早已料到、预见到发生的一切。"李给本杰明·拉什写信这样说。拉什是个有影响力的大陆会议成员，李知道他根本不会保密。李声称，他对华盛顿最后说的一句话是："守军必须撤走，否则就会失去。"

"如果我有权力，我会给你带来很大益处。"他毫不隐讳地告诉拉什，"但我敢肯定，你绝不会给任何人必要的权力。"

"哦，将军，"他在一封信中告诫华盛顿，"你为什么要听判断力不如你的人的话呢？"这是让总司令把这一切都归罪于纳撒内尔·格林。

华盛顿没有否决格林的意见，并且明确做出了自己的决定，身为总司令，他当然负有最终责任。11月13日，英军进攻三天以前，华盛顿来到李要塞，此后格林的责任就解除了。华盛顿从未因华盛顿要塞失陷怪罪自己，但他也从未公开责备格林，而他本来可以这样做的，他只说他是按别人意见做的。

重要的是，他也没有解除格林的职务，或者把他贬到某个有名无实的岗位。他无疑并没有改变对这位年轻将军的看法，他仍知道格林的实力。就在几周以前，格林表现出罕见的远见和卓越的组织才能。当时他建议华盛顿在新泽西沿可能的退路建立一系列仓库储存必要物资，以防英军直捣费城。华盛顿同意了他的提议。

华盛顿需要格林，他知道格林像诺克斯和他自己一样，永远不会放弃，永远不会一走了之，永远不会忽视战争的走向。华盛顿会以忠诚回报忠诚，他虽然做出那么多糟糕的决定，但这个决定是最明智的。

华盛顿要塞战役中只出现了一个美国英雄，玛格丽特

（"莫莉"）·科尔宾，宾夕法尼亚士兵约翰·科尔宾的妻子。丈夫阵亡后，她加入战场接替丈夫的位置，装载和发射加农炮，直到受伤倒地，差点儿失去一只胳膊。投降以后，英军放了她，让她回到宾夕法尼亚的家里。

异常沉着的威廉·豪几乎毫不停顿地开始了下一步举动，三个晚上以后，他派出4000名英国兵和德国兵在夜色和大雨的掩护下渡过哈得孙河，在李要塞上游一个叫作克洛斯特（Closter）的地方登陆。康沃利斯带领他们爬上帕利塞兹，攀登一段几乎垂直的陡峭山路，一到山顶，他们立刻向李要塞进发。这是一次大胆的袭击，很有豪年轻时候的风范——当时正值英法北美殖民地争夺战，豪率领士兵在凌晨登上魁北克的陡坡，英军大获全胜。

敌军来袭的消息事先传到了李要塞，也许是一个当地农民带去的，也许是英国逃兵带去的，说法不一。华盛顿从哈肯萨克策马飞奔到要塞，大声下令立刻放弃要塞。所有东西都留在身后，枪支、物资、数百座帐篷甚至煮了一半的早餐。英军赶到时，发现要塞已经没有守军了，只有十几个人翻出储备的朗姆酒，全都喝得大醉。

华盛顿率部仓皇沿路而逃，渡过哈肯萨克河，一直逃到新泽西。

第七章　最黑暗的时刻

我希望这是夜里最黑暗的时刻，它往往出现在黎明以前。

——纳撒内尔·格林将军

第一节

11月21日上午，乔治·华盛顿和他屡遭重创的部队向南撤到新泽西。他们来到5英里以外帕塞伊克河上一个叫作阿奎科南科（Acquackanonk）的渡河点。撤退是他们唯一的选择，华盛顿所说的"一马平川"的田野上没有石墙，河流是唯一可能阻挡来犯之敌的屏障。渡过帕塞伊克以后，他们马上沿河流西岸又撤退20英里，来到一个叫作纽瓦克的港口小镇。

大雨使得窄路上满是污泥，士兵衣衫褴褛，很多人没有鞋子，用破布裹脚。华盛顿骑马走在纵队最后面，一个刚到部队不久、名叫詹姆斯·门罗的18岁弗吉尼亚中尉一直记得这一幕："我看到……他在一小队人头里，更确切说是在队伍后面，因为他总在离敌人最近的地方，他的容貌举止给我留下了不可磨灭的印象。"

年轻的门罗估计，华盛顿顶多还有 3000 士兵，但他一点也没表现出焦虑。"他的风度那么沉着高贵，又那么谦和从容，我从未见过像他这样的人。"

华盛顿几乎一大早就命令部队上路了，之前他向在纽约北部城堡（North Castle）的李将军紧急求助，充分表达了自己的担忧和困境。士兵"虚弱而又萎靡"，没有帐篷，没有行李，没有挖战壕的工具（镐头和铁锹都留在李要塞了）。事实上，他不敢与敌军接触，华盛顿写道："因此只能留下一片美好田园仍由他们糟蹋。"

他敦促李趁着还来得及，带领部队渡过哈得孙河，加入他们。新泽西过于重要，不能"打都不打"就放弃。如果新泽西失守，对宾夕法尼亚将产生毁灭性后果。

为了让李明白他的要求，华盛顿又说："我希望你用最便捷最好[最快]的途径赶过来。"

但这只是请求，不是命令。

这封信是口述给约瑟夫·里德的，由通信员快马送出，但在信匣中里德又放进一封他自己写给李的信，关于这封信华盛顿一无所知。

里德的信对华盛顿做出了惊人的控诉。往好处说，这是病急乱投医；往坏处说，这是不光彩的背叛行为。

总司令在是否弃守纽约问题上、在华盛顿要塞的处理上犹豫不决，这让里德深受触动，他对华盛顿的信任完全瓦解了。但他没有向华盛顿吐露，反倒暗中向李倾诉，无疑表明他认为谁应该在这危急时刻率领这支军队。

他"迫切"希望李能出现在"所有重大军事行动中"，里德写道，这和华盛顿的话一致。然后，他声称无意恭维，但还是接着恭维李将军,并说出了重点。

> 我不想恭维您或者贬低别人抬高您,但我必须承认,我认为,这支军队以及目前为止依赖军队的美国自由事业尚未彻底断送,这完全要归功于您……您有决断,而有的人虽然有可贵的品质,却往往缺乏决断……将军啊,优柔寡断是最大的不幸,能让一支军队覆亡。考虑到所有因素,我们正处于非常被动非常危险的处境中。时机允许的话,我希望您尽快和其他人前往大陆会议,形成组建新军的计划。

华盛顿担心部下的健康,也担心关于英军进攻的传闻。据说英军已经侵占了纽瓦克以南、拉里坦河河口的珀斯安博伊,那离新泽西和斯塔腾岛只隔着窄窄的一条海峡。

不到两个星期的时间,到12月1日,2000名士兵的服役期就结束,可以离开军队了。这正是一年前他在波士顿面临的同一个噩梦,现在的处境更加悲惨,士气低落,很有可能这支部队会在他眼前蒸发不见。

私底下,华盛顿和里德谈到了必要时退到西宾夕法尼亚的可能性。里德认为,如果放弃东宾夕法尼亚,那其他部分也保不住。据说华盛顿把手放在脖子上说:"我的脖子感觉不到它是为绳索准备的。"他谈到退到西弗吉尼亚奥古斯塔县的山里,在那里他们可以从事"游击战"。"如果寡不敌众,我们必须翻过阿勒格尼山脉。"他知道这个国家有多大,而敌人对此知之甚少。

问题不在于美国13个州的士兵有多么少。兵员充足,但这些州不愿意派兵参战,更愿意把士兵留在家门口,尤其是在这战事进展不顺利的时候。8月份,华盛顿有两万军队,此后三个月,他输了四场战争——布鲁克林、基浦斯湾、怀特普莱恩斯和华盛顿要塞,然后一枪不发放弃了李要塞。他的部队现在处于分散状态,而在8月份还不是这样。正像年轻中尉门罗估计的那样,他亲自率领的部队只有大概3500人,这就是全部。

华盛顿迫切需要帮助,派里德去新泽西的伯灵顿。伯灵顿位于特拉华河东岸,位于费城上游。里德将向新泽西总督威廉·利文斯通施压,要他给予紧急增援。事实上,新泽西民兵来的人数很少,和不来没什么区别。

米夫林将军肩负类似的使命去了费城,告诫他们"我军处境危急",尽可能征集宾夕法尼亚的部队,火速派来。

在这两个关键任务上,华盛顿选择了里德和米夫林。里德是他最亲密的朋友,米夫林是费城人,能力超群,在布鲁克林战役中指挥后方军队,表现出极大的勇气。华盛顿相信他派去了最佳人选,只要他们据理力争,任务就不会失败。

米夫林首先送来回信,结果令人沮丧。他的宾夕法尼亚同胞"意见不一,昏昏欲睡"。米夫林写道:"在和平的荫翳下不思进取,乐得安享商业的繁荣。"里德那边什么消息也没有。

11月22日,部队来到纽瓦克,天降大雨,雨下了整整一夜,第二天又下起来。"我们忍受的痛苦实难描述,晚上没有帐篷,日夜暴露在冷雨之下。"一个士兵后来回忆说。塞缪尔·韦伯上校当时写道,他们的处境难以形容。"我只能说,任何撤退的士兵都不如我们这些小伙子迅速……我们的士兵真是世界上最善于撤退的士兵。"韦伯在怀特普莱恩斯受的伤刚好,仍担任华盛顿的随员。

但最重要的是,《常识》一书的作者托马斯·潘恩最近自愿担任格林的文职助手,时间将证明这一事件带来的影响。格林热爱文学和政治哲学,对才华横溢的潘恩有深厚感情。潘恩是个一贫如洗的英格兰移民,他的小册子《常识》年初出版以后,成为美洲大陆上有史以来读者最多的出版物。格林叫潘恩"常识先生"。"常识先生和斯纳尔上校或康奈尔永远在为数学问题争论不休。"格林在华盛顿要塞失守前不那么艰难的时刻写信给妻子这样说。

他目睹的苦难和绝望让他心痛,但周围有那么多人不屈不挠的精神令他鼓舞。据说,撤退过程中潘恩把思想诉诸笔端,夜间借着篝火的光亮在鼓面上写作。不过他自己说,直到后来到了费城以后,他"爱国热情迸发",写下了《危机》一书。开篇的几句话广为传诵:

> 考验意志的时刻到了。顺利时的战士和顺境中的爱国者,当此危难之际,会逃避对国家的责任,而坚持不舍的人会收获男女老幼的热爱与感激。

11月24日,华盛顿又给李将军发出一封信,说他必须采取"最安全最稳妥的途径"赶来,特别提到要带上一门24磅的加农炮,"假如不会造成很大不便的话"。

新泽西的亲英分子在13个殖民地中是最多的,不断有美军叛逃到英军那边,英国指挥官对华盛顿的困境了解得很清楚。

"事实是,"罗顿勋爵写道,"他们的军队已经分崩离析,指挥者和煽动者气焰全无……我想可以大胆断言：他们已到了穷途末路。"

占领华盛顿要塞以后，英军的作战计划发生了重大转变。克林顿将军得到了新的任命，他将率六千人的远征军夺取罗得岛，更确切地说是纽波特。叛军每况愈下，但在新英格兰海岸，叛军的私掠船对英国补给船的攻击屡屡得手，海军上将豪勋爵需要在附近为舰队找一个安全、无冰的冬季锚泊区。

克林顿不赞成远征罗得岛，他力主推迟这次行动，他率部转而在珀斯安博伊登陆，在冬季降雪之前集中兵力发动雷霆一击，包抄并消灭已经元气大伤的叛军。或者，克林顿建议说，他可以乘船沿特拉华河而上，直接对费城发动攻击。"无论如何，这将赶跑大陆会议，"他后来写道，"并打乱他们的整个行动。"

在这决定战争走向的关键时刻，克林顿和威廉·豪在什么才是最佳策略的问题上再一次意见相左。克林顿仍把华盛顿的部队看成是叛乱的核心，剿灭这支军队是最迅速有效的战略。豪希望不去管逃跑的美军，继续驱逐工作，也就是赶走新泽西和罗得岛的叛军，就像之前赶走纽约的叛军一样。占领了如此关键的地区，会让受蒙蔽的美洲人民及其政治领袖恢复理智，结束他们已被证明徒劳无功的反叛。

克林顿的意见被否决了，虽然不服气，他还是服从命令前往罗得岛。在那里，他的远征军未遭抵抗就占领了纽波特，教友派教徒居多的居民似乎很高兴在他保护之下过和平生活，但这次占领意义甚微。有人说，这对战事发展的影响如同克林顿的部队占领怀特岛的纽波特一样。①

克林顿和威廉·豪之间的不和、两种对立性格之间的摩擦，变得越来越严重。在怀特普莱恩斯，克林顿沮丧愤怒之下对康沃利斯说，他再也不愿听豪的指挥了。康沃利斯把这句话传给豪听。因此，看到克林顿从纽约起航，对豪来说是一大解脱，就像之前克林顿离开波士顿前往南卡罗来纳一样。

豪让康沃利斯接替克林顿的位置，他知道康沃利斯更通情达理，是个精力不凡、效率出众的战地指挥官。

像豪一样，实际上像克林顿一样，查尔斯·康沃利斯是个真正的18世纪英国贵族，英国统治阶级的楷模，出身有钱有势有地位的家庭。他在伊顿就学，年轻时就决定从军，从此脱颖而出。37岁时，他处在事业的黄金期。他和豪不一样，他没有恶习，也不喜欢放纵，也许他没有克林顿那样的才华，但他也没有坏脾气，不喜欢与人作对。

康沃利斯身材高大，有点肥胖，这是当时的时尚。他落落大方，在别人眼中是个美男子，只是一只眼睛斜视（实际上，由于童年的一次意外，他的一只眼睛已经失明）。他对久病的妻子感情很深，十分想念。他爱护部下，有一次宣布"我爱这支军队"，而部下对他的爱戴也是很明显的。他是派往北美的英军中最受欢迎的将军，以严格而公正著称，真心关心部下的利益。在这一年的战事中，在布鲁克林、基浦斯湾、华盛顿要塞，还有奇袭并夺取李要塞，他证明了自己的创造力和进取心。迄今为止，他所做的一切都是对的。

11月23日，攻陷李要塞两天以后，康沃利斯与豪将军在

---

① 怀特岛的纽波特位于英格兰。

要塞会面（此时豪已被乔治三世封为巴斯爵士，成了威廉·豪爵士）。两个人商谈了几个小时，反复观看新泽西的地图，研究作战计划。

豪命令康沃利斯一直把叛军追到新不伦瑞克，然后停下来等待下一步指示。新不伦瑞克当时称不伦瑞克，离纽瓦克有50英里，位于拉里坦河上。

11月25日，雨渐渐停了，康沃利斯率领1万人的部队开拔了。康沃利斯说，他决心要逮住华盛顿，就像猎人擒获狐狸一样。但雨水浸透的道路上淤泥没过脚踝，甚至更糟，英国兵和德国兵排成长长的纵队，带着沉重的物资车和大炮，甚至比美军更加缓慢，他们用了三天时间才到纽瓦克。

11月28日早上9点，英国工兵长阿奇博尔德·罗伯逊上尉记录道："全军列成两个纵队朝纽瓦克进发，据说叛军会在那里。"大概1点钟，英军对纽波特发动总攻，却发现城里已空无一人。

华盛顿已经迅速开往不伦瑞克和拉里坦。"行军路上，敌人一点没给我们喘息之机。"华盛顿给希思将军写信说。

查尔斯·李终于有消息来了，但李只是汇报自己的窘境，天气恶劣，士兵没鞋穿。他仍在北城堡，没提离开的计划。

华盛顿立刻回信。"我之前的几封信已经说得很清楚很直白，我得承认，我本以为你早就在路上了。"他尖刻地说道，但仍不愿直接给李下命令。

11月29日到达不伦瑞克之时，华盛顿已和勇敢的斯特林勋爵和千余援兵会合。他们是最先出现的一线希望，虽然远远不够。斯特林部队中很多人没有鞋穿，没有外套，甚至没有衬衫。此时离12月1日服役期满只有两天，两倍于援兵的人将可以自由离开。

11月30日,不伦瑞克,快马送来一封李将军写给约瑟夫·里德的信,信是密封的。里德仍没回来,华盛顿以为信件是说李将军终于率部出发了,于是打开了这封信。这封信写于11月24日,开头是"我亲爱的里德"。

> 我收到了您那封盛情过誉的信,我和您为犹豫不决的致命性格感到遗憾。在战争中,优柔寡断是不合格的,比愚蠢、甚至比缺少勇气更糟。冒进可能会意外地收到良好效果,但最杰出的人如果有了犹豫不决的痼疾,最后也难免败亡。

李接下来解释,他为什么没有像华盛顿希望的那样前往新泽西,显然他根本不想这么做。

没人知道华盛顿读信时的想法和感受,他也许把信的第一段读了好多遍。显然,他信任的知己和心目中的朋友里德,以及他的副总司令李,都已失去了对他的信任。

华盛顿重新封好那封信,寄给了里德,随信附上一张解释的便条。

> 所附信件是通信员交到我手上的……我并不知道这是一封私信……我把信拆开了……事实的确如此。这就是为什么我看了这封本未寄给我也无意给我看的信件的原因。

他感谢里德前往伯灵顿所受的"劳苦",希望他能完成使命。此外什么也没说。

也许，华盛顿的伤心多过愤怒。后来他告诉里德："我伤心，不是因为［信中］那些说法对我的判断做出非议，而是因为这些感情没有直接向我表达。"也许"犹豫不决的致命性格"的指责深深伤害了他，因为华盛顿知道这说得很对。

总之，他一定觉得非常孤立，从未有过的孤立。首先让他失望的是格林，现在又是里德。谁敢说李是怎么想的，或者他会怎么想？

在费城，很多大陆会议代表病了、累了或者不在。《独立宣言》的三个主要撰写人都走了：托马斯·杰斐逊9月份回到了弗吉尼亚的家里，约翰·亚当斯在布伦特里，本杰明·富兰克林去法国公干。有时候大陆会议达不到法定人数，随着新泽西传来的消息越来越令人沮丧，英军不断进逼，费城上下人心惶惶。

《宾夕法尼亚日报》宣称"有可靠情报称，英军准备向费城推进"。弗吉尼亚的理查德·亨利·李和很多人一样，说费城和大陆会议"惊恐万状"。北卡罗来纳的代表威廉·胡珀是《独立宣言》的另一个签署人，他说大陆会议一片"死气沉沉"。不过，胡珀受不了那些人把一切不幸都归罪于华盛顿。

> 说到我对华盛顿的印象，他是一个完人［他写道］。他现在遭遇的困难超出言语所能描述，但命运不济反倒成了罪过，有些人……竟无耻地诬蔑他，这儿有些人拉长了脸。

当年在波士顿围城期间，诸事不顺的斯凯勒将军从奥尔巴尼写信给华盛顿诉苦，华盛顿回信说他理解，但"我们必须宽容这些人,尽量发挥其长处,因为我们不能让他们变成我们希望的样子"。接受人和环境本来的样子,而不是要求它们成为自己希望的样子,正是这样的坚定和宽容,继续支撑着华盛顿走下去。"不管怎样我都不会绝望。"他给威廉·利文斯通总督写信说。

12月1日,星期天早上,正当英德联军排成纵队向不伦瑞克逼近,华盛顿军中的2000名新泽西和马里兰民兵的服役期到了,他们头也不回地离开了军队。"在不伦瑞克,两个旅的人走掉了,"纳撒内尔·格林写道,"而敌人离我们不到两个小时的路程,正在逼近。"

华盛顿又给李发出一封急信,要他火速赶来。"要不就太晚了,你来了也发挥不了宝贵的作用。"

"敌人马不停蹄地赶来,"他匆匆向约翰·汉考克报告,他注意到当时已经是1点多了,"有些敌人已经看得到了。"

他下令毁掉不伦瑞克位于拉里坦河上的唯一一座桥,基本上做到了。但河流可以涉水而过,有的地方只有膝盖那么深。他直言不讳地告诉汉考克,他现在的队伍"完全不适合"应敌。

第一批英国炮兵来到河边,到了傍晚,双方开始炮击,美军炮兵由年轻的上尉亚历山大·汉密尔顿指挥。然而就像在纽瓦克一样,当英军次日凌晨向城内逼近,他们发现美军已经走了。

华盛顿做出了必要的决定,他向特伦顿开去。"凭我们现在的兵力不可能抵挡他们,绝无成功的希望,"他告知大陆会议,"我们将退到特拉华西岸。"

"我们离开不伦瑞克的时候,"纳撒内尔·格林写道,"我们只有不到 3000 人。美洲的自由取决于这样一支可怜的军队,这样的时刻前所未有的灰暗。"

从不伦瑞克到特伦顿的邮路叫作金斯公路,是纽约和费城之间的干道,长 30 英里,是美国最笔直平坦、最好的道路。撤退的美军好整以暇、不慌不忙,这是被迫转移,不是溃败,有时候会这样说。华盛顿和主力部队整夜都在路上,于 12 月 2 日早上到达特拉华河畔的特伦顿,斯特林勋爵和两个旅留在面积不大的大学城普林斯顿殿后。

美军下令征用特拉华东岸的所有船只,毁掉那些不能用的船,免得落入敌人手里。

大陆会议的代表很清楚不伦瑞克到特伦顿以及特伦顿到费城的距离,如果康沃利斯已经到了不伦瑞克,那他的部队离费城只有 60 英里[1]。"普林斯顿和特伦顿的居民……被疏散了,"马萨诸塞代表罗伯特·特里特·佩因写道,"人们慌张地匆匆离城。"费城的人也开始逃走,很多人带上了能带的所有财物。"很多家庭正在装车,"一个市民记录,"所有商店都关门了……各阶层的人乱作一团。"

每个人心中都有一个巨大的问号:李和他的军队在哪里?据说他们已经不远了,"接近敌人后方"。但没有人知道。"自从上个月 26 号,我没有接到李将军的任何音讯。"华盛顿 12 月 3 日写给约翰·汉考克的一封信中写道。

---

[1] 约 97 公里。

第二节

弟弟豪爵士在新泽西连连取胜、美军迅速失去当地民众支持之时，海军上将豪勋爵决定再来一次和平吁求。新发布的声明上，威廉·豪爵士也签了名，他们觉得这是他们迄今为止做出的最大限度的让步。发出这一声明是出于他们的职责，他们受英王委任，既是议和使者也是军队统帅。不过，这也是因为豪勋爵真心相信与美军议和是可能的，比旷日持久的冲突好得多。他不想再让英军不必要地丧命，也不想带给美洲人民不必要的破坏和痛苦。

这份声明发布于 11 月 30 日，立刻取得了成功。声明提出，只要在六天内前来宣誓效忠英王，并保证"归顺"，就会得到"无条件的完全赦免"，进而他们就可以——

> 在英国国王及英国议会公正而宽厚的统治下，收获国王陛下父亲般仁慈的馈赠，保有财产，恢复贸易，保证珍贵的权利。

几百名甚至几千名新泽西人蜂拥到英军军营前宣布效忠。考虑到战争的走向、英军的规模和实力，还有华盛顿一小撮人的可悲处境，这似乎是稳妥之举。不伦瑞克附近一个名叫约翰·布雷的农民给同伴写信说：

> 你可以来接受保护，然后回家，不会受到英国军队的骚扰。再有，不要忘记大陆军的处境。一定要劝约翰尼、

托马斯、托马斯·琼斯这些表亲,如果他们一条道儿走到黑,他们的下场肯定会很惨。

12月1日,康沃利斯已经穿过拉里坦,占领了不伦瑞克,他按照豪将军的命令暂停下来。六天时间,对华盛顿及其部队来说是得以喘息的六天时间,英德联军原地不动。这个决定让很多英军士兵和当地亲英分子困惑甚至愤怒,他们看不到止步不追的理由。

康沃利斯后来被要求做出解释,他说部队疲顿饥饿,需要休息。更重要的是,当时看来仓促行动是不明智、不必要的,过于着急追击敌人会有危险。他担心李将军,根据不同的版本,李将军或是在英军前方,或是从后面迫近。但如果他有可能活捉华盛顿,康沃利斯说,他会继续追击,不顾危险,不管命令。

有些人把这次停顿看作是大错特错,并怪罪威廉·豪。查尔斯·斯特德曼上尉是康沃利斯部下军官,也是军中最早记载这场战争史的人。他猜测,如果允许康沃利斯"自行决定如何行动……他会把弱小惊恐的敌人一直追到特拉华,敌人根本无法渡河,只能落入他手中"。不过这是假定华盛顿不会沿河流东岸逃跑,而这似乎不合情理。

德国军官约翰·埃瓦尔德是个聪明而又经验丰富的战士,他的结论是康沃利斯不想让自己宝贵的部队遭受不必要的危险。在攻陷李要塞的那个夜晚,埃瓦尔德和德国步兵追击一队"绝尘而去"的叛军,康沃利斯把他们叫了回来。"让他们走吧,亲爱的埃瓦尔德,别追了,"康沃利斯说,"我们不想再有人伤亡,一个德国兵比十个叛军更宝贵。"在不伦瑞克停下来以后,埃瓦尔德写道,所有英国指挥官都希望"友好地结束这场战争,不让国王的子民以不必要的方式流血"。

也有人后来说,这是出于政治原因,与最近的议和举动有关,所以康沃利斯故意放跑了华盛顿。这种说法没人证实,也不太可能,尤其是因为豪将军感觉到最后一击看来势在必行,他于12月6日来到不伦瑞克,带来了格兰特将军率领的另一个旅,下令立刻继续行进。

天气变得不同寻常地温暖,非常适合作战。纽约一份亲英分子的报纸已在一天前的报道中做好了铺垫:

> 有些刚见过叛军队伍的人说,他们衣不蔽体,垂头丧气,是打着军队旗号的最可怜的一群人……如果好天气能多持续几天,国王陛下的军队将长驱直入,开进宾夕法尼亚的首府。

一切似乎都对征服者有利,一切都如其所愿。唯一令人困扰的问题几周以来变得越来越严重,那就是英国兵和德国兵的抢劫和掠夺已失去控制。"英军的行为耸人听闻,"在英国军队中服务的亲英分子斯蒂芬·肯布尔少校说,"德国兵极其放纵和残忍,谁敢阻拦他们劫掠,就威胁要杀死谁。"肯布尔在攻陷华盛顿要塞前的11月初在日记中写道:"〔我〕为新泽西而战栗。"

富足的新泽西是"美洲的花园",有宽广、肥沃、精心打理的农场,有充足的牲畜、谷物、干草、食物可以过冬,有成桶的啤酒和葡萄酒可以饮用,这一切都太让人垂涎了。德国军队踏上新泽西的第一个晚上,埃瓦尔德上尉写道:"附近的种植园全都被破坏了，士兵们在房子里找到什么，就说那是战利品。"眼前所见让埃瓦尔德大为惊讶。

> ［穿越新泽西］的行军途中，我们看到的一片悲惨景象。这里农业发达，有很迷人的种植园，但主人都跑掉了，所有的房屋都曾被或正被劫掠和破坏。

英国兵指责德国兵（"德国兵比谁都邪恶和凶残。"安布罗斯·塞尔听到劫掠的消息时写道)，德国兵指责英国兵，美国兵既指责英国兵也指责德国兵，也指责新泽西的亲英分子。英德两国的指挥官似乎像曾经的华盛顿一样无法制止这种过火行为，很多传闻有夸大成分，但却是战争狰狞的一部分，而战争似乎正变得越来越野蛮，越来越有破坏性。

不断听说住宅遭到洗劫，家庭被抢走所有财物，这样的传闻已经司空见惯了。美国对这些野蛮行径的报道经常是鼓动宣传，但很多记载也非常精确。《宾夕法尼亚日报》、《宾夕法尼亚晚报》和《自由人日报》报道说，病人和老人遭到毒打、强奸或杀害。按英国军官查尔斯·斯特德曼的说法，没有人是安全的，"不管是敌是友，都照抢不误"。

纳撒内尔·格林对妻子卡蒂说，新泽西的亲英分子比谁都坏。

> 他们把铁石心肠的陌生人带到邻居家中，从妇孺手中抢光吃穿、大肆劫掠之后，这些禽兽常常还要糟蹋母亲和女儿，强迫父亲和儿子观看他们的暴行。

"敌人在新泽西的横暴超出形容，"格林后来向罗得岛总督尼古拉斯·库克汇报说，"几百个女人被糟蹋了。"

根据一个大陆会议委员会的报告，三个纽瓦克妇女"惨遭蹂躏"，其中一个70多岁，还有一个有孕在身。

恐惧和愤怒传遍了新泽西，传到了外地。"他们的脚步走到哪里，就把毁灭带到哪里。"格林这样说。

华盛顿军队中剩下来的人，格林所谓的"影子军队"，看上去令人心酸。"但请允许我对您说，先生，"格林后来给约翰·亚当斯写道，"我们的窘迫是那些没有亲眼看到的人想象不到的。"

英德联军从不伦瑞克出发，行军速度前所未有的快。威廉·豪决定，"应竭力争取占领特伦顿"。11月30日发布的声明取得不断的胜利，几乎没有遇到叛军抵抗，豪想在新泽西更大一片土地上站稳脚跟，这里亲英分子众多，而且像他说的，便于对费城发动攻击。

华盛顿正从特伦顿动身前往普林斯顿视察那里的情况，这时得到敌人大军压境的消息，他立刻掉头回去。

"为了避免可怕后果，我们不得不考虑撤退。"纳撒内尔·格林建议说，早些时候他也骑马一同前往普林斯顿。在新泽西境内的长途跋涉中，华盛顿越来越依赖格林了。但敌人"无疑"正在逼近，格林报告说。斯特林勋爵预计他们中午就到。也听说李"紧随敌军之后"，但格林告诫华盛顿，不管发生什么，李必须服从"某个整体战略的方针，否则他就会自行其是"。

华盛顿已经下定决心，他冷静小心地付诸实践。特伦顿已准备好一批船只，夜幕降临，疲惫不堪的将士穿过特拉华来到宾夕法尼亚海滩，那里点亮了篝火照路。

从宾夕法尼亚这边瞭望的人中有一个是画家查尔斯·威尔逊·皮尔，他响应华盛顿的号召，和费城民兵团一同来到这里。皮尔后来写到河面和岸上的火光，写到载满士兵、马匹、加农炮和设备的船只，写到高声求助的人们。这景象"壮观而又凄惨"——"几百人喊着号子吃力地把马匹和大炮从船上卸下来，使得此情此景像是地狱而非人间"。

这次从纽约开始，再到哈得孙河，再到特拉华的大溃败结束了。部队在新泽西的伤亡很小，尽管样子可怜、处境艰难，这支军队，或者说徒有其名的军队，总算又一次活了下来。

"人数虽少，我们撤退时秩序井然。"托马斯·潘恩在《危机》中写道，这本书很快就会在费城出现，看不到畏惧的迹象，他说，"我们又一次集合起来，并且正在集合新人……凭着坚持不懈的毅力，我们的光荣事业有了曙光。"

亨利·诺克斯12月8日给妻子写信，这是他几个星期以来给她的第一封信。他说，她可能没想到，他已经来到了宾夕法尼亚。尽管严重体力不支，他和潘恩一样绝不沮丧。他对她说，是一些"不幸的客观条件加起来"造成了今天的局面，"我们现在驻守在特拉华的这一边，背靠费城"。

事实上，士兵沮丧到极点。12月1日2000人拒绝继续服役之后，还有很多人放弃，数以百计的人做了逃兵，留下的人很多是病号，吃不饱，里里外外都那么凄惨。

宾夕法尼亚的海滩上，查尔斯·威尔逊·皮尔走在部队当中，就着次日的曙光，眼前士兵的凄惨样子他前所未见。有个人几乎衣不蔽体，"裹着一个又旧又脏的毯子做外套，胡子很长，脸上满是疮，擦都擦不掉"。他看到一个人，"样子非常古怪"，一开始竟没认出那是他的亲兄弟詹姆斯·皮尔，他在马里兰部队，担任后防。

没有人怀疑，敌军会从一个地点或多个地点渡过特拉华河，迅速夺取费城，就像他们在纽约时所做的那样。按照华盛顿的命令，河流东岸60英里内，所有未被征用运送美军渡河的船只都要毁掉，这可不是一个小工程。不过，虽然特拉华河又宽又急，可能也挡不了英军多长时间。华盛顿在一系列紧急信件中不断告诫大陆会议成员：

"根据一些消息来源，我倾向于认为，敌人随军带着船只。"他写道。

> 如果是这样，我们这支小部队不可能做出有力抵抗……在这样的情况下，费城的安危必须是我们下一步要考虑的目标。

在另一封写给约翰·汉考克的信中，他坦承"费城毫无疑问是敌人行动的目标"，"不尽最大努力"无法阻止豪将军，而他自己的部队太弱小，指望不上。

华盛顿和随员住在与特伦顿隔河相望的一间砖房里，他希望能在这儿观察敌军的动向。他的部队散落在离河不远的地方，大概有20英里[①]长，扎营在树林和灌木中，从河上是看不到的，人数最多的一支队伍位于离华盛顿指挥所以北10英里的地方。

约瑟夫·里德在新泽西征兵的努力无果而终，不过米夫林的努力有了点成效。与查尔斯·威尔逊·皮尔一同来的费城志

---

① 约32公里。

愿民兵（或称"费城同乡会"）有1000人，华盛顿赞赏地写到，他们"精神抖擞地"开进了营地。

12月10日，终于传来消息说，李和沙利文将军统帅的4000人已经来到东北部的莫里斯敦。

"李将军……正赶来与我会合。"华盛顿给康涅狄格总督乔纳森·特朗布尔写信说，"如果能顺利会师，我们的部队将再一次军容整肃，我希望这会挫败敌人对费城的图谋。"

一切都取决于李将军。

给特朗布尔的信写于12月14日，此时华盛顿对前一天发生的事还一无所知。12月13日，星期五，发生了一件完全出乎意料的事情，产生了深远影响。时间将会证明，星期五这一天对华盛顿及其部队是异常幸运的一天。

头一天晚上，12月12日，不知为何，李将军一时失察，离开部队在3英里以外巴斯金里奇（Basking Ridge）的一个小酒馆过夜，谁也不知道他为什么要这么做。

跟他在一起的是15名军官和士兵组成的贴身护卫。次日上午，情绪低落的李将军穿着睡袍坐在窗前，显得不慌不忙地处理日常案头工作，然后给盖茨将军写了一封信，没有别的目的，只是说，他现在麻烦缠身，整个局势一团糟，这都是华盛顿造成的。

"你我之间说一句，某个大人物窝囊透顶。"李对盖茨说。

> 他把我抛入进退两难的境地：如果我留在这个地方，我和我的军队就有危险；如果我不留下，这个地方就永远失去了……简单地说，除非出现某些我没料到的转折，否则我们输定了。

刚过 10 点，一队英国骑兵突然出现在道路那头。这 25 个骑手组成的侦察班由威廉·哈考特带队，他在葡萄牙作战时曾是李的下属。康沃利斯派他们探听李的"动向和状况"。在巴斯金里奇，一个当地的亲英分子给了他们答案。

从道路那头到小酒馆的距离大约有 100 码[①]，六个骑兵在巴尼斯特·塔尔顿率领下快马冲过去，几分钟之内就形成了包围圈，打死了两个守卫，把其他人赶跑。

"我命令部下向所有窗户和门里面开火，重创尽量多的守卫。"塔尔顿后来写道。

里面有人开枪还击。接着酒馆老板、一个名叫怀特的女人，出现在门口。她尖叫说李在里面，请求饶她不死。

塔尔顿喊道，如果李不投降，他就要烧房子了。几分钟后，李走出来投降了，他说他相信自己会受到绅士般的对待。

屋子里有个年轻的美军中尉詹姆斯·威尔金森，想办法逃了出去。他后来写道，擒获李将军的英军兴高采烈，吹着喇叭，带着战利品飞奔而去。"不幸的"李没戴帽子，仍穿着睡袍和拖鞋，坐在威尔金森的马上，那匹马正好拴在门前，整个突袭行动用了不到 15 分钟。

李被俘的消息被快马以最快的速度带到四面八方，英军一片欢腾。在不伦瑞克，战俘李被关押的地方，哈考特的骑兵的庆祝方式是把李的马（威尔金森的马）灌醉，自己也喝得大醉，一直奏乐到深夜。

一个德国上尉在日记中写道："我们逮住了李将军，唯一

[①] 约 91 米。

一个我们有理由害怕的叛军将领。"此时的英雄塔尔顿中尉给母亲写信庆功:"这次突袭已令战争结束。"

消息传到英格兰时,一开始人们以为这绝不可能,然后开始敲锣打鼓,欣然游行,好像打了个大胜仗。

英军认为,因为李是英国军人和英国绅士,因此他的地位理所当然高过那些初出茅庐的美军高级将领;但出于同样的原因,李对国王陛下的背叛就更加不可原谅。

对部署在特拉华河西岸的美军将士来说,对那些把希望完全寄托在这支军队的人来说,失去李将军是这个最糟糕时刻的最糟糕的消息。

纳撒内尔·格林认为这是"雪上加霜……从各个方面都对我们造成压迫"。华盛顿刚开始得知消息时,说这是一个"严重的打击",然后说他不愿意继续评价"这个不幸的事故"。私底下,他对李如此愚蠢大动肝火。"不幸的人!因为自己的不慎而被擒。"他对伦德·华盛顿说。私下里他肯定也舒了一口长气,李不断让他遭受挫败和焦虑,华盛顿肯定会有一种解脱的感觉。

这个人缘很好、自高自大的将军认为大陆会议成员不过是一群牛,希望能有"必要的权力"让一切回归正途。现在,他不在考虑之列了。很快,因为担心被当作叛徒绞死,希望与老战友威廉·豪重修旧好,李向豪建言,告诉他英军该如何赢得这场战争。

李被捉的同一天,华盛顿得知大陆会议已休会,转移到巴尔的摩一个更安全的地方。自从1774年第一届大陆会议召开,大陆会议第一次放弃了费城。

一切好像都是突然之间发生的。12月13日,在与华盛顿隔河相望的特伦顿司令部,威廉·豪做出了一个对战事发展来说关键性的决定。他暂停进一步的军事行动,直到春季到来。决定立刻生效,他和所辖部队将退回到新泽西北部和纽约的冬季营房里,同时将在新泽西建立一条警戒线。

天气变了。白天比以前冷得多,夜晚寒气刺骨,有"严霜"和阵雪,这要求豪打定主意。"天气变得太恶劣,不适合继续作战。"他写道。

普遍认为,18世纪的职业军队和绅士指挥官不愿意承受冬季作战的艰苦,除非有足够的理由非得这么做。考虑到在当年战争中取得的胜利,知道叛军处于无助的状态,豪认为:在特伦顿这种地方的严冬条件下,没有理由继续战斗或者不必要地多停留一天。

此外,回到纽约还有一些重要原因,因为军队的营房,因为纽约的舒适和享受对豪将军本人具有很强的吸引力。

12月14日星期六,豪动身前往纽约,康沃利斯也一起走,他获准回英格兰看望久病的妻子。

很多人头脑中勾勒出这样一幅画面:豪将军在纽约舒舒服服地住下来。这激活了早有的流言,随之产生了一段脍炙人口的打油诗:

>　豪爵士像跳蚤一样快活
>　做梦都不想危险的结果
>　他打着呼噜,和洛林夫人
>　睡在舒服的暖被窝

英军没有造船,也没有通过陆路把船拖来以便渡过特拉华河。目前他们不会向费城进军,大陆会议成员可以安然待在原地。

但华盛顿似乎对此知之甚少或一无所知,虽然离敌人很近,但他几乎不知道敌军要做些什么,也不知道豪和康沃利斯已经离开、他和大陆会议不会再有迫在眉睫的危险。

"现在特拉华河把我们所剩无几的部队和豪将军的部队隔开,豪的目标无疑是占领费城。"华盛顿于12月18日给马萨诸塞市政委员会成员詹姆斯·鲍登写信说,这时豪已经走了四天了。华盛顿担心,如果河流结冰,敌人就可以从冰面上发动进攻。"绷紧每一根神经,把必要的工作做好。"他对伊斯雷尔·帕特南写信说,帕特南正负责费城的城防,"似乎有足够的理由相信,敌人打算等冰面冻实便立即发动进攻。"

华盛顿迫切需要可靠情报,不管什么情报都行。他宣布愿意花钱买情报,价格随意。在给部下将军的一封急件中,他催促他们找个密探,到河对面打探英军是否已经造船或者从陆路把船运来。"要取得这样的情报不能省钱,我非常愿意付钱。"他对斯特林勋爵写信说,"动用一切可能的手段,不必考虑花费,要确切地知道敌人的兵力、处境和行动。没有这些,我们就会游荡在未知的荒野里。"

早在12月15日,他就接到一个驻守在特伦顿下游的宾夕法尼亚民兵指挥官约翰·高特瓦兰德的报告,说"确定豪将军已前往纽约,除非所有这些都是捉弄人欺骗人的阴谋"。也许华盛顿觉得不可信,或者怀疑这是个诡计,不管出于什么原因,他似乎未作理会。

河对岸集结的已经不是英国军队,而是1500人的德国守军,他们将在这里度过冬天。负责指挥的是约翰·拉尔,这位经验丰富的指挥官曾率领德国勇敢攻下怀特普莱恩斯和华盛顿要塞。

华盛顿担心敌军的"明显图谋",在"未知的荒野里",华盛顿把司令部搬到上游10英里的白金汉乡,离部队主力很近,格林、斯特林和诺克斯的指挥所也在那里。

还有两个星期,到元旦这一天,所有士兵的服役期都期满了,然后会怎么样?"我们唯一能指望的就是迅速招募一支新军。"他给伦德·华盛顿写信说,"如果做不到这一点,我想我们的游戏就要结束了。"

12月20日,漫天风雪当中,沙利文将军骑马进入了白金汉,身后是李将军的部队。他们的行军速度是李将军命令的四倍,为了尽快与华盛顿会师。但这支部队不像华盛顿所想的那样有4000人,人数只有一半,而且士兵的状态比华盛顿直辖的部队还要凄惨。李曾抱怨说士兵没有鞋穿,他没有过甚其词。希思将军后来写道,他看到李的部队从皮克斯基尔走过,很多人"穷得连鞋也没有,很多地方的冻土留有他们的血迹,使得他们走过的路很容易辨认"。

从皮克斯基尔长途跋涉的人当中有约瑟夫·霍奇金斯中尉,在一封标题为"宾夕法尼亚白金汉,1776年12月20日"的信中,霍奇金斯对妻子莎拉说:

> 我们从上个月29号一直在行军,现在离华盛顿将军的部队不到10英里或12英里[①],明天应该就能到。但我们会停留多久我不敢说,关于敌人我也没什么可以告诉你

---

① 约16公里或19公里。

的，只知道他们在特拉华的一边，我们的部队在另一边。

霍奇金斯认为，他们走了大约 200 英里①，路途大多充满危险——因为"敌人就在不远处"，也因为这个国家有那么多地方"到处都是叫作托利党徒的恶棍"。

盖茨将军也到了，但让华盛顿失望的是，他只带来 600 人。

大陆会议搬到巴尔的摩前指定罗伯特·莫里斯为委员长，处理费城事宜，现在费城已经被完全放弃了。圣诞节前三天，华盛顿给莫里斯写信说，他认为只要两个条件具备敌人就会进攻费城——"河面结冰，还有就是我们所剩无几的弱小军队解体"。

根据尽可能准确的估计，华盛顿的部队有 7500 人，但那只是纸上的数字。也许只有 6000 人有作战能力，成百上千的人在生病或挨冻。费城城中和周边地区，莫里斯等人正想尽一切办法寻找冬装和毯子，而越来越多的当地居民签字宣布效忠英王。大陆会议逃走了，两个前大陆会议成员约瑟夫·加洛韦和安德鲁·艾伦投敌。从一切合理的迹象来看，战争已经结束了，美国人失败了。

然而，虽然焦头烂额，虽然波士顿胜利后不切实际的远大目标已经粉碎，但华盛顿却比表面看来更有依靠——依靠他自己的内在力量，依靠那些仍在他身边并决心坚持下去的人的能力。

他有格林、斯特林和沙利文这样的军官，他们一如既往的优秀，甚至更加优秀。虽然最出色的格林和能力超群的约

---

① 约 322 公里。

瑟夫·里德曾让他失望，但两个人都从中吸取了教训，就像华盛顿自己一样，他们更加坚定地准备证实自己值得他肯定。格林回来向妻子吐露，他非常高兴自己重新得到了"将军阁下的完全信任"。"我们的事业愈加艰难"，信任似乎也愈加增多。

亨利·诺克斯不再是炮兵新手了（为了肯定26岁的诺克斯迄今为止发挥的作用，华盛顿已推荐将他擢升为准将）。不管处境如何险恶，坚定的约翰·格洛弗总是可以依靠的。像约瑟夫·霍奇金斯这样的下层军官和普通士兵，连连战败，疲惫不堪，像叫花子一样褴褛，但他们没有被打倒。

华盛顿自己也完全未被打倒。威廉·豪及其同侪也许认为战争结束了，英国胜利了，但华盛顿不这样认为，华盛顿拒绝这样看。

没有了李，大陆会议赋予华盛顿更大的权力。华盛顿现在是完全意义上的总司令，这正适合他，他似乎能从困境中吸取更多能量、更大决心。"乔治·华盛顿将军阁下，"格林后来写道，"面对险阻时显得比以往更加胜券在握。"

他的身体条件非常好，他器重的人比以前对他更加忠诚。

12月24日，圣诞节前一天，从一开始就追随华盛顿的军法检察官威廉·图德上校像他在战争中常做的那样，又给远在波士顿的未婚妻写信，诉说他始终如一的爱，解释很快回波士顿的希望为什么消失了。"我不能舍弃这样一个人（从荣誉的角度来看这肯定是舍弃），他舍弃了一切来保卫祖国。置身千万人当中，他最大的痛苦是，这个国家有很多人缺少保家卫国的精神。"

宾夕法尼亚的布里斯托尔是个位于特拉华河西岸的一个小

镇，位于特伦顿下游，与新泽西的伯灵顿隔河相对。正是在布里斯托尔，在这里帮助组织宾夕法尼亚民兵的约瑟夫·里德于12月22日给华盛顿写了一封不同寻常的信。

该做些什么了，做些更有进攻性、更出人意料的事，里德写道。就算做了失败也好过什么也不做。

> 我亲爱的将军，是否有可能，我们的部队，或者说那些状态较好的战士，能够转移，或者对特伦顿做些什么。越是危险，进攻成功的可能性就越大。
>
> 我不想掩盖自己的感情，如果我们不利用部队集结的机会有所作为，我们的事业就会陷入绝望无助的境地。我们正在迅速走向毁灭，除非用一些好消息使之焕发生机。对我们来说，拖延不动等于彻底失败。

显然这封信是里德主动写的，值得注意的是，它很大程度上与华盛顿本人的想法和计划不谋而合。

在布鲁克林战役失利后的灰暗日子里，华盛顿对大陆会议说："在任何情况下都要避免大规模行动，避免冒险，除非必须这样做。"但他也写到可能打个"漂亮仗"拯救这个事业。

12月14日，他给特朗布尔总督写信说，对敌人进行一次"带来好运的打击"，"必将激发将士们的斗志。因为一连串的不幸，斗志已经非常低落"。

现在，出于必要性，他的"漂亮仗"在头脑中成形，他已做好准备孤注一掷。

他和格林等几个军官在白金汉的司令部商讨作战计划，一连几天,他强调绝对保密。

但12月21日,罗伯特·莫里斯写信说,他听说正在准备渡河攻击,他希望这是真的。

华盛顿此时给里德回信,确定将于圣诞夜发动对特伦顿的进攻。"看在上帝份儿上,不要对别人说。计划泄露对我们来说将是致命的……不过,出于必要性,绝对的必要性,应该进行进攻。"

第三节

圣诞节前夜,华盛顿在格林的指挥所召开会议,敲定最后细节。

美军将从三个地方渡河攻击。1000人的宾夕法尼亚民兵和500名罗得岛老兵由约翰·高特瓦兰德和约瑟夫·里德带领,将渡河到下游的布里斯托尔,向伯灵顿进发。

第二支部队人数较少,是詹姆斯·尤因率领的700个宾夕法尼亚民兵,将直接渡河攻击特伦顿,并守住皇后街转角处阿桑品克河(Assunpink Creek)上面的木桥,敌人可能借助木桥逃生。

第三支部队人数多得多,是华盛顿、格林、沙利文和斯特林领导的2400名大陆军,将从特伦顿上游9英里的麦克孔基渡口(McKonkey's Ferry)渡过特拉华河。

一到对岸,华盛顿的部队将转而向南,然后在离特伦顿还有一半路程的时候兵分两路。一队由沙利文率领,取道滨河路(the River Road);另一队由格林率领,取道彭宁顿路(Pennington Road)继续向内陆推进。每队由诺克斯的四门加农炮打头。华盛顿将骑马与格林在一起。

根据最新情报,特伦顿的敌军数量在 2000 人到 3000 人之间。

第一步渡河定于 12 月 25 日圣诞夜的午夜进行。两个纵队趁夜色行军,在凌晨 5 点前赶到特伦顿。攻击定于凌晨 6 点,日出前的一个小时。军官将在帽子上别一块白纸以示区别,要求绝对保密。命令要求必须"非常安静","任何人不得脱队,否则枪决"。

圣诞节那天,天气变得恶劣,风暴在东北方向聚集,河水上涨,布满了碎冰块。

当天,约瑟夫·里德从布里斯托尔赶来,一同来的还有大陆会议成员、内科医生本杰明·拉什。自从大陆会议休会以后,拉什向里德和高特瓦兰德主动提出参军的请求。几年以后,拉什回忆起与华盛顿在白金汉的一次私人会面,当时华盛顿看起来"情绪非常低落",他用"令人动容的词汇"描述了这支军队的状态。他们谈话时,华盛顿一直用钢笔在纸条上写些什么,其中一张纸条掉在拉什脚下,他看到上面写着"胜利或者灭亡",这是当晚行动的暗号。

拉什,也许是里德,告诫华盛顿不要太指望高特瓦兰德部下的民兵,华盛顿草草写了一张便条,让拉什尽快带给高特瓦兰德:

> 这个晚上是个合适的时机,我决定渡河,凌晨进攻特伦顿。如果你不能给予实际帮助,至少尽可能分散敌军注意力。

华盛顿部队渡河采用的是叫作"达勒姆"的高帮平底大船，一般用来将费城附近达勒姆钢铁厂的生铁从特拉华河上运走。船漆成黑色，两头尖，有 40 英尺到 60 英尺[①]长，横梁长达 18 英尺[②]。

亨利·诺克斯将组织并指挥渡河，他知道，这是整个行动中最重要、最困难的任务，要把 18 门野战炮和 50 匹甚至更多的马匹运到对岸，包括军官的战马。像在布鲁克林一样，约翰·格洛弗及其部下又一次担当了这一重任。

离开司令部领军行动前，华盛顿给罗伯特·莫里斯写了一封信，写信时的状态似乎静若止水："我同意您的观点，思忖甚至反省是谁造成我们现在的不幸无济于事。我们更应该振作起来，带着希望向前看，这样也许会有幸运的转机。"

军营中敲响战鼓，大概下午 2 点，部队开始向河上开去，每个士兵携带 60 发弹药和够吃三天的食物。

第一支部队来到麦克孔基渡口时，天已经快黑了，下着雨。船只等在那里，可以听到亨利·诺克斯那低沉有力的独特声音发布命令，盖过了越来越大的风雨声。根据一份记载，如果没有诺克斯强大的肺活量和"非同寻常的努力"，那天晚上的渡河行动就失败了。

诺克斯本人后来赞扬格洛弗及其部下的英雄壮举，写到河里的冰块如何使任务艰巨得"难以想象"，把马匹和大炮拖上船是"无比巨大的困难"。

麦克孔基渡口这里的河面不像特伦顿及其下游的河面宽，

---

① 约 12 米到 18 米。
② 约 5.5 米。

也不像那里是潮区。正常情况下，这里的河流宽度大约为 800 英尺①，但这天晚上河水上涨，河面宽了 50 英尺②或者更多，水流很急，冰块很险，所有的记载都证实了这一点。

格洛弗的部下用桨和篙推动大船前进，部队站在甲板上，靠得尽可能紧密。

华盛顿提前来到河对面，从新泽西这边看到渡河进展缓慢。大约 11 点钟的时候，风雨大作，从东北方向全面袭来。

关于当晚行动最生动的记载出自约翰·格林伍德，来自波士顿的年轻横笛手。他在 4 月份来到纽约以后，被派去加拿大，刚刚返回华盛顿的部队。

在此情况下，横笛已经无关紧要，于是 16 岁的格林伍德像其他人一样拿起了滑膛枪，坐着第一批船渡河作战。

> 我们乘坐平底驳船来到河对岸……得等其他人赶上，我们开始拆毁篱笆，生火取暖，风暴越来越强了。过了一会儿，雨雪冰雹齐落，然后结冰，同时刮起大风。风力很大，我清楚地记得，投入火里的篱笆在风力和火焰的作用下，一会儿就裂成两段。我脸朝着火，后背就会冻上。不过……我不停转来转去，总算没有冻死。

像布鲁克林夜遁——华盛顿的另一个大胆的夜间渡河行动一样，这次又刮起了东北风，这是一个利弊参半的决定性因素。利，在于风声掩盖了行船声；弊，在于风力加上河里的冰

---

① 约 244 米。
② 约 15 米。

块,大大拖延了渡河速度,而时间是取胜的关键。原计划是午夜之前全部军队渡过河对岸,以便天亮前赶到特伦顿。

据华盛顿说,最后一批士兵、马匹和加农炮来到对岸时已经是凌晨3点,比原计划晚了三个小时。

当此时刻,本来应该取消进攻,再把部队运回对岸去,因为通盘计划都取决于出其不意,而现在这个机会已经失去了。必须马上做出决定,不管决定是什么,都要冒巨大的风险。

华盛顿毫不犹豫地做了决定。后来他言简意赅地向约翰·汉考克解释说:"我十分清楚天光大亮时我们才能赶到特伦顿,但我也确定,退回去不可能不被发现,渡河回去必定受到敌人袭扰,我决定无论如何都要继续前进。"

但他不知道,在下游,他计划中的另外两支部队遇到了严重挫折。尤因将军因为河里的冰块取消了进攻。在布里斯托尔,冰块堆积得比特伦顿还厚,高特瓦兰德和里德成功地将一些部队运到对岸,但后来因为无法把加农炮运过去,他们也终止了进攻。

"这是我见过的天气最差的夜晚。"高特瓦兰德的一个军官说。

> 两个营登陆后,风暴加剧,根本无法把大炮运过去,因为我们得在冰面上走100码[①]才能上岸。高特瓦兰德将军因此下令全部人员都再退回去,我们只好手握枪杆站了六个小时——刚开始是为了掩护登陆,后来是为了掩护所有人退回对岸。这时候,雨雪冰雹更猛烈了,一些步兵直

[①] 约90米。

到第二天才得以回去。

里德和另一个军官的马运不回去,两人只能留在新泽西这边,躲在一个朋友的房子里。

这样,兵分三路进攻,只有一路在向前进发,而且危险地滞后。

从麦克孔基渡口向南的行军对很多人来说是当晚最可怕的经历,风暴加剧,雨雪齐飞,狂风大作。亨利·诺克斯写道,部队"非常安静地"向前推进。

最初的半英里或者更长的距离,是上山的陡坡。再走两英里后,道路笔直跌入深谷,通过雅可布斯河(Jacobs Creek)。

约翰·格林伍德记得,行军的速度不比小孩子走路快多少,经常要停下来,严寒难耐。

> 我十分清楚地记得,有一次我们在路上停下来,我坐在树桩上,被冻得麻木,想要睡觉。要是我睡着了没被发现,我肯定在不知不觉间冻死了。

实际上,当晚确实有两个人在行军途中冻死。

几乎没有什么光亮。一些人带着提灯,一些加农炮上捆上了火把。

全部2400人的部队一起行进了5英里,来到一个叫作伯明翰的小岔路口,之后部队一分为二,沙利文的纵队继续沿右侧的滨河路行进,华盛顿和格林的部队向左进入彭宁顿路,两条路都冰雪覆盖,光滑难行。两条路到特伦顿的距离一样,大约为4英里。黑暗中士兵和马匹不停打滑,跌跌撞撞。

来自康涅狄格的伊莱沙·博斯特威克中尉回忆说，华盛顿策马同行，"用低沉威严的嗓音"告诉士兵跟上长官。"看在上帝份儿上，跟上你们的长官。"

当部队离开波士顿前往纽约参加第一次会战时，华盛顿是坐在马车里的。此后大部分时间，他是在雅致大宅的固定司令部里指挥战役。虽然逃离布鲁克林那个夜晚以及新泽西逃亡时他和部队在一起，但直到现在，他从未与部队一起实地指挥进攻。

有人递给华盛顿一封沙利文将军写来的便条，说士兵们发现枪炮打湿了，无法开火。华盛顿回答道："告诉将军，用刺刀。"

"只有高级军官知道我们要去哪里，我们要做什么。"约翰·格林伍德写道。

> 不过，我从未听到士兵说什么，他们甚至懒得这样做，这没什么好奇怪的。他们已经历了很多，知道不管长官的命令是什么，他们都必须去……再也没有比他们现在所处境况更糟糕的了，去哪里都一样，所以他们总是愿意不断移动，希望处境能有所改善。

两列纵队几乎同时到达特伦顿外围的指定位置，这时还有几分钟就8点钟了，天亮已经一个小时。

特伦顿常被称作一个小村，这是夸张。城里大概有100所房子，一个主教教堂，一个集市，两三个磨坊和熔铁炉。在和平时期，它是一个繁忙但不起眼的小地方，没有什么特别的重要性，只不过它位于航道的源头，而且是纽约到费城金斯桥的一站。这里还有一个大兵营，是北美殖民地争夺战时建造的两层楼的石头建筑，城外阿桑品克河上还有一座桥。

两条主要道路是国王街和皇后街，与河流平行，从彭宁顿路和金斯公路交会点沿山坡向下。按照华盛顿的计划，这个交会点、国王街和皇后街的始点，将决定这一天的成败。

但在12月26日的晨光中，在持续不断的风暴造成的白色昏昧中，很难看清特伦顿的情况。

居民大多已经逃亡，能带的东西都带走了。空荡的房子和石头兵营里驻扎着1500名德国兵，现在他们是这个小镇的主人。德军指挥官拉尔上校安居在国王街上一所木框架的宽敞房子里，房子的主人是锻造场场主斯泰西·波茨，他很乐意让上校在自己家中做客。

约翰·戈特利布·拉尔是个健壮能干的职业军人，56岁，地位比其他军官更高。因为他在怀特普莱恩斯和华盛顿要塞表现英勇，所以派他来担任特伦顿的指挥官。他是个想象力有限的人，几乎或从来不说英语，对叛军唯有蔑视。他的爱好是玩纸牌，小酌两杯，还有军乐。他对军乐的爱好到了匪夷所思的程度，行军时，只要有可能，他总要带上军乐队。

后来拉尔遭到下层军官的一致谴责，说他懒散麻木，对敌人可能发动突袭缺乏准备，还是个酒鬼。约翰·埃瓦尔德是北美战场上头脑最清楚的军官，他后来写道，在拉尔死后批评他的那些人中很多人连做拉尔的跟班都不配。

叛军巡逻队不断渡过特拉华河前来骚扰，拉尔在城外建立了前哨，坚持每晚都有一个连的士兵枕着滑膛枪入睡，接到通知一分钟内就能做好战斗准备。他们经常接到警报，有人觉得很多警报根本不必要，甚至认为上校过于谨小慎微。一个军官在日记中抱怨:"我们来到这个地方以后,没睡过一个安稳觉。"

拉尔没想到的是这次袭击的规模有这么大,而且发生在这样的天气里,没想到的不只是他一个人。

起程前往纽约以前,豪将军让詹姆斯·格兰特全权负责新泽西的前哨,格兰特位于不伦瑞克,离特伦顿25英里。12月24日,他接到"可靠情报"说叛军正计划对特伦顿发动袭击,虽然他认为叛军"没有这个实力",但还是提醒拉尔,让他做好防范,拉尔在25日下午3点钟得知了这个消息。

不久以后,十几个在城外彭宁顿路负责警戒的德国兵在黑暗中遭到一支美国巡逻队的枪击,巡逻队很快就撤退了。拉尔冒着风雪亲自前去了解情况,得出的结论是,这就是提醒他留意的那次袭击。在这样的夜晚,他估计不会再有更大的动作。

当天傍晚,他去一个当地商人家里参加了一个小型的圣诞节聚会,玩纸牌。据说有个仆人中途进来,又递给他一张纸条,是一个不知名的亲英分子送到门口的另一个警报,据说拉尔把纸条塞进口袋里。

他什么时候回到营房,或者是否像后来传闻的那样喝醉了,我们不得而知。

8点刚过,进攻开始。纳撒内尔·格林率领美军冲出树林,顶着肆虐的风雪,穿过一片离城约有半英里的田野。他们行进得很快,所谓"健步如飞"。彭宁顿路驻防的警卫一开始搞不清楚他们是谁,有多少人。"风雪狂暴依旧,"亨利·诺克斯写道,"但风雪来自我们身后,因此对敌人来说是扑面而来。"

美军开火了,德国兵等他们走近,然后开火,迅速而有序地退到城里，正是他们在训练中学到的被迫退却时应采用的方法。华盛顿认为，他们边退边持续开火，表现尤为突出。

格林和沙利文的纵队在城内会合，华盛顿来到附近北边的一处高地，希望能在那里看到发生的一切。

他的2400名美军，走了整整一夜，又冷又湿，武器湿透，投入战斗时好像可以主宰一切。每个人"好像都和别人比着看谁冲得更猛"，华盛顿写道。

城内的德军从屋子里和兵营里跑到街上，战鼓敲响，军乐奏响，军官用德语下达命令。德军刚刚开始集结，诺克斯的炮兵已经在国王路和皇后路的始点就位。

大炮开火，几百码以外的每条街道均遭到重创。几分钟之内，用诺克斯的话讲，"眨眼之间"，街道清空了。

德军退到小路，发现沙利文的部队正举着上好的刺刀冲向他们。不大工夫，一千多名美军和德军就陷于胶着的巷战。

一切都发生得太过突然，混乱、打着旋儿的风雪、枪炮的硝烟，让能见度变得更差。"风雪的狂暴和战争的狂暴交织在一起，"纳撒内尔·格林写道，"那景象让参与行动的人激情满怀，只能想见，无法描述。"

德国兵在国王路中段推出一门野战炮，这时威廉·华盛顿上尉（总司令的远房表亲）和詹姆斯·门罗中尉率领十几个弗吉尼亚士兵冲上前来，夺过大炮，掉转炮口对着他们。

拉尔上校从床上惊醒，迅速跳上马背，在激战正酣时来到指挥岗位，下令冲锋。四周不断有人倒下，队形保持不住了，他下令退到城东南角的一个果园里。接着拉尔也中弹跌落马下，受了重伤，被抬到波茨的屋子。

果园里的德军发现已经被四面包围，放下武器投降了。

整个战斗只有45分钟或者更短，21名德国兵死亡，90人受伤，被俘士兵约有900人，另有500人设法逃脱，大部分是从阿桑品克河的桥上逃走的。

不可思议的是，在这样激烈异常的战斗中，只有4个美军士兵受伤，包括华盛顿上尉和门罗中尉，没有一个美军阵亡，美军中死亡的只有夜间行军时冻死的两个人。

"押解俘虏、缴获大炮、物资等以后，"诺克斯写道，"我们回到了9英里以外我们当时上岸的地方。"这样，在经过又一次9英里的夜间行军以后，部队返回了麦克孔基渡口，再一次渡过特拉华河，回到了对岸的宾夕法尼亚。

次日即12月27日，华盛顿发布饱含深情、充满感激的将军令，盛赞他的部队，这是他1775年夏天就任以来从未有过的，也从未像现在这样理由充分。华盛顿要让他们知道，胜利是属于他们的。

"华盛顿将军怀着最诚挚的感情，感谢将士们昨天在特伦顿英勇无畏的表现。"开头是这样说的，"他可以自豪地宣布，他没有看到军官或士兵有一丝一毫的不端行为，这种喜悦难以言表。"

为了表彰这种"勇猛的行为"，他愿意让所有"渡河"的人都得到奖励。将特伦顿缴获的加农炮、武器、马匹及"所有其他一切"折合成现金，每个人都能得到总价值的一部分。

据说出现过一些不太光彩的行为，要么华盛顿没有看见，要么考虑到目前的气氛没有提。有人说战斗结束后，一些士兵闯进德国的酒库，喝了个酩酊大醉。

不过，后来说得更多并且一说再说的是那些德国兵，他们按德国传统庆贺圣诞节以后，在进攻当天早上仍然醉得东倒西歪或者人事不省，但没有证据表明任何一个德国兵喝醉了。约翰·格林伍德曾参与鏖战，他后来写道："我敢发誓，我没看到敌军有哪怕一个喝醉的士兵。"

威尔金森的记录令人难忘。德军刚刚投降，他骑马给华盛顿送信。"我走近时，"他写道，"总司令拉住我的手说道：'威尔金森少校，这是我们国家的光荣日。'"

他们都有这种感觉，他们知道自己终于建立了功勋。"将士们为保卫珍爱的一切，表现得像是男子汉。"诺克斯给露西写信说。纳撒内尔·格林告诉妻子："这对美国来说是一个重要时刻，重大事件发生的伟大时刻。"

此前给特朗布尔总督写信时，华盛顿预言将对敌人进行一次"带来好运的打击"会"鼓舞斗志"，但他根本没有想到，特伦顿取胜的消息对整个国家的士气带来多么惊人的影响。

几天之间，报刊上讲的都是华盛顿如何横渡特拉华河，如何夜间行军、奇袭并取得大捷，俘虏了多少敌人，缴获了多少加农炮、枪支、佩剑、马匹，甚至拉尔上校军乐团里有多少鼓和喇叭，但快马和口口相传的速度甚至还要快。

约翰·阿德勒姆后来写到他得知特伦顿大捷消息的情形。阿德勒姆是个17岁的二等兵，来自宾夕法尼亚的约克。他在华盛顿要塞被俘，和一些幸运的战俘——主要是军官，关在纽约的房子里，敌人给了他一定程度的自由。那天，杂货店的老板把他拉到后屋，不停地摇他的手，激动得浑身颤抖，说不出话。

"我看着他，想他肯定是傻了或者疯了，"阿德勒姆写道，"等他能说出话来，他马上对我说：'华盛顿将军今天早上在特伦顿打败了德国人，俘虏了900个人，还有6门大炮！'"

我不等他接着说就扔掉篮子跑到街上,跑过两个[英国]哨兵,我来商店的时候向他们说过口令。他们想拦着我,但我没停,全速跑到我住的地方……到家时我已经喘不过气来。我跑进屋子,军官们围着桌子坐着,其中几个人问我出了什么事。等我能喘上气来,我一字一顿地说:"华盛顿将军今天早上在特伦顿打败了德国人,俘虏了900个人,还有6门大炮!"

"谁说的?"

我说不出来,因为我不知道店主的名字,但我告诉他们这是我从平时买东西的商店里得来的消息……几个军官听了笑了起来,问我各种各样的问题,其他人则一言不发,看起来很严肃,好像在怀疑,还有一些人则认为这样的好消息根本不可能。

像在波士顿一样,华盛顿被誉为英雄和救主。"对我来说,您对特伦顿的进攻是超乎意料的胜利。"罗伯特·莫里斯代表大陆会议执行委员会从费城写信说,这样的胜利完全符合"您这样的人物,我们对之钦佩、见贤思齐。您出色的才能总能取得胜利,大陆会议成员知道您配得上这样的胜利"。

在巴尔的摩,约翰·汉考克代表大陆会议给华盛顿写信说,特伦顿的胜利"超乎寻常",因为这是那些"疲惫不堪、命途多舛"的士兵取得的。

但士兵一旦焕发出斗志,并且激发起对统帅的信任,往往能有超乎意料或超越可能的表现。这都是因为您的智慧和领导，美国为最近这次胜利感谢您的部队。

詹姆斯·格兰特是豪委任的新泽西前哨指挥官，因此对发生的一切负有责任。对他来说，特伦顿是个"不幸"、"被诅咒的"事件，完全不可理喻。"这是一个有损名誉的事件，我无法解释为什么德国兵这样失策。"格兰特给哈维将军写信说。他之前曾告诉哈维，特伦顿的德军"就像您在英格兰一样安全"。

拉尔上校怎么会不按照给他的警告行事，格兰特对此无法理解，但接下来拉尔因伤死去，失去了为自己辩护的机会。

纽约的威廉·豪立刻对特伦顿的消息做出反应。康沃利斯回英格兰的假期取消，立刻带8000人的部队回到新泽西。

华盛顿已经在思考下一步举动，担心怎样才有可能让队伍不散。考虑到事态的发展和他自己的性格，他的决定并不令人吃惊，他要再一次追击敌人。

康沃利斯将军以为华盛顿还在新泽西，采取大胆的行动，在特拉华下游的布里斯托尔渡河，米夫林将军会带更多援兵赶来。

12月29日，华盛顿、格林、沙利文和诺克斯率领部队行动了。他们冒着6英寸[1]厚的大雪，在麦克孔基渡口和附近的亚德雷斯渡口（Yardley's Ferry）渡过特拉华河，这个任务像圣诞节夜晚渡河一样艰巨。格林的部队在亚德雷斯渡河，河水已经结冰，厚度刚够士兵小心翼翼地通过，但禁不起马匹和大炮。在麦克孔基渡口，华盛顿等人用尽全力才渡过河去。令人

---

[1] 约15厘米。

惊奇的是,这次诺克斯和格洛弗把大约40门大炮还有他们的马匹运了过去,是圣诞夜数量的两倍。

在特伦顿,华盛顿带领部队登上沿阿桑品克河南岸的一道低矮山脊,左方是特拉华河,右方是一个林带,这天是12月30号。第二天,1776年的最后一天,他动情地号召这些转战各地的大陆军战士留下来。

虽然华盛顿没有权力这么做,他还是提出:当天服役期满愿意继续留在军中六个月的,可以得到10美元的赏金——这是一个可观的数字,士兵每个月的报酬才只有6美元。

"我感觉这样做有点不妥,"华盛顿后来告诉大陆会议,"但还能怎么做呢?"他对罗伯特·莫里斯说得更加直白:"我认为没有时间拘泥小节。"

一个士兵后来回忆说,他的团被召集列队,将军阁下骑在一匹大马上,"态度无比和悦地"对他们讲话。部队中绝大部分是新英格兰人,他们服役时间最长,对要求自己去做的事不抱幻想。愿意留下就上前一步,鼓声响了一通,没有人动。几分钟过去了,华盛顿"策马转了一圈",又开始讲话。

"我勇敢的同胞,我要求你们做的你们都做到了,超出了合理的预期。但我们的国家正处于危难之中,你们的妻子,你们的房子,你们在意的一切,都处在危难之中。你们已经受够了劳累和痛苦,但我们不知道怎样让你们轻松一点。如果你们同意多留一个月,那你就又把一个月奉献给自由事业,奉献给祖国,否则可能等你想这样做时已经没有机会了。"

鼓声又响了一通,这次所有人都上前了一步。"全能的上帝啊,"纳撒内尔·格林写道,"你让士兵们真心响应这个号召,重新入伍了。"

新年到来前的最后几个小时,华盛顿得知大陆会议于 12 月 27 日投票决定,授权他"采取一切方法",包括赏金,"力促所辖士兵……留在军队当中"。实际上,在六个月的时间内,巴尔的摩的大陆会议已经让华盛顿大权独揽。

传达这一决议的信中写道:"兹授予将军及其部队不受限制的最大权力,以确保人身安全、自由和财产不受任何损害,这于国有利。"

在给大陆会议成员回信时,华盛顿写道:

> 这是大陆会议的信任,但我不认为自己可以免除公民义务,相反,我心里一直铭记:刀剑是保卫我们自由的最后手段,因此也应该是自由得以稳固建立时最先舍弃的目标。

"1776 年结束了,我对此感到由衷高兴。我希望你和美国都不要像这一年一样辛苦。"罗伯特·莫里斯在元旦当天给华盛顿写信说——但战争还远远没有结束。

1777 年 1 月 1 日,康沃利斯的军队已经来到普林斯顿。1 月 2 日,康沃利斯留下部分军队,带着 5000 名精兵沿路来到 10 英里以外的特伦顿。

雪突然融化了,泥泞的道路延缓了行军进程。

爱德华·汉德上校和宾夕法尼亚长枪手被派去阻击敌人,他们英勇奋战,给敌人造成了致命打击,但面对如此强敌只有撤退。黄昏时候,美军退回特伦顿,又沿国王街退到阿桑品克河上的桥。英军正巧遭遇河对岸诺克斯的炮火,陷入绝地。

"敌人奋力追击,一直追出城去……[然后]来到我们炮火范围内。大炮轰鸣,造成了一些伤亡。"诺克斯写道。英军回敬以炮火。康沃利斯下令向桥梁一连发动三次冲锋,每次都被挡了回来。

本杰明·拉什医生与高特瓦兰德的旅一同赶来,建立战地医院,他后来写到他第一次直面战争的情形。实际上,拉什是签署《独立宣言》的人当中为数不多的亲历战争者之一。

美军退去,英军随即占领了特伦顿。战争期间及其后的场景对我来说是全新的。第一个从战场上下来的伤员是个新英格兰士兵,他的右手吊在手腕上方,只连着一层皮,这是加农炮炮弹炸伤的。我负责照顾他,把他带到河边一间设为战地医院的房子里。傍晚,所有的伤兵,约有20人,被带到医院,[约翰·]科克伦医生、我,还有几个年轻的外科医生负责包扎。我们都和伤员睡在同一间屋子里,睡在干草垫上。这是战争第一次向我充分展示其恐怖的一面。躺在我身边的伤员喊叫着,呻吟着,抽搐着,这一切都刺激着我的神经。我找不到语言描述我灵魂深处的痛苦。

天快黑了,康沃利斯和手下指挥官商量是不是要再从阿桑品克这边发动一次进攻,还是等到第二天天亮。据说其中一个军官威廉·厄斯金爵士说:"如果我所料不错,华盛顿到天亮后才会出现。"有人说,康沃利斯回答道,天亮时"把他拿下"。

做出这个决定可以理解,夜袭代价太大,而且似乎没有理由不等天亮。

英国工程兵阿奇博尔德·罗伯逊认为，美军的位置极为有利。"我们……不敢进攻他们。"他在日记中写道，"他们正处在拉尔受到攻击时应当占领的位置。在这里，他可以[沿特拉华河而下]向博登敦退却，而几乎不会有什么损失。"

天气又变冷了，英国士兵当晚在冰冻的地面上露宿，没有生火，以防被叛军发现或者遭到炮击。

但等到早上，美军消失了，只留下一小股部队让火继续烧着，适当弄出些声音来，好像部队仍在扎营。华盛顿和大约5500名士兵，连同马匹和加农炮已经趁夜色悄然离去。他们没有像预料的那样向南谋取博登敦，而是采取了一个大胆的大规模行动，取道一条不为人知的小路袭击康沃利斯在普林斯顿的后方。

他们向东来到山迪敦，然后沿着一条冻得像岩石一样硬的土路，向东北进发，来到贵格桥（Quaker Bridge）。路边的田野覆盖着白霜，头上有暗淡的星光，使得夜晚没有那么黑。但对于衣衫单薄、鞋子破败甚至没有鞋子的士兵来说，这又是一次痛苦不堪的征程。

华盛顿在特伦顿的计划还是兵分两路，格林的纵队向左，沙利文的纵队向右。

战斗在日出时分打响。1月3日，星期五，格林的先头部队和英军在普林斯顿城外2英里[①]处意外相遇。休·默瑟带着几百人转而向左，拆毁金斯公路上的桥梁，切断敌军退路。默瑟等人正好遇到普林斯顿的英军指挥官查尔斯·莫胡德上校，他带着两个团刚从普林斯顿出发，赶往特伦顿与康沃利斯

---

① 约3.2公里。

会合。

对英军来说，美军在这时候出现，而且人数有这么多，完全出乎他们意料。"他们不可能想到这是我们的军队，因为他们想当然地认为，我们还被困在特伦顿附近。"诺克斯后来写道，"我相信他们吃惊不小，就好像我们是从天而降似的。不过，他们没有多少时间考虑。"

双方开火，战场很快转移到威廉·克拉克农场中的开阔地和果园，愈发惨烈，遍地都是尸体和鲜血。

英军上了刺刀进攻，默瑟因战马被刺中跌落在地，他拔剑而战，直到被打倒在地，被刺刀反复刺穿——一共刺了七次，敌人丢下他等死。约翰·哈斯利特上校试图振奋士气，但一发子弹射中头部，立时毙命。

更多美军冲上前来，很多人是宾夕法尼亚的民兵，训练很少或者没有。他们拒不屈服，因为华盛顿、格林和高特瓦兰德骑马走在他们当中，身先士卒。一个年轻军官后来写道，华盛顿给自己树立了一个英勇的楷模，他生平未见。"我永远忘不了我那时的感受……我看到他置身危险的战场，宝贵的生命悬于一线，周围成百上千的人死去。相信我，此时我想到的不是我自己。"

"一齐上，勇敢的同胞们，"据说华盛顿这样号召他们，"只有一小股敌军了，我们一鼓作气把他们拿下！"

更多美军进攻敌人侧翼，莫胡德和他的红衫军很快向特伦顿全面溃败。"打定了主意撤退，"莫胡德的一个下级军官回忆说，"也就是说，能跑多快跑多快。"华盛顿无法自持，策马追击，喊道："小伙子们，是我们猎取狐狸的时候了。"

克拉克农场的激战，当天决定性的战斗，总共持续了 15

分钟。

华盛顿勒马下令停止追击，另一支部队进入城内。200名驻守在那里的英国士兵在普林斯顿大学一个硕大的石头房子里垒起工事，亚历山大·汉密尔顿的炮兵发射了几轮大炮，红衫军投降了。

美军死亡23人，包括哈斯利特上校和默瑟将军，默瑟9天以后因伤丧命。他开战前的工作是医生和药剂师，来自弗吉尼亚的弗雷德里克斯堡，离芒特弗农不远，他是华盛顿最喜欢的人。

但英军的伤亡更大，且有300人被俘。虽然人数处于劣势，英军还是顽强作战。不过对于华盛顿及其部队来说，这是又一次意料之外、令人称奇的胜利。

华盛顿冲动之下，想一直推进到不伦瑞克，摧毁英军在那里的供给线，夺取7万英镑的英国军饷。按他设想的那样，这将结束这场战争。但是，他的部队人困马乏，不可能再来一次18英里①的强行军并投入另一场战斗。格林和诺克斯等人力劝他不要这么做，警告他说，有可能因为"所图过大"丢掉一切战果。

这样，部队向北开往萨默塞特郡，几天后，来到一处相对安全的位置——莫里斯敦村附近多山多林的乡间，准备度过冬天。

1776年的战争在一场惊人的胜利中结束了。《宾夕法尼亚日报》称，如果华盛顿生在偶像崇拜的时代，他将会像神一样受人膜拜。"如果说他性格中有弱点，那也像太阳的黑子，只

---

① 约29公里。

有借助望远镜才能看见。"

纳撒内尔·格林给托马斯·潘恩写信说:"特伦顿和普林斯顿的最近两次行动让事态发生了截然不同的转变。"

特伦顿大捷之后,很快又在普林斯顿取得了胜利。不过,虽然普林斯顿的消息令举国轰动,但最重要的还是特伦顿大捷,特伦顿大捷和夜渡特拉华河被正确地视为意义重大的转折点。通过特伦顿的胜利,人们意识到:美国打败过敌军,打败过不可一世的德国兵——乔治三世所痛恨的唯利是图的家伙;美军智取敌军,力克敌军,将来也会这样做。

一些德国军官和一些多疑的美国人认为,特伦顿战役只不过是个小小的失利,一个令人恼火的事件,但它和英军在布鲁克林和华盛顿要塞的大规模胜利比起来根本算不了什么。特伦顿战役是一次"军事摩擦",一次"交火",不是战役。

但英方的一些人勉强承认,必须因此从新的角度看待这些"乌合之众"。俘虏查尔斯·李的骑兵指挥官威廉·哈考特上校给自己的父亲写了一封信,他说,虽然美军仍然目无军纪,不懂大规模战役,他们已表现出了不起的机智、坚忍和进取心,虽然一度"英军对其嗤之以鼻,但他们现在已成为一支劲敌"。

那些为美国事业奋斗的人,那些遍及全国、把华盛顿视为保证美国独立并将《独立宣言》的承诺付诸实施的人,特伦顿的胜利无比重要。这是一次让人满怀希望的胜利,是个表现英勇的真正的"漂亮仗"。

1776 年从 8 月的最后一个星期到 12 月的最后一个星期的这段时间,对那些投身美国事业的人来说是最灰暗的时刻——事实上,是这片土地有史以来最灰暗的时刻。突然之间,仿佛奇迹发生,因为一小股坚持不懈的部队及其指挥官,一切都变了。

一个世纪后，乔治·奥托·特里维廉爵士在一本研究美国独立战争的经典著作中写道："人们会产生疑问：在如此短的时间内组建的如此小的一支部队，是否会对世界历史产生如此重大如此深远的影响。"

更早一些时候，阿比盖尔·亚当斯给朋友默茜·奥蒂斯·沃伦写信说："我倾向于认为，最近的不幸激发了总司令不凡的潜能。"她引用英国诗人爱德华·杨格诗中名句："困顿之际正是勇士崛起之时。"

默茜·沃伦是詹姆斯·沃伦的妻子，也是一位作家，她后来在所著美国革命史中写道，也许"世上没有哪个国家像美国这样，热情之火熊熊燃起，照耀天地"。

> 在这样出人意料的时刻拿下了特伦顿，乐天精神产生了巨大影响，最突出的表现是让人们的思想瞬间发生了变化，从绝望的重负中解脱出来，重新激发起勇气，每一张脸都开朗起来。

新年到了。从英格兰传来消息说，10月31日，伦敦，英王乔治三世又一次全副仪仗从圣詹姆斯宫前往威斯敏斯特，在议会就仍旧令人揪心的美洲战事发表演说。

> 我无比欣慰地告诉诸位［乔治三世说］……我不幸的［美洲］子民已从蒙昧中苏醒，摆脱了首领的压迫，重新履行自己的职责。但他们的首领怙恶不悛，永远要谋求权力和地位，竟公然宣布不再对王室效忠，不再与本国有任

何政治联系……擅自建立各州的反动联邦。如果这种叛国行为落地生根,必将带来巨大的不幸。

另一场军事战争即将在美洲打响。

议会中同一批辉格党领袖像以前一样大力谴责这场"邪恶的战争"。杰曼勋爵对此回应说,还应该继续向美洲增兵。就像一年前一样,议会以绝对多数通过了国王的决议,而去年10月的这一幕好像已经过去很久了。

1777年3月,特伦顿的消息传到英格兰,《伦敦大众晚报》等说,德国兵的失利"令人不快",但"远远比不上"擒获李将军重要。杰曼勋爵立刻看出,这一事件的重要性在于它将对美国民众精神产生的影响。不过,他仍毫不怀疑,叛军快要完蛋了。

在新泽西,零星的战斗将持续到冬季结束,战争本身将会继续,对很多人来说似乎没有结束的一天。简要言之,战争会再持续六年半,直到1783年《巴黎和约》签署才会终结。

一些从一开始就追随华盛顿的人,如约瑟夫·霍奇金斯,还会继续服役几年时间,直到他们认为自己已经尽到义务。还有一些人,如二等兵约瑟夫·马丁,会一直服役到战争结束。

在南方战场上,弗吉尼亚的约克敦将爆发最后一次大战,纳撒内尔·格林将在此战中证明自己是美军最出色的战地指挥官。华盛顿认为,如果自己出了什么事——如果被俘或阵亡,格林将接替总司令一职。

参与波士顿围城的将军中,到英军在约克敦投降时只有两人还在军中。亨利·诺克斯在特伦顿战役后成了准将,华盛顿参加的每一战都有他战斗的身影,到约克敦战役时他也在军中。华盛顿一开始就选中了格林和诺克斯——两个未经实践检验的新英格兰人,认为他们是将与之共事的最好的"可塑之材"。这两个人都显示出真正卓越的才能,并一直战斗到战争结束。

法国和荷兰的财政援助、法国陆海军的军事支援,对战争的结果有极大影响,但归根到底,是华盛顿率领军队赢得了美国独立战争。胜利的关键在于大陆军,而不在于哈得孙河,或者占有纽约或费城。是华盛顿让这支军队不散,给将士以"精神力量"度过最绝望的时刻。

他对战略战术并不精通,也缺少演讲天赋,更不是思想家。在一些关键的时候,他显得非常优柔寡断,他曾做出极为错误的判断。但从孩提时代开始,经验就是他的良师,他不断从经验中学习。最重要的,华盛顿从未忘记要挽救什么,他从不放弃。

在给大陆会议和部下军官的信中,在颁布的将军令中,华盛顿一遍遍地号召人们坚持——号召人们"坚持、不灰心",号召人们"耐心、坚持",号召人们"坚定勇气、坚持不懈"。特伦顿和普林斯顿后不久,他写道:"一个不习惯约束的民族必须加以引导而不是逼迫。"没有华盛顿的领导和不懈坚持,革命几乎肯定早就失败了。正像纳撒内尔·格林随战事发展所预见到的那样,"他将是其祖国的解放者"。

这场战争比后人所理解或认识到的要更长,要艰苦得多也痛苦得多。战争带走了大约2.5万美国人的生命,几乎占到人口的百分之一。就阵亡率而言,这是美国历史上除南北战争以外代价最为惨重的战争。

1776年见证了一个国家的诞生,见证了《独立宣言》的签署。这一年属于那些为独立而战的人们,这一年有太少的胜利,太多的痛苦、疾病、饥饿、逃离、懦弱、幻灭、失败、心灰意冷、恐惧不安,对此他们永远不会忘记。但这一年也有非凡的勇气和对祖国真诚的奉献,对此他们同样永远不会忘记。

那些追随华盛顿的人从一开始就知道这一切来得多么侥幸,侥幸会因环境、风暴、逆风、个人的怪癖和力量而有不同,但这个结果不啻是一个奇迹。

参考文献

资料来源

1776年是关系重大的一年,产生了深远的历史影响,相关资料可谓浩如烟海。我采纳的第一手资料——信件、日记回忆录、地图、军令簿、报纸上的报道之类——已在参考书目中列出。但最为重要的是乔治·华盛顿、纳撒内尔·格林、亨利·诺克斯、约瑟夫·里德、约瑟夫·霍奇金斯的信件。这些人有时间和精力把所做的事全部写下来,这本身就是一个奇迹,应被视为他们对祖国做出的另一大贡献。本书的跨度从1775年6月到1777年的第一周,这期间华盛顿足足写了947封信!

英国方面,不可一世的詹姆斯·格兰特的信件,也格外丰富迷人。这些信件保存在苏格兰的巴林德洛夫城堡,那是格兰特的祖宅,国会图书馆里有这些信件的微缩胶片。

我查阅了70多本日记,最有价值的出自杰贝兹·菲奇、詹姆斯·撒切尔、菲利普·V. 菲西安、安布罗斯·塞尔、阿奇博尔德·罗宾逊、弗雷德里克·麦肯奇、约翰·埃瓦尔德。

至于回忆录，亚历山大·格雷顿、约瑟夫·普拉姆·马丁和约翰·格林伍德所录十分突出。

很多地方我也依据了三本最早关于独立战争的历史著作。这三本书都出版于18世纪的最后十年，其时记忆还相对鲜活，很多要人尚在人世。戴维·拉姆齐的《美国革命史》和威廉·戈登的《美利坚合众国独立的兴起、发展和建立史》都是美国人的著作（拉姆齐是南卡罗来纳的一名医师，戈登是马萨诸塞的一名神父）。第三本是第一本由英国人撰写、全面记录这段历史的著作，也是亲自参加过这场战争的人所做的记录，即查尔斯·斯特德曼的《美洲战争的起源、发展和结束史》。

此外，我还依据一些杰出的二手资料：本森·鲍勃里克的《旋风中的天使》、皮尔斯·麦克西的《美国战争：1775—1783》、罗伯特·米德尔考夫的《光荣事业》、查尔斯·罗伊斯特的《民族革命战争》和约翰·夏伊的《武装起来的民族人海》。

克里斯托夫·沃德的两卷本《革命史》出版于五十多年前，至今仍是极佳的军事研究课题。丹·希金伯特姆的《美国独立战争》驾轻就熟、流畅清晰、布局合理。（其参考书目特别有价值。）还有一本了不起的多卷本旧书《美国革命》，乔治·奥托·特里维廉所著，初版于1899年，单看其文笔就是一种享受，更不要说其中充满了深刻的洞察和别处几乎找不到的细节。

关于1776年战争的书中，有四本是一流的、不可或缺的：戴维·哈克特·费希尔的《华盛顿渡河》、托马斯·弗莱明的《1776：错觉之年》、梅里特·伊里的《考验人意志的那一年》，以及理查德·M. 凯彻姆的《冬日战士》。还有四本编排得法的书信和回忆录汇编：亨利·斯蒂尔·康马杰和理查德·B.

莫里斯合编的两卷本《1776年精神》、约翰·C. 丹所编《革命往事》、乔治·F. 希尔和休·F. 兰金合编的《叛军与红衫军》、玛格丽特·惠勒·威拉德编《美国独立通信集：1774—1776》。

我着手研究之初，让我惊奇的一件事是，关于波士顿围城的资料有那么多，但奇怪的是，这个主题很多年基本上被历史学家忽略了。一本很重要的书是艾伦·弗伦奇写的《美国革命第一年》，出版于1934年。这是一部杰作，弗伦奇先生加了详尽的注解，藏于马萨诸塞历史学会，其价值无法衡量。

关于纽约战役，最好的记载出自小布鲁斯·布利文的《炮火之下》和《曼哈顿战役》，埃里克·I. 曼德斯的《长岛之战》、约翰·J. 加拉格尔的《布鲁克林战役：1776》、巴尼特·谢克特的《纽约战役》。最早的学术著作是《1776年纽约及布鲁克林战役》，亨利·P. 约翰斯顿所著，由长岛历史学会于1878年出版，是本不可或缺的著作。

对于华盛顿要塞之围所做的最好的研究是威廉·保罗·迪瑞的《华盛顿要塞崩溃记》，是一篇未出版的论文，于1996年提交给乔治·华盛顿大学的哥伦比亚文理学院。

围绕新泽西战役的书中，我选取了关于这个主题的第一本严肃著作，威廉·S. 斯特赖克的《特雷顿和普林斯顿战役》，还有亚瑟·S. 莱夫克维茨出版于1998年的更为详尽的《大溃败》、阿尔弗雷德·霍伊特·比尔的《普林斯顿战役：1776—1777》、威廉·M. 德怀尔的《胜利在望》。

我写作过程中一直给我帮助的传记作品首推道格拉斯·索撒尔·弗里曼的《乔治·华盛顿》，第3卷和第4卷对我的帮助尤其大。这本书虽然有点老套，但对华盛顿在战争中的领袖作用做了深入研究，提供了很多精到的脚注。就这两方面说，它仅次于《乔治·华盛顿书信集》。

我经常用到的其他传记包括克里斯托夫·希伯特的《乔治三世：一部个人史》、西奥多·塞耶的《纳撒内尔·格林》、乔治·华盛顿·格林的《纳撒内尔·格林生平》、诺斯·卡拉汉的《亨利·诺克斯》、约翰·理查德·奥尔登的《查尔斯·李将军》、乔治·阿塞恩·比利亚斯的《约翰·格洛弗和他的马布尔黑德水手》、威廉·B. 威尔科克斯对亨利·克林顿爵士做出深入研究的《一位将军的画像》、伊恩·D. 格鲁伯的《豪兄弟及美国革命》、特罗耶·斯蒂尔·安德森的《豪兄弟在美国革命中的作用》、富兰克林和玛丽·威克怀尔的《康沃利斯：美洲探险》。

《美洲叛乱》是另一部力作，是亨利·克林顿本人对战争的记录，由威廉·B. 威尔科克斯汇编。

像所有写到革命战争的人一样，我会一直对下列著作心存感激：I. N. 费尔普斯·斯托克斯的《图解曼哈顿岛：1498—1909》、彼得·福斯的《美国档案》、马克·梅奥·博特纳三世的《美国革命百科全书》。

我还经常用到约翰·特朗布尔绘制的肖像，大部分作品位于耶鲁大学美术馆。再有就是查尔斯·威尔逊·皮尔，尤其是藏于费城国家独立公园的那些作品。这两位了不起的画家都亲历过那场战争，在他们的画作中，我们看到的不仅仅是美国方面主角的长相，还是对其性格的刻画。

最后，我必须提到与本书有关的五处历史建筑。

纳撒内尔·格林在罗得岛东格林尼治一处有着白色框架的老农舍里出生和长大，这所房子至今完好，仍归格林家族所有。里面的珍品有格林躺过的摇篮，还有许多藏书，甚至有格林参战前从一个英国逃兵手里买来的滑膛枪。格林结婚前不久建造的四方形的漂亮房子也保留了下来，位于罗得岛的卡温顿，就在他的铸铁厂旁边。

芒特弗农是华盛顿在弗吉尼亚的故居，能告诉我们很多关于华盛顿的事，很大程度上可看作华盛顿未写的自传。还有两处华盛顿在1776年战事中的司令部：一个是位于坎布里奇布拉特尔大街的宏伟住宅，长期以来作为朗费罗故居为人所知；还有一处位于纽约城160号大街附近朱梅尔排房的莫里斯-朱梅尔宅院。除了位于东格林尼治的格林故居，这几处大房子都向公众开放，其古老的外墙用自己的方式讲述着历史。

手稿部分

American Antiquarian Society, Worcester, Mass.
    Newspaper, manuscript, and broadside collections
American Philosophical Society, Philadelphia
    Nathan Sellers Journal
Boston Public Library
Clements Library, Ann Arbor, Mich.
    Loftus Cliffe Papers
    Henry Clinton Papers
    James S. Schoff Revolutionary War Collection
Colonial Williamsburg Reference Library, Williamsburg, Va.
Harvard University Archives, Cambridge, Mass.
    John Winthrop Papers

Historical Society of Delaware, Wilmington
Historical Society of Pennsylvania, Philadelphia
   Edward Hand Papers
Library of Congress, Washington, D. C.
   Peter Force Archives
   Geography and Map Division
   James Grant Papers
   Consider Tiffany Papers
   George Washington Papers
Longfellow House National Historic Site, Cambridge, Mass.
   George Washington Papers and Park Service Archives
Massachusetts Historical Society, Boston
   John Adams Papers
   Reverend Samuel Cooper Diary
   Allen French Papers
   Richard Frothingham Papers
   Henry Knox Diary
   Timothy Pickering Papers
   Samuel Shaw Papers
   William Tudor Papers
   Lieutenant Richard Williams Papers
   Hannah Winthrop and Mercy Warren Correspondence
Mount Vernon Department of Collections, Mount Vernon, Va.
Museum of the City of New York Archives
National Archives, Washington, D. C.
   Revolutionary Pension Records

New-York Historical Society, New York City
    William Alexander, Lord Stirling, Correspondence
    Lachlan Campbell Journal
    William Duer Papers
    Nathan Eells Papers
    Henry Knox Papers (Gilder-Lehrman Collection)
    Alexander McDougall Papers
    Solomon Nash Journal
    Joseph Reed Papers
Pierpont Morgan Library, New York City
    John Trumbull Papers
Public Records Office, Kew Gardens, London
    Lord William Howe Papers
    Loyalist Claims Records
    Sir George Osborn Papers
Rhode Island Historical Society, Providence
    Thomas Foster Papers
    Nathanael Greene Papers
    Captain Stephen Olney Papers
Society of Cincinnati, Washington, D. C.
    Manuscript, Map, and Graphic Material Collections
Yale University Art Gallery, New Haven, Conn.

著作

    Abbott, W. W., ed. *The Papers of George Washing-*

ton, Colonial Series. Vol. I. Charlottesville: University Press of Virginia, 1983.

Adair, Douglass, and John A. Schutz, eds. *Peter Oliver's "Origin and Progress of the American Rebellion: A Tory View."* San Marino, Calif.: Huntington Library, 1961.

Adams, Charles Francis, ed. *The Works of John Adams.* Vols. III, IX. Boston: Little, Brown, 1856.

Adams, Hannah. *A Summary History of New-England: From the First Settlement at Plymouth to the Acceptance of the Federal Constitution, Comprehending a General Sketch of the American War.* Dedham, Mass.: H. Mann & J. H. Adams, 1799.

Adams, Randolph G. *Sir Henry Clinton Maps: British Headquarters Maps and Sketches.*

Ann Arbor, Mich.: William L. Clements Library, 1928.

Alden, John R. *General Charles Lee: Traitor or Patriot?* Baton Rouge: Louisiana State University Press, 1951.

——. *A History of the American Revolution.* New York: Knopf, 1969.

The American Revolution in New York: Its Political, Social, and Economic Significance.

(Prepared by the Division of Archives and History) Albany: University of the State of New York, 1926.

Anderson, Fred. *Crucible of War: The Seven Years' War and the Fate of Empire in British North America, 1754—1766.* New York: Knopf, 2000.

Anderson, Troyer Steele. *The Command of the Howe Brothers During the American Revolution*. New York and London: Oxford University Press, 1936.

Andrews, John. *History of the War with America, France, Spain, and Holland*. Vol. II. London: John Fielding, 1785—1786.

The Annual Register; or, A View of the History, Politics, and Literature for the Year 1775. London: Printed for J. Dodsley, 1776.

Arch, Nigel, and Joanna Marschner. *Splendour at Court: Dressing for Royal Occasions Since 1700*. London and Sydney: Unwin Hyman, 1987.

Atwood, Rodney. *The Hessians: Mercenaries from Hessen-Kassel in the American Revolution*. Cambridge, Eng.: Cambridge University Press, 1980.

Bailyn, Bernard. *Faces of Revolution: Personalities and Themes in the Struggle for American Independence*. New York: Knopf, 1990.

Bakeless, John. *Turncoats, Traitors, and Heroes*. Philadelphia: J. B. Lippincott, 1959.

Balch, Thomas, ed. *Papers Relating Chiefly to the Maryland Line During the Revolution*.

Philadelphia: Printed for the Seventy-Six Society, 1857.

Bancroft, George. *History of the United States*. Vol. IX. Boston: Little, Brown, 1866.

Barck, Oscar Theodore, Jr. *New York City During the*

Wor for Independence. New York: Columbia University Press, 1931.

Barnum, H. L. *The Spy Unmasked; or, Memoirs of Enoch Crosby*. Harrison, N. Y.: Harbor Hill Books, 1975.

Beatson, Robert. *Naval and Military Memoirs of Great Britain from 1727 to 1783*. Vol. VI. Boston: Gregg Press, 1972.

Becker, John. *The Sexagenary; or, Reminiscences of the American Revolution*. Albany, N. Y.: J. Munsell, 1866.

Berger, Joseph, and Dorothy Berger, eds. *Diary of America*. New York: Simon & Schuster, 1957.

Bill, Alfred Hoyt. *The Campaign of Princeton: 1776—1777*. Princeton, N. J.: Princeton University Press, 1948.

Billias, George Athan. *General John Glover and His Marblehead Mariners*. New York: Henry Holt, 1960.

———. *George Washington's Generals*. New York: Morrow, 1964.

Black, Jeremy. *Pitt the Elder: The Great Commoner*. Gloucestershire, Eng.: Sutton Publishing, 1999.

Blakeslee, Katherine Walton. *Mordecai Gist and His American Progenitors*. Baltimore: Daughters of the American Revolution, 1923.

Bliven, Bruce, Jr. *Battle for Manhattan*. New York: Holt, 1955.

———. *Under the Guns: New York, 1775—1776*. New York: Harper & Row, 1972.

Blumenthal, Walter Hart. *Women Camp Followers of the American Revolution*. Philadelphia: George S. MacManus Co., 1952.

Bobrick, Benson. *Angel in the Whirlwind: The Triumph of the American Revolution*. New York: Simon & Schuster, 1997.

Bolton, Charles Knowles, ed. *Letters of Hugh Earl Percy from Boston and New York: 1774—1776*. Boston: Gregg Press, 1972.

——. *The Private Soldier Under Washington*. Port Washington, N. Y.: Kennikat Press, 1964.

Bowman, Allen. *The Morale of the American Revolutionary Army*. Washington, D. C.: American Council on Public Affairs, 1943.

Bowne, William L. *Ye Cohorn Caravan: The Knox Expedition in the Winter of 1775—76*. Schuylerville, N. Y.: NaPaul Publishers, 1975.

Bridenbaugh, Carl. *Cities in Revolt: Urban Life in America, 1743—1776*. New York: Knopf, 1955.

Brooke, John. *King George III*. London: Constable, 1972.

Brookhiser, Richard. *Founding Father*. New York: Free Press, 1996.

Brooks, Noah. *Henry Knox: A Soldier of the Revolution: 1750—1806*. New York and London: Putnam, 1900.

Brooks, Victor. *The Boston Campaign: April 1775—March 1776*. Conshohocken, Pa.: Combined Publishing, 1999.

Buckley, Gail. *American Patriots: The Story of Blacks in the Military from the Revolution to Desert Storm*. New York: Random House, 2001.

Buel, Joy Day, and Richard Buel, Jr. *The May of Duty: A Woman and Her Family in Revolutionary America*. New York: Norton, 1984.

Burgoyne, Bruce E. , ed. *Enemy Views: The American Revolutionary War as Recorded by the Hessian Participants*. Bowie, Md. : Heritage Books, 1996.

——. *The Hesse-Cassel Mirbach Regiment in the American Revolution*. Bowie, Md. : Heritage Books, 1998.

Burke, Edmund. *The Correspondence*. Vol. III. *July 1774-June 1778*. Cambridge, Eng. : Cambridge University Press, 1961.

Burnaby, Rev. Andrew. *Travels Through the Middle Settlements in North America in the Years 1759 and 1760*. 3rd ed. London: For T. Payne, 1798.

Burrows, Edwin G. , and Mike Wallace. *A History of New York City to 1898*. New York and Oxford: Oxford University Press, 1999.

Butterfield, L. H. , ed. *Adams Family Correspondence*. Vols. Ⅰ-Ⅱ. Cambridge, Mass. : Harvard University Press, 1963.

——. *Letters of Benjamin Rush*. Vols. Ⅰ-Ⅱ. Princeton, N. J. : American Philosophical Society, 1951.

Callahan, North. *Henry Knox: General Washington's General*. South Brunswick, Maine: A. S. Barnes & Co. , 1958.

Chase, Philander; W. W. Abbott; and Dorothy Twohig, eds. *The Papers of George Washington*. Vols. I-VIII. Charlottesville: University Press of Virginia, 1985—1998.

Chidsey, Donald Barr. *The Tide Turns: An Informal History of the Campaign of 1776 in the American Revolution*. New York: Crown Publishers, 1966.

Churchill, Sir Winston. *The Great Republic: A History of America*. New York: Modern Library, 2001.

Clark, William Bell, ed. *Naval Documents of the American Revolution*. Vols. III-VII. Washington, D. C.: U. S. Department of the Navy, 1968—1976.

Cobbett, William. *The Parliamentary History of England from the Earliest Period to the Year 1803*. Vol. XVIII. London: T. C. Hansard, 1813.

Coffin, Charles, ed. *The Lives and Services of Maj. Gen. John Thomas, Col. Thomas Knowlton, Col. Alexander Scammell, Maj. Gen. Henry Dearborn*. New York: Egbert, Hovey & King, 1845.

Colley, Linda. *Britons Forging the Nation, 1707—1837*. New Haven, Conn.: Yale University Press, 1992.

Collins, Varnum Lansing, ed. *A Brief Narrative of the Ravages of the British and Hessians at Princeton, 1776—1777*. Princeton, N. J.: University Library, 1999.

Commager, Henry Steele, and Richard B. Morris, eds. *The Spirit of 'Seventy-Six: The Story of the American Revolution as Told by Participants*. Vols. I-II. Indianapolis:

Bobbs-Merrill, 1958.

Conway, Moncure Daniel. *Writings of Thomas Paine*. Vol. I. New York: Putnam, 1894.

Cook, Don. *The Long Fuse: How England Lost the American Colonies, 1760—1785*. New York: Atlantic Monthly Press, 1995.

Copley, John Singleton. *Letters and Papers of John Singleton Copley and Henry Pelham, 1739—1776*. Boston Massachusetts Historical Society, 1914.

Corner, George W., ed. *The Autobiography of Benjamin Rush: His Travels Through Life, Together with His 'Commonplace Book' for 1789—1813*. Westport, Conn.: Greenwood Press, 1970.

Coupland, R. *The American Revolution and the British Empire*. New York: Russell & Russell, 1965.

Crary, Catherine S. *The Price of Loyalty: Tory Writings from the Revolutionary Era*. New York: McGraw-Hill, 1973.

Cumming, W. P., and Hugh Rankin. *The Fate of a Nation: The American Revolution Through Contemporary Eyes*. London: Phaidon Press, 1975.

Cunliffe, Marcus. *George Washington: Man and Monument*. New York: New American Library, 1958.

Custis, George Washington Parke. *Recollections and Private Memoirs of Washington*. New York: Derby & Jackson, 1860.

Cutter, William. *The Life of Israel Putnam, Major*

General in the Army of the American Revolution. Boston: Sanborn, Carter, Bazin & Co. , 1846.

Dalzell, Robert F. , Jr. , and Lee Baldwin Dalzell. *George Washington's Mount Vernon*. New York: Oxford University Press, 1998.

Dann, John C. , ed. *The Revolution Remembered: Eyewitness Accounts of the War for Independence*. Chicago: University of Chicago Press, 1980.

Davies, K. G. , ed. *Documents of the American Revolution, 1770—1783*. Colonial Office Series. Vols. XI, XIV. Dublin: Irish University Press, 1976.

Dawson, Henry B. , ed. *New York City During the American Revolution: Being a Collection of Original Papers from the Manuscripts of the Mercantile Library Association of New York City*. New York: Privately printed for the Association, 1861.

Deary, William Paul. "Toward Disaster at Fort Washington, November 1776." Dissertation, George Washington University, 1996.

Decker, Malcolm. *Brink of Revolution: New York in Crisis, 1765—1776*. New York: Argosy Antiquarian, 1964.

Defoe, Daniel. *A Tour Thro' Great Britain, 1742*. Vol. II. New York & London: Garland Publishing, 1975.

Diamant, Lincoln. *Chaining the Hudson: The Fight for the River in the American Revolution*. Carol Publishing Group, 1994.

——. *Revolutionary Women in the War for American Independence*. A one-volume revised edition of Elizabeth Ellet's 1848 Landmark Series. Westport, Conn.: Praeger, 1998.

Drake, Francis S. *Life and Correspondence of Henry Knox*. Boston: Samuel G. Drake, 1873.

Drake, Samuel Adams. *General Israel Putnam: The Commander at Bunker Hill*. Boston: Nichols & Hall, 1875.

——. *Old Landmarks and Historic Personages of Boston*. Boston: James R. Osgood & Co., 1873.

Draper, Theodore. *A Struggle for Power: The American Revolution*. New York: Times Books, 1996.

Drinkwater, John. *Charles James Fox*. New York: Cosmopolitan Book Corp., 1928.

Duer, William Alexander. *The Life of William Alexander, Earl of Stirling, with Selections from His Correspondence*. Published for the New Jersey Historical Society. New York: Wiley & Putnam, 1847.

Duncan, Louis C. *Medical Men in the American Revolution*. Jefferson, N. C., and London: McFarland & Co., 1998.

Dwyer, William M. *The Day Is Ours: November 1776-January 1777, An Inside View of the Battles of Trenton and Princeton*. New York: Viking Press, 1983.

Eliot, Ellsworth, Jr. *The Patriotism of Joseph Reed*. New Haven, Conn.: Yale University Library, 1943.

Ellet, Elizabeth F. *The Women of the American Revolution*. Vol. III. Philadelphia: George W. Jacobs & Co., 1900.

English, Frederick. *General Hugh Mercer: Forgotten Hero of the American Revolution.* Lawrenceville, N. J.: Princeton Academic Press, 1975.

Fenn, Elizabeth A. *Pox Americana: The Great Smallpox Epidemic of 1775—82.* New York: Hill & Wang, 2001.

Ferris, Robert G. , and Richard E. Morris. *The Signers of the Declaration of Independence.* Flagstaff, Ariz. : Interpretive Publications, 1982.

Field, Thomas W. *Battle of Long Island.* Brooklyn: Long Island Historical Society, 1869.

Fields, Joseph E. *Worthy Partner: The Papers of Martha Washington.* Westport, Conn. : Greenwood Press, 1994.

Fischer, David Hackett. *Paul Revere's Ride.* New York: Oxford University Press, 1994.

———. *Washington's Crossing.* New York: Oxford University Press, 2004.

Fisher, Sydney George. *The True History of the American Revolution.* Philadelphia: J. B. Lippincott, 1902.

Fiske, John. *The American Revolution.* Vols. Ⅰ-Ⅱ. Boston: Houghton Mifflin, 1891.

Fitzpatrick, John C. , ed. *George Washington Accounts of Expenses.* Boston: Houghton Mifflin, 1917.

———. *George Washington Himself.* Indianapolis: Bobbs-Merrill, 1933.

———. *The Writings of George Washington from the Original Manuscript Sources, 1745—1799.* Vols. Ⅰ-Ⅷ. Washington, D. C.: U. S. Government Printing Office, 1931—1933.

Fleming, Thomas. *Now We Are Enemies: The Story of Bunker Hill*. New York: St. Martin's Press, 1960.

——. *1776: Year of Illusions*. New York: Norton, 1975.

Flexner, James Thomas. *George Washington: The Forge of Experience, 1732—1775*. Vol. I. Boston: Little, Brown, 1965.

——. *George Washington in the American Revolution, 1775—1783*. Vol. II. Boston: Little, Brown, 1967.

——. *The Young Hamilton: A Biography*. Boston and Toronto: Little, Brown, 1978.

Flood, Charles Bracelen. *Rise, and Fight Again: Perilous Times Along the Road to Independence*. New York: Dodd, Mead, 1976.

Foner, Philip S. , ed. *The Complete Writings of Thomas Paine*. 2 vols. New York: Citadel Press, 1945.

Forbes, Esther. *Paul Revere and the World He Lived In*. Boston: Houghton Mifflin, 1942.

Force, Peter. *American Archives: Consisting of a Collection of Authentick Records, State Papers, Debates, and Letters and Other Notices of Public Affairs*. 4th series. 9 vols. Washington, D. C.: M. St. Clair and Peter Force, 1837—1853.

Ford, Paul Leicester. *Washington and the Theatre*. New York: Dunlap Society, 1899.

Fortescue, Sir John, ed. *The Correspondence of King George the Third from 1760 to December 1783*. Vol. Ⅲ. London: Macmillan, 1927—1928.

——. *The War of Independence: The British Army in North America, 1775—1783*. London: Greenhill Books, 2001.

Fowler, William, Jr. *The Baron of Beacon Hill: A Biography of John Hancock*. Boston: Houghton Mifflin, 1980.

——. *Rebels Under Sail: The American Navy During the Revolution*. New York: Scribner, 1976.

Freeman, Douglas Southall. *George Washington*. Vols. I-Ⅱ. *Young Washington*. New York: Scribner, 1948—1949.

——. *George Washington*. Vol. III. *Planter and Patriot*. New York: Scribner, 1951.

——. *George Washington*. Vol. IV. *Leader of the Revolution*. New York: Scribner, 1951.

French, Allen. *The First Year of the American Revolution*. Boston: Houghton Mifflin, 1934.

——. *The Siege of Boston*. New York: Macmillan, 1911.

Frey, Sylvia R. *The British Soldier in America: A Social History of Military Life in the Revolutionary Period*. Austin: University of Texas, 1981.

Frothingham, Thomas G. *History of the Siege of Boston, and of the Battles of Lexington, Concord, and Bunker Hill*. New York: Da Capo Press, 1970.

——. *Washington: Commander in Chief*. Boston:

Houghton Mifflin, 1930.

Fruchtman, Jack, Jr. *Thomas Paine, Apostle of Freedom*. New York: Four Walls Eight Windows, 1994.

Gallagher, John J. *The Battle of Brooklyn, 1776*. New York: Sarpedon, 1995.

Garrett, Wendell. *George Washington's Mount Vernon*. New York: Monacelli Press, 1998.

Gerlach, Larry R., ed. *New Jersey in the American Revolution: 1763—1783*. Trenton, N. J.: New Jersey Historical Commission, 1975.

Gillett, Mary C. *The Army Medical Department, 1775—1818*. Washington, D. C.: U. S. Government Printing Office, 1995.

Gordon, William. *The History of the Rise, Progress, and Establishment of the Independence of the United States of America*. Vols. I-II. London, 1788.

Greene, Albert. *Recollections of the Jersey Prison Ship*. Bedford, Mass.: Applewood Books, 1961.

Greene, George Washington. *The Life of Nathanael Greene*. Vol. I. Freeport, N. Y.: Books for Libraries Press, 1962.

——. *Nathanael Greene: An Examination of Some Statements Concerning Major General Greene in the Ninth Volume of Bancroft's "History of the United States."* Boston: Ticknor & Fields, 1866.

Griffiths, Thomas Morgan. *Major General Henry Knox*

and the Last Heirs to Montpelier. Monmouth, Maine: Monmouth Press, 1965.

Gruber, Ira D. *The Howe Brothers and the American Revolution*. New York: Atheneum, 1972.

Hamilton, John C. *The Life of Alexander Hamilton*. Vol. I. New York: Halsted & Voorhies, 1834.

Hammond, Otis G., ed. *Letters and Papers of Major-General John Sullivan*. Vols. I - III. Concord: New Hampshire Historical Society, 1930—1939.

Harcourt, Edward William, ed. *The Harcourt Papers*. Vol. XI. Oxford, Eng.: James Parke & Co., 1884.

Harrison, Peleg. *The Stars and Stripes and Other American Flags*. Boston: Little, Brown, 1914.

Hawke, David Freeman. *Paine*. New York: Harper & Row, 1974.

Heller, Charles E., and William A. Stofft, eds. *America's First Battles, 1776—1965*. Lawrence: University Press of Kansas, 1986.

Hibbert, Christopher. *George III: A Personal History*. New York: Viking Press, 1998.

——. *Redcoats and Rebels*. New York: Avon Books, 1990.

Higginbotham, Don. *George Washington and the American Military Tradition*. Athens: University of Georgia Press, 1985.

——, ed. *George Washington Reconsidered*. Charlottesville: University Press of Virginia, 2001.

——. *George Washington: Uniting a Nation*. Lanham,

Md. : Rowman & Littlefield Publishers, 2002.

———. *The War of American Independence: Military Attitudes, Policies, and Practice, 1763—1789*. New York: Macmillan, 1971.

Hill, George Canning. *Gen. Israel Putnam: "Old Put," a Biography*. Boston: E. O. Libby & Co., 1858.

Hirschfield, Fritz. *George Washington and Slavery*. Columbia: University of Missouri Press, 1997.

Hofstra, Warren R., ed. *George Washington and the Virginia Backcountry*. Madison, Wis.: Madison House Publishers, 1998.

Holmes, Richard. *Redcoat: The British Soldier in the Age of Horse and Musket*. New York: Norton, 2001

Houlding, J. A. *Fit for Service: The Training of the British Army, 1715—1795*. Oxford, Eng.: Clarendon Press, 1981.

Huddleston, F. J. *Gentleman Johnny Burgoyne*. Garden City, N. Y.: Garden City Publishing, 1927.

Humphreys, David. *An Essay on the Life of the Honourable Major-General Isaac Putnam*. Indianapolis: Liberty Fund, 2000.

———. *The Life, Anecdotes, and Heroic Exploits of Israel Putnam*. Cleveland: M. C. Younglove & Co., 1849.

———. *Life of General Washington*. Athens: University of Georgia Press, 1991.

Ierley, Merritt. *The Year That Tried Men's Souls: A Journalistic Reconstruction of the World of 1776*. South

Brunswick, N. J.: A. S. Barnes & Co., 1976.

Jesse, J. Heneage. *Memoirs of the Life and Reign of King George the Third*. Vol. II. 2nd ed. London: Tinsley Bros., 1867.

Johnston, Elizabeth Bryant. *George Washington Day by Day*. New York: Baker & Taylor Co., 1895.

Johnston, Henry Phelps. *The Battle of Harlem Heights, September 16, 1776*. New York: Macmillan, 1897.

———. *The Campaign of 1776 Around New York and Brooklyn*. Brooklyn: Long Island Historical Society, 1878.

———. *Nathan Hale, 1776*. New Haven, Conn.: Yale University Press, 1914.

———. *Yale and Her Honor Roll in the American Revolution, 1775—1783*. New York: Privately printed, 1888.

Jones, E. Alfred. *The Loyalists of Massachusetts*. London: St. Catherine Press, 1930.

Jones, Michael Wynn. *Cartoon History of the American Revolution*. New York: Putnam, 1975.

Jones, Thomas. *History of New York During the Revolutionary War*. Vols. I-II. New York: New-York Historical Society, 1879.

Kammen, Michael. *Colonial New York: A History*. New York: Scribner, 1975.

———. *A Season of Youth: The American Revolution and the Historical Imagination*. New York: Knopf, 1978.

Ketchum, Richard M. *Decisive Day: The Battle for*

Bunker Hill. New York: Doubleday, 1962.

———. *Divided Loyalties: How the American Revolution Came to New York*. New York: Holt, 2002.

———. *The Winter Soldiers*. Garden City, N. Y.: Doubleday, 1973.

———. *The World of George Washington*. New York: American Heritage, 1974.

Kidder, Frederic. *History of the First New Hampshire Regiment in the War of the Revolution*. Albany, N. Y.: Joel Munsell, 1968.

Lancaster, Bruce. *From Lexington to Liberty: The Story of the American Revolution*. Garden City, N. Y.: Doubleday, 1955.

Langford, Paul, ed. *The Writings and Speeches of Edmund Burke*. Oxford, Eng.: Clarendon Press, 1996.

Lawrence, Vera Brodsky. *Music for Patriots, Politicians, and Presidents*. New York: Macmillan, 1975.

Lefferts, Lt. Charles M. *Uniforms of the American, British, French, and German Armies in the War of the American Revolution*. New York: New-York Historical Society, 1926.

Lefkowitz, Arthur S. *The Long Retreat: The Calamitous American Defense of New Jersey, 1776*. Metuchen, N. J.: Upland Press, 1998.

Lewis, W. S., and John Riely, eds. *Horace Walpole's Miscellaneous Correspondence*. Vol. II. New Haven, Conn.: Yale University Press, 1980.

Lewis, Wilmouth Sheldon. *Three Tours Through London in the Years 1748, 1776, 1797*. New Haven, Conn.: Yale University Press, 1941.

Longmore, Paul K. *The Invention of George Washington*. Berkeley: University of California Press, 1988.

Lundin, Leonard. *Cockpit of the Revolution: The War for Independence in New Jersey*. Princeton, N. J.: Princeton University Press, 1940.

Lushington, S. R. *The Life and Services of General Lord Harris*. 2nd ed. London: John W. Parker, 1845.

Lutnick, Solomon. *The American Revolution and the British Press, 1775—1783*. Columbia: University of Missouri Press, 1967.

Mackesy, Piers. *The War for America: 1775—1783*. London: Longmans, Green & Co., 1964.

Maier, Pauline. *American Scripture: Making the Declaration of Independence*. New York: Knopf, 1997.

Manders, Eric I. *The Battle of Long Island*. Monmouth Beach, N. J.: Philip Freneau Press, 1978.

Marshall, John. *The Life of George Washington, Commander-in-Chief of the American Forces*. Vol. II. Philadelphia: C. P. Wayne, 1804.

Martyn, Charles. *The Life of Artemas Ward, the First Commander-in-Chief of the American Revolution*. New York: Artemas Ward, 1921.

Mason, George C. *The Life and Works of Gilbert

Stuart. New York: Scribner, 1879.

McCullough, David. *John Adams*. New York: Simon & Schuster, 2001.

McKenzie, Matthew G. *Barefooted, Bare Leg'd, Bare Breech'd: The Revolutionary War Service of the Massachusetts Continental Line*. Boston: Massachusetts Society of the Cincinnati, 1995.

Middlekauff, Robert. *The Glorious Cause: The American Revolution, 1763—1789*. New York: Oxford University Press, 1982.

Middleton, Richard. *Colonial America: A History, 1385—1776*. 3rd ed. Oxford, Eng.: Blackwell Publishers, 2002.

Miller, Lillian B., ed. *Selected Papers of Charles Willson Peale and His Family*. Vols. I, V. New Haven, Conn.: Yale University Press, 1983, 2000.

Mitchell, L. G. *Charles J. Fox*. Oxford, Eng.: Oxford University Press, 1992.

Montross, Lynn. *The Reluctant Rebels: The Story of the Continental Congress, 1774—1789*. New York: Barnes & Noble, 1950.

——. *The Story of the Continental Army, 1775—1783*. New York: Barnes & Noble, 1967.

Moore, Frank. *Diary of the American Revolution*. Vols. I-II. New York: Charles Scribner, 1860.

Moore, George H. *The Treason of Charles Lee*. Port Washington, N. Y.: Kennikat Press, 1970.

Morgan, Edmund S. *The Genius of George Washington*. New York: Norton 1977.

Morgan, Edwin V. *Slavery in New York*. Half Moon Series edition. Vol. II, No. I. New York: Putnam, 1898.

Morgan, William James, ed. *Naval Documents of the American Revolution*. Vols. Ⅳ-Ⅵ. Washington, D. C.: U. S. Department of the Navy, 1969—1972.

Morrissey, Brendan. *Boston, 1775: The Shot Heard Around the World*. London: Osprey, 1995.

Murray, Rev. James. *An Impartial History of the War in America*. Vol. II. Newcastle, Eng. : Printed for T. Robson, 1780.

Norton, J. E. , ed. *The Letters of Edward Gibbon*. Vol. II. 1774—1784. New York: Macmillan, 1956.

Norton, Mary Beth. *Liberty's Daughters*. Boston: Little, Brown, 1980.

Olsen, Kirstin. *Daily Life in 18th-Century England*. Westport, Conn. : Greenwood Press, 1999.

Onderdonk, Henry, Jr. *Revolutionary Incidents of Suffolk and Kings Counties*. New York: Leavitt & Co. , 1849.

Otten, Robert M. *Joseph Addison*. Boston: Twayne Publishers, 1982.

Pain, Nesta. *George III at Home*. London: Eyre Methuen, 1975.

Paine, Thomas. *The American Crisis*. London: T. W. Shaw, 1775.

——. *"Rights of Man" and "Common Sense."* New York: Knopf, 1994.

Palmer, Dave Richard. *The Way of the Fox: American Strategy in the War for America, 1775—1783.* Westport, Conn.: Greenwood Press, 1975.

Partridge, Bellamy. *Sir Billy Howe.* London: Longmans, Green & Co., 1932.

Pearson, Michael. *Those Damned Rebels.* New York: Da Capo Press, 1972.

Peckham, Howard H., ed. *The Toll of Independence.* Chicago: University of Chicago Press, 1974.

Peterson, Harold L. *The Book of the Continental Soldier.* Harrisburg, Pa.: Stackpole Co., 1968.

Phillips, Brig. Gen. Thomas R., ed. *Reveries on the Art of War: Marshal Maurice de Saxe.* Harrisburg, Pa.: Military Service Publishing Co., 1944.

Plumb, J. H. *The First Four Georges.* London: Fontana/Collins, 1956.

Preble, George Henry. *Origin and History of the American Flag.* Philadelphia: Nicholas L. Brown, 1917.

Putnam, Alfred P. *A Sketch of General Israel Putnam.* Salem, Mass.: Eben Putnam, 1893.

Quarles, Benjamin. *The Negro in the American Revolution.* Chapel Hill: University of North Carolina Press, 1961.

Ramsay, David. *The History of the American Revolution.* Vols. I-II. London: Printed for John Stockdale, 1793.

———. *Life of George Washington*. Ithaca, N. Y. : Mack, Andrus & Woodruff, 1840.

Raphael, Ray. *A People's History of the American Revolution: How Common People Shaped the Fight for Independence*. New York: New Press, 2001.

Rasmussen, William M. S. , and Robert S. Tilton. *George Washington: The Man Behind the Myths*. Charlottesville: University Press of Virginia, 1999.

Rawson, Jonathan. *1776: A Day-by-Day Story*. New York: Frederick A. Stokes Co. , 1927.

Reed, William B. , ed. *Life and Correspondence of Joseph Reed*. Vol. I. Philadelphia: Lindsay & Blakiston, 1847.

Reich, Jerome R. *British Friends of the American Revolution*. Armonk, N. Y. : M. E. Sharpe, 1998.

Reid, Stuart. *Wolfe: The Career of General James Wolfe from Culloden to Quebec*. Staplehurst, Eng. : Spellmount, 2000.

Reilly, Robin. *Wolfe of Quebec*. London: Cassell & Co. , 2001.

Rhodehamel, John, ed. *The American Revolution: Writings from the War of Independence*. New York: Library of America, 2001.

———. *George Washington: Writings*. New York: Library of America, 1997.

Rhoden, Nancy L. , and Ian K. Steele, eds. *The Human Tradition in the American Revolution*. Wilmington, Del. :

Scholarly Resources, 2000.

Riding, Christine, and Jacqueline Riding. *The Houses of Parliament: History, Art, Architecture.* London: Merrell, 2000.

Ritcheson, Charles R. *British Politics and the American Revolution.* Westport, Conn.: Greenwood Press, 1981.

Roberts, Jane, ed. *George III and Queen Charlotte: Patronage, Collecting, and Court Taste.* London: Royal Collection Enterprises, 2004.

Robson, Eric, ed. *Letters from America, 1773—1780.* Manchester, Eng.: Manchester University Press, 1951.

Roche, John F. *Joseph Reed: A Moderate in the American Revolution.* New York: Columbia University Press, 1957.

Rossman, Kenneth R. *Thomas Mifflin and the Politics of the American Revolution.* Chapel Hill: University of North Carolina Press, 1952.

Royster, Charles. *A Revolutionary People at War: The Continental Army and American Character, 1775—1783.* Chapel Hill: University of North Carolina Press, 1979.

Sabine, Lorenzo. *Biographical Sketches of Loyalists of the American Revolution.* 2 vols. Port Washington, N. Y.: Kennikat Press, 1966.

Sabine, William H. W. *Murder, 1776 and Washington's Policy of Silence.* New York: Theo. Gaus' Sons, Inc., 1973.

Sayen, William Guthrie. "A Compleat Gentleman: The Making of George Washington, 1732—1775." Dissertation,

University of Connecticut, 1998.

Schecter, Barnet. *The Battle for New York: The City at the Heart of the American Revolution.* New York: Walker & Co., 2002.

Scheer, George F., and Hugh F. Rankin. *Rebels and Redcoats: The American Revolution Through the Eyes of Those Who Fought and Lived It.* New York: Da Capo Press, 1957.

Schroeder, John Frederick, ed. *Maxims of George Washington.* Mount Vernon, Va.: Mount Vernon Ladies Association, 1989.

Schwarz, Philip J., ed. *Slavery at the Home of George Washington.* Mount Vernon, Va.: Mount Vernon Ladies Association, 2001.

Scott, John Anthony. *Trumpet of a Prophecy: Revolutionary America, 1763—1783.* New York: Knopf, 1969.

Sellers, Charles Coleman. *Charles Willson Peale.* Vol. I. *Early Life.* Philadelphia: American Philosophical Society, 1947.

Seymour, William. *The Price of Folly: British Blunders in the War of American Independence.* London: Brassey's, 1995.

Sheppard, Edgar. *Memorials of St. James's Palace.* Vol. I. London: Longmans, Green & Co., 1894.

Showman, Richard K., ed. *The Papers of Nathanael Greene.* Vols. I, II, X. Chapel Hill: University of North Carolina Press, 1976, 1980, 1998.

Shy, John. *A People Numerous and Armed: Reflections*

on the Military Struggle for American Independence. Ann Arbor: University of Michigan Press, 1990.

Simms, W. Gilmore, ed. The Life of Nathanael Greene. New York: George F. Cooledge and Bro., 1849.

Sizer, Theodore, ed. The Autobiography of Colonel John Trumbull. Library of American Art. New York: Da Capo Press, 1970.

Smith, Paul H., ed. Letters of Delegates to Congress, 1774—1789. Vols. I-V. Washington, D. C.: Library of Congress, 1976—1979.

Smollett, Tobias. Adventures of Roderick Random. London: Hutchinson & Co., 1904.

———. The Expedition of Humphrey Clinker. Oxford, Eng.: Oxford University Press, 1966.

Stark, James H. The Loyalists of Massachusetts and the Other Side of the American Revolution. Boston: W. B. Clarke Co., 1910.

Stedman, Charles. The History of the Origin, Progress, and Termination of the American War. Vol I. London: J. Murray 1794; reprint, New York: Arno Press, 1969.

Stiles, Henry R. History of the City of Brooklyn. Vol. I. Albany, N. Y.: J. Munsell, 1869.

Still, Bayrd. Mirror for Gotham New York as Seen by Contemporaries from Dutch Days to the Present. New York: University Press, 1956.

Stokes, I. N. Phelps. The Iconography of Manhattan

Island, 1498—1909. Vols. I, IV, V. New York: Arno Press, 1967.

Stryker, William S. *Battles of Trenton and Princeton*. Trenton, N. J. : Old Barracks Association, 2001.

Surtees, R. S. *Mr. Sponge's Sporting Tour*. London: Folio Society, 1950.

Taylor, Maureen Alice, and John Wood Sweet. *Runaways, Deserters, and Notorious Villains*. Vol. II. Rockport, Maine: Picton Press, 2001.

Taylor, Robert J. , ed. *Papers of John Adams*. Vols. III-V. Cambridge, Mass. : Belknap Press, 1979, 1983.

Thayer, Theodore. *Nathanael Greene: Strategist of the American Revolution*. New York: Twayne Publishers, 1960.

Thomas, Peter D. G. *Lord North*. New York: St. Martin's Press, 1976.

Thompson, Eben Francis. *A Brief Chronicle of Rufus Putnam and His Rutland Home*. Worcester, Mass. : Privately printed, 1930.

Trevelyan, Sir George Otto. *The American Revolution*. Vols. I-V. New York: Longmans, Green & Co. , 1899.

Tuchman, Barbara W. *The March of Folly: From Troy to Vietnam*. New York: Ballantine Books, 1984.

Turberville, A. S. , ed. *Johnson's England: An Account of the Life and Manners of His Age*. Oxford, Eng. : Clarendon Press, 1933.

Tyler, Moses Coit. *The Literary History of the Ameri-*

can Revolution. Vols. Ⅰ-Ⅱ. New York: Frederick Ungar Publishing Co. , 1957.

Valentine, Alan. *Lord Stirling: Colonial Gentleman and General in Washington's Army.* New York: Oxford University Press, 1969.

Van Doren, Carl. *Secret History of the American Revolution.* Garden City, N. Y. : Garden City Publishing Co. , 1941.

Van Tyne, Claude Halstead. *Loyalists in the American Revolution.* Gansevoort, N. Y. : Corner House Historical Publications, 1999.

Wade, Herbert T. , and Robert A. Lively, eds. *This Glorious Cause: The Adventures of Two Company Officers in Washington's Army.* Princeton, N. J. : Princeton University Press, 1958.

Ward, Christopher. *The War of the Revolution.* Edited by John Richard Alden. Vols. Ⅰ-Ⅱ. New York: Macmillan, 1952.

Warden, G. B. *Boston: 1689—1776.* Boston: Little, Brown, 1970.

Warren, Mercy Otis. *History of the Rise, Progress, and Termination of the American Revolution.* Edited by Lester H. Cohen. Vols. Ⅰ-Ⅳ. Indianapolis: Liberty Fund, 1989 (orig. , 1805).

Warren-Adams Letters. Vol. Ⅰ. 1743—1777. New York: AMS Press, 1972.

Washington, George. *Rules of Civility and Decent Behavior in Company and Conversation.* Mt. Vernon, Va. : Mount Vernon's Ladies Association, 1989.

Weigley, Russell F. *History of the United States Army.* New York: Macmillan, 1967.

Wheeler, Richard. *Voices of 1776: The Story of the American Revolution in the Words of Those Who Were There.* New York: Thomas Y. Crowell Co. , 1972.

Whitehill, Walter Muir. *Boston: A Topographical History.* Cambridge, Mass. : Belknap Press, 1968.

Whiteley, William G. *The Revolutionary Soldiers of Delaware.* Wilmington, Del. : James & Webb Printers, 1875.

Wick, Wendy C. *George Washington, an American Icon: The Eighteenth-Century Graphic Portraits.* Washington, D. C. : Smithsonian Institution Traveling Exhibition Service and the National Portrait Gallery, 1982.

Wickwire, Franklin, and Mary Wickwire. *Cornwallis: The American Adventure.* Boston: Houghton Mifflin, 1970.

Willard, Margaret Wheeler, ed. *Letters on the American Revolution, 1774—1776.* Boston: Houghton Mifflin, 1925.

Willcox, William B. *Portrait of a General: Sir Henry Clinton in the War of Independence.* New York: Knopf, 1962.

Winsor, Justin, ed. *The Memorial History of Boston.* Vol. Ⅲ. Boston: James Osgood & Co. , 1881.

Wood, Gordon S. *The Creation of the American Republic, 1776—1787.* Chapel Hill: University of North Carolina

Press, 1969.

Wood, W. J. *Battles of the Revolutionary War: 1775—1781*. New York: Da Capo Press, 1995.

Wortley, The Honorable Mrs. E. Stuart, ed. *A Prime Minister and His Son. From the Correspondence of the Third Earl of Bute and of Lieutenant General the Honorable Sir Charles Stuart*. London: John Murray, 1925.

Wright, Esmond. *Fabric of Freedom: 1763—800*. New York: Hill & Wang, 1961.

工具书

Black, Jeremy, and Roy Porter, eds. *The Penguin Dictionary of Eighteenth-Century History*. London: Penguin Books, 1994.

Boatner, Mark M., Ⅲ, ed. *Encyclopedia of the American Revolution*. New York: David McKay Co., 1966.

——. *Landmarks of the American Revolution*. Harrisburg, Pa.: Stackpole Books, 1973.

Cappon, Lester J., ed. *The Atlas of Early American History: The Revolutionary Era, 1760—1790*. Princeton, N. J.: Princeton University Press, 1976.

Carnes, Mark C., and John A. Garraty. *Mapping America's Past: A Historical Atlas*. New York: Holt, 1996.

Dexter, Franklin Bowditch. *Biographical Sketches of the Graduates of Yale College*. Vol. Ⅲ. 1763—1778. New

York: Holt, 1903.

Foner, Eric, and John A. Garraty, eds. *Reader's Companion to American History*. Boston: Houghton Mifflin, 1991.

Grizzard, Frank E. , Jr. *George Washington: A Biographical Companion*. Santa Barbara, Calif. : ABC-Clio, 2002.

Homberger, Eric. *Historical Atlas of New York City*. New York: Holt, 1944.

Johnson, Allen, ed. *Dictionary of American Biography*. II vols. New York: Scribner, 1936—1964.

Ketchum, Richard M. , ed. The *American Heritage Book of the Revolution*. New York: American Heritage, 1958.

Kiple, Kenneth F. *Cambridge World History of Human Disease*. Cambridge, Eng. : Cambridge University Press, 1992.

Marshall, P. J. , ed. *The Oxford History of the British Empire: The Eighteenth Century*. Vol. II. Oxford, Eng. : Oxford University Press, 1998.

Mollo, John, and Malcolm McGregor. *Uniforms of the American Revolution in Color*. New York: Macmillan, 1975.

Nebenzahl, Kenneth, ed. *Atlas of the American Revolution*. Chicago: Rand McNally, 1974.

Purcell, L. Edward, and David F. Burg, eds. *World Almanac of the American Revolution*. New York: World Almanac, 1992.

Sebastian, Anton. *Dictionary of the History of Medicine*. New York: Parthenon Publishers, 1999.

Shipton, Clifford K. , ed. *Sibley's Harvard Graduates*,

Vols. XII, XVIII. Boston: Massachusetts Historical Society, 1965, 1975.

Stember, Sol. *The Bicentennial Guide to the American Revolution.* Vol. II. New York: Saturday Review Press, 1974.

Stephen, Sir Leslie, and Sir Sidney Lee, eds. *Dictionary of National Biography.* Vols. I-LX. Oxford, Eng.: Oxford University Press, 2004.

Symonds, Craig L. *A Battlefield Atlas of the American Revolution.* Baltimore: Nautical & Aviation Publishing, 1986.

日记、报道与回忆录

Adlum, John. *Memoirs of the Life of John Adlum in the Revolutionary War.* Edited by Howard H. Peckham. Chicago: Caxton Club, 1968.

Amory, Thomas C. "Memoir of General Sullivan." *Pennsylvania Magazine of History and Biography.* Vol. II. Philadelphia: Published for the Society, 1878.

Anderson, Enoch. *Personal Recollections of Captain Enoch Anderson.* Vol XVI of the *Papers of the Historical Society of Delaware.* Wilmington: Historical Society of Delaware, 1896.

Baldwin, Jeduthan. *The Revolutionary Journal of Col. Jeduthan Baldwin, 1775—1778.* Edited by Thomas Williams Baldwin. Bangor, Maine: Printed for the DeBurians, 1906.

Bangs, Isaac. *Journal of Lieutenant Isaac Bangs: April*

1, *1776—July 29*, *1776*. Edited by Edward Bangs. Cambridge, Mass. : John Wilson & Son, 1890.

Barker, John. *The British in Boston: The Diary of Lieutenant John Barker*. Edited by Elizabeth Ellery Dana. New York: Arno Press, 1969.

Bixby, Samuel. "Diary of Samuel Bixby, August 3—2, 1775." *Proceedings of the Massachusetts Historical Society*. Vol. XIV (1875—1876).

Black, Jeannette D. , and William Greene Roelker, eds. *A Rhode Island Chaplain in the Revolution: Letters of Ebenezer David to Nicholas Brown, 1775—1778*. Clements Library, Ann Arbor, Mich.

Boyle, Joseph Lee, ed. *From Redcoat to Rebel: The Thomas Sullivan Journal*. Bowie, Md. : Heritage Books, 1997.

Bradford, S. Sidney, ed. "A British Officer's Revolutionary War Journal, 1776—1778." *Maryland History Magazine*, Vol. LVI (June 1961).

Bray, Robert, and Paul Bushnell, eds. *Diary of a Common Soldier in the American Revolution: 1775—1783*. DeKalb: Northern Illinois University Press, 1978.

Burgoyne, Bruce E. *An Anonymous Hessian Diary, Probably the Diary of Lieutenant Johann Heinrich von Bardeleben of the Hesse-Cassel von Donop Regiment*. Bowie, Md. : Heritage Books, 1998.

——, ed. *Defeat, Disaster, and Dedication: The Diaries of the Hessian Officers Jakob Piel and Andreas Wie-*

derhold. Translated from manuscripts in the New York Public Library. Bowie, Md.: Heritage Books, Inc., 1997.

Campbell, Lachlan. "British Journal from Aboard Ship in Boston Commencing January 1776 and Then Moving to New York." New-York Historical Society.

Carter, Lt. William. *A Genuine Detail of the Several Engagements, Positions, and Movements of Royal and American Armies During the Years 1775 and 1776*. London: Printed for the Author, 1784.

Chastellux, Marquis de. *Travels in North America in the Years 1780, 1781, and 1782*. Vols. Ⅰ-Ⅱ. Edited by Howard C. Rice. Chapel Hill: University of North Carolina Press, 1963.

Cheever, William. "William Cheever's Diary, 1775—1776." *Proceedings of the Massachusetts Historical Society*. Vol. LX (October 1926—June 1927).

Clinton, Sir Henry. *The American Rebellion: Sir Henry Clinton's Narrative of His Campaigns, 1775—1782*. Edited by William B. Willcox. New Haven, Conn.: Yale University Press, 1954.

Cresswell, Nicholas. The *Journal of Nicholas Cresswell, 1774—1777*. New York: Dial Press, 1924.

Curwen, Samuel. *The Journal of Samuel Curwen, Loyalist*. Vols. Ⅰ-Ⅱ. Edited by Andrew Oliver. Cambridge, Mass.: Harvard University Press, 1972.

"Diary of Reverend Benjamin Boardman" (July 31, 1775-

Nov. 12, 1775). *Proceedings of the Massachusetts Historical Society*. 2nd series. Vol. VII (1891—1892).

"Diary of Obadiah Brown." *Quarterly Bulletin of the Westchester County Historical Society*. Nos. 4 – 5 (1928—1929).

Diary of Reverend Samuel Cooper. Massachusetts Historical Society.

Diary of John Kettel. Massachusetts Historical Society.

Diary of Loyalist Thomas Moffatt. Peter Force Papers. Library of Congress.

"Diary of Nathan Sellers, 1776." American Philosophical Society.

"A Diary of Trifling Occurrences: Sarah Fisher Logan." *Pennsylvania Magazine of History and Biography*. Vol. LXXXII (1958).

"Diary of Ebenezer Wild." *Proceedings of the Massachusetts Historical Society*. 2nd series. Vol. VI (1891).

Duane, William, ed. *Diary of Christopher Marshall, 1774—1781*. Albany, N. Y.: Joel Munsell, 1877.

Emerson, William. *Diaries and Letters of William Emerson, 1743—1776*. Edited by Amelia Forbes Emerson. Boston: Thomas Todd, 1972.

Ewald, Captain Johann. *Diary of the American War: A Hessian Journal*. Edited by Joseph P. Tustin. New Haven, Conn.: Yale University Press, 1979.

Fitch, Jabez. "Boston Siege Diary of Jabez Fitch." *Pro-

ceedings of the Massachusetts Historical Society. 2nd series. Vol. IX (1894—1895).

——. *The New York Diary of Lieutenant Jabez Fitch of the 17th (Connecticut) Regiment from August 2, 1776, to December 15, 1777.* Edited by W. H. W. Sabine. New York: Colburn & Tegg, 1954.

Fithian, Philip Vickers. *Philip Vickers Fithian: Journal, 1775—1776, Written on the Virginia-Pennsylvania Frontier and in the Army Around New York.* Edited by Robert Greenhalgh Albion and Leonidas Dodson. Princeton, N. J.: Princeton University Press, 1934.

Graydon, Alexander. *Memoirs of His Own Time: With Reminiscences of the Men and Events of the Revolution.* Edited by John Stockton Littell. Philadelphia: Lindsay & Blakiston, 1846.

Greenwood, John. *The Revolutionary Services of John Greenwood of Boston and New York, 1775—1783.* Edited by Isaac J. Greenwood. New York: De Vinne Press 1922.

Gruber, Ira D., ed. *John Peebles American War: The Diary of a Scottish Grenadier, 1776—1782.* Mechanicsburg, Pa.: Stackpole Books, 1998.

Hanson, Robert Brand, ed. *The Diary of Dr. Nathaniel Ames of Dedham, Massachusetts, 1758—1822.* Camden, Maine: Picton Press, 1998.

Heath, Major General William. *Heath's Memoirs of the American War.* Edited by Rufus Rockwell Wilson. New

York: A. Wessels Co. , 1904.

Hutchinson, Thomas. *The Diary and Letters of His Excellency Thomas Hutchinson Esq.* Edited by Peter Orlando Hutchinson. Boston: Houghton Mifflin, 1884.

Inman, George. "George Inman's Narrative of the American *Revolution.*" *Pennsylvania Magazine of History and Biography.* Vol. VII (1883).

"Journal of Samuel Correy, New Jersey Militia. " Clements Library.

"A Journal Kept by John Leach, During His Confinement by the British, in Boston 'Gaol' in 1775. " *New England Historic and Genealogical Register.* Vol. XIX (1865).

"Journal of Ensign Nathaniel Morgan, April 21 to December 11, 1775." *Collections of the Connecticut Historical Society.* Vol. VII (1889).

"Journal of Nathaniel Ober. " Massachusetts Historical Society.

"Journal of Lieutenant Williams. " New-York Historical Society.

"Journal of Captain James Wood, Third British Battalion, Royal Artillery, 1775. " New-York Historical Society.

"Journal of Sergeant William Young." *Pennsylvania Magazine of History and Biography.* Vol. VIII (1884).

Kemble, Stephen. *Journals of Lieutenant - Colonel Stephen Kemble, 1773—1789, and British Army Orders: General Sir William Howe, 1775—1778; General Sir Henry*

Clinton, 1781 and General Daniel Jones, 1778. Boston: Gregg Press, 1972.

Kipping, Ernst, ed. *At General Howe's Side, 1776—1778: The Diary of General William Howe's Aide de Camp, Captain Friedrich von Muenchhausen*. Monmouth Beach, N. J.: Philip Freneau Press, 1974.

Knox, Henry. "Knox's Diary During His Ticonderoga Expedition." *New England Historic and Genealogical Register*. Vol. XXX (1876).

Leggett, Abraham. *The Narrative of Major Abraham Leggett*. New York: Arno Press, 1971.

Lender, Mark E., and James Kirby Martin, eds. *Citizen Soldier: The Revolutionary War Journal of Joseph Bloomfield*. Newark: New Jersey Historical Society, 1982.

Lyman, Simeon. *Journal of Simeon Lyman of Sharon, August 10 to December 28, 1775. Collections of the Connecticut Historical Society*. Vol. VII (1899).

Lynn, Mary C., ed. *An Eyewitness Account of the American Revolution and New England Life: The Journal of J. F. Wasmus, German Company Surgeon, 1776—1785*. New York: Greenwood Press, 1990.

Martin, Joseph Plumb. *A Narrative of a Revolutionary Soldier: Some of the Adventures, Dangers, and Sufferings of Joseph Plumb Martin*. New York: Penguin Putnam, 2001.

McKenzie, Frederick. *Diary of Frederick Mackenzie*. Vol. I. Cambridge, Mass.: Harvard University Press, 1930.

Montresor, John. *"Journals of Captain John Montresor."* Edited by G. D. Scull. Collections of the New-York Historical Society, 1881.

Morris, Margaret. *Private Journal Kept During the Revolutionary War*. New York: Arno Press, 1969.

Murray, James. *Letters from America, 1773 to 1780: Being the Letters of a Scots Officer, Sir James Murray*. Edited by Eric Robson. New York: Barnes & Noble, 1874.

Nash, Solomon. *Journal of Solomon Nash, a Soldier of the Revolution, 1776—1777*. Edited by Charles I. Bushnell. New York: Privately printed, 1861.

"The Papers of General Samuel Smith." *Historical Magazine*. 2nd series. Vol. VII (February 1870).

Rau, Louise, ed. "Sergeant John Smith's Diary of 1776." *Mississippi Valley Historical Review*. Vol. XX (1933—1934).

Rawdon, Reginald Lord. *Report on the Manuscripts of the Late Reginald Rawdon Hastings*. 4 vols. London: Her Majesty's Stationery Office, 1930—1947.

"Recollections of Incidents of the Revolution: General Jeremiah Johnson." *Journal of Long Island History*. Vol. XII, No. 2 (Spring 1976).

Robertson, Archibald. *Archibald Robertson: His Diaries and Sketches in America, 1762—1780*. Edited by Harry Miller Lydenberg. New York: New York Public Library, 1930.

Rowe, John. *Letters and Diary of John Rowe, Boston

Merchant, 1759—1762, 1764—1779. Edited by Anne Rowe Cunningham. Boston: W. B. Clarke Co. , 1903.

Sargent, Winthrop, ed. "Letters of John Andrews, Esq. of Boston: 1772—1776." Cambridge, Eng. : Press of J. Wilson & Sons, 1866.

Scull, G. D. , ed. *Memoir and Letters of Captain W. Glanville Evelyn, 1747—1776*. Oxford, Eng. : James Parker & Co. , 1879.

Serle, Ambrose. *The American Journal of Ambrose Serle, Secretary to Lord Howe, 1776—1778*. Edited by Edward H. Tatum, Jr. San Marino, Calif. : Huntington Library, 1940.

Sleeper, Moses. *Diary of a Soldier, June 1775—September 1776*. Longfellow House National Historic Site, Cambridge, Mass.

Stabler, Lois K. , ed. *Very Poor and of a Lo Make: The Journal of Abner Sanger*. Portsmouth, N. H. : Historical Society of Cheshire County, 1986.

Stark, John. *Memoir and Official Correspondence of General John Stark*. Edited by Caleb Stark. Boston: Gregg Press, 1972.

Stiles, Ezra. *The Literary Diary of Ezra Stiles: President of Yale College*. Edited by Franklin Bowditch Dexter. Vols. I - II. New York: Scribner, 1901.

Tallmadge, Benjamin. *Memoir of Colonel Benjamin Tallmadge*. New York: Arno Press, 1968.

Thacher, James, M. D. *Military Journal During the A-*

merican Revolution, 1750—1783. Boston: Richardson & Lord, 1823.

Trumbull, Benjamin. "Journal of the Campaign at New York, 1776—1777." *Collections of the Connecticut Historical Society*. Vol. VII (1899).

Tudor, John. *Deacon Tudor's Diary*. Boston: Press of W. Spooner, 1896.

Washington, George. *The Diaries of George Washington, 1780—1781*. Vol. Ⅲ. Edited by Donald Jackson. Charlottesville: University Press of Virginia, 1978.

Webb, Samuel Blachley. *Correspondence and Journals of Samuel Blachley Webb: 1772—1777*. Vol. I. Edited by Worthington Chauncey Ford. Lancaster, Pa.: Wickersham Press, 1893.

——. *Family Letters of Samuel Blachley Webb, 1764—1807*. Edited by Worthington Chauncey Ford. New York: Cambridge University Press, 1912.

Wilkinson, General James. *Memoirs of My Own Times*. Vol. I. Philadelphia: Abraham Small, 1816.

Williams, Elisha. "Elisha Williams' Diary of 1776." *Pennsylvania Magazine of History and Biography*. Vol. XLVIII (1924).

论文

Anderson, Fred W. "The Hinge of the Revolution:

George Washington Confronts a People's Army, July 3, 1775." Massachusetts Historical Review. Vol. Ⅰ (1999).

Baker, William S. "Itinerary of General Washington from June 15, 1775, to December 23, 1783." Pennsylvania Magazine of History and Biography. Vol. XIV, No. 2 (1890).

"British Officer in Boston 1775." Atlantic Monthly. April 1877.

Brookhiser, Richard. "A Man on Horseback." Atlantic Monthly. January 1996.

Brown, Wallace. "An Englishman Views the American Revolution: The Letters of Henry Hulton, 1769—1776." Huntington Library Quarterly. Vol. XXXVI (1972—1973).

"The Capture of Fort Washington, New York. Described by Cpt. Andreas Wiederhold." Pennsylvania Magazine of History and Biography. Vol. XXIII (1899).

"Contemporaneous Account of the Battle of Trenton, Pennsylvania Evening Post, December 28, 1776." Pennsylvania Magazine of History and Biography. Vol. IV (1880).

Conway, Stephen. "From Fellow-Nationals to Foreigners: British Perceptions of the Americans, circa 1739—1783." William and Mary Quarterly. 3rd series. Vol. LIX, No. 1 (January 2002).

Davis, General W. W. H. "Washington on the West Bank of the Delaware 1776." Pennsylvania Magazine of History and Biography. Vol. Ⅳ, No. 2 (1980).

Delancy, E. F. "Mount Washington and Its Capture on the 16th of November, 1776." *Magazine of American History*. Vol. I (February 1877).

Gelb, Norman. "Winter of Discontent." *Smithsonian Magazine*. May 2003.

Gordon, Reverend William. Letters, *Proceedings of the Massachusetts Historical Society*. Vol. LX (October 1926—June 1927).

Greene, George Washington. "Major-General Nathanael Greene." *Pennsylvania Magazine of History and Biography*. Vol. II (1878).

Gruber, Ira. D. "Lord Howe and Lord George Germain: British Politics and the Winning of American Independence." *William and Mary Quarterly*. 3rd series. Vol. XXII, No. 2 (April 1965).

Heathcote, Charles William. "General Israel Putnam." *Picket Post* (Valley Forge Historical Society). February 1963.

"House of Lords and the House of Commons." *Mirror of Literature, Amusement, and Instruction*. No. 688 (November 1, 1834).

Ketchum, Richard M. "Men of the Revolution: Israel Putnam." *American Heritage*. Vol. XXIV (June 1973).

Koke, Richard J. "Forcing the Hudson River Passing." *New-York Historical Society Quarterly*. Vol. XXXVI (October 1952).

Kranish, Michael. "Washington Reconstructed." *Boston*

Globe, February 17, 2002.

Kurtz, Henry I. "Victory on Dorchester Heights." *American History Illustrated*. Vol. IV (December 1969).

"Late House of Commons and Antiquities of St. Stephen's Chapel." *Mirror of Literature, Amusement, and Instruction*. No. 690 (November 8, 1834).

"Letter of Reverend William Gordon to Samuel Wilcon, April 6, 1776." *Proceedings of the Massachusetts Historical Society*. Vol. LX (1926—1927).

"Letters from a Hessian Mercenary." *Pennsylvania Magazine of History and Biography*. Vol. LXII, No. 4 (October 1938).

"Letters Written During the Revolutionary War by Colonel William Douglas to His Wife Covering the Period July 19, 1775, to Decembers 5, 1775." *New-York Historical Society Bulletin*. Vols. XII-XIII (January 1929—January 1930).

Luther, F. S. "General Israel Putnam." *Proceedings of the Worcester Society of Antiquity for the Year 1904*. Vol. XX, No. 4 (1905).

"Major General John Thomas." *Proceedings of the Massachusetts Historical Society*. 2nd series. Vol. XVIII (1903—1904).

"Occupation of New York City by the British." *Pennsylvania Magazine of History and Biography*. Vol. IV (1980).

Paltsits, Victor Hugo. "The Jeopardy of Washington,

September 15, 1776." *New-York Historical Society Quarterly*. Vol. XXXII (October 1948).

Pogue, Dennis J. "General Washington: One of the Wealthiest Men in American History ?" Mount Vernon Library (2002).

Powell, William S. "A Connecticut Soldier Writing Home: Elisha Bostwick's Memoirs of the First Years of the Revolution." *William and Mary Quarterly*. 3rd series. Vol. VI (1949).

R——, Sergeant. "Battle of Princeton." *Pennsylvania Magazine of History and Biography*. Vol. XX (1896).

"Sermon of Rev. John Rodgers, Jan. 14, 1776." *New York Times*, March 16, 2003.

Shelton, William Henry. "Nathan Hale Execution." *New York Times*, September 22, 1929.

Vernon-Jackson, H. O. H. "A Loyalist's Wife: Letters of Mrs. Philip Van Cortlandt, 1776—1777." *History Today*. Vol. XIV (August 1964).

Wakin, Daniel J. "Pastor's Call to Arms in 1776 Has Echoes in 2003." New York Report in *New York Times*, March 16, 2003.

Warren, ——. "Uniform of the Revolutionary Army." *Proceedings of the Massachusetts Historical Society*. Vol. IV (1858—1860).

"Washington's Headquarters in New York." *National Historical Magazine*. July 1944.

Wertenbaker, Thomas Jefferson. "The Battle of Princeton." In *The Princeton Battle Monument*. Princeton, N. J.: Princeton University Press, 1922.

Whitehorne, Joseph. "Shepardstown and the Morgan-Stevenson Companies." *Magazine of the Jefferson County Historical Society*. Vol. LVIII (December 1992).

报刊

Boston Gazette

Boston Newsletter

Boston Transcript

Connecticut Gazette and Universal Intelligencer (New London)

Connecticut Journal (New Haven)

Essex Gazette (Salem, Mass.)

Essex Journal (Newburyport, Mass.)

Freeman's Journal (Philadelphia)

Gentleman's Magazine (London)

Hartford (Connecticut) *Courant and Weekly Intelligencer*

Lloyd's Evening Post and British Chronicle (London)

London Chronicle

London Gazette

London Gazette and New Daily Advertiser

London General Evening Post

London Public Advertiser

Massachusetts Gazette and Boston Weekly Newsletter

Massachusetts Spy (Boston)

Mirror of Literature, Amusement, and Instruction (London)

Morning Chronicle and London Advertiser

New England Chronicle and Essex Gazette (Cambridge, Mass.)

New Haven Journal

Newport (Rhoit Island) *Mercury*

New York Constitutional Gazette

New York Gazette

New-York Packet

New York Sun

Pennsylvania Evening Post (Philadelphia)

Pennsylvania Gazette (Philadelphia)

Pennsylvania Journal and Weekly Advertiser (Philadelphia)

Pennsylvania Packet (Philadelphia)

Providence Gazette

St. James's Chronicle (London)

Universal Magazine (London)

Virginia Gazette (Williamsburg)

鸣　谢

　　本书素材搜集自美国超过25所图书馆、档案馆、特别收藏和历史遗迹，以及英国的大英图书馆和国家档案馆。这些地方的员工让我获益良多，我尤其要感谢下面这些人的热心帮助。

　　马萨诸塞历史学会的William Fowler、Peter Drummey、Brenda Lawson和Anne Bentley。弗吉尼亚大学《乔治·华盛顿文件汇编》的编辑Philander Chase、小Frank Grizzard和Edward Lengel。芒特弗农的James C. Rees、Carol Borchert Cadou、Linda Ayres和Barbara McMillian。国会图书馆的Gerard Gawalt、Jeffrey Flannery、James Hutson、Edward Redmond和Michael Klein。国家档案馆的Richard Peuser。密歇根大学安娜堡分校威廉·L. 克莱门茨图书馆的John C. Dann、Brian Leigh Dunningan、Barbara DeWolfe和Clayton Lewis。玛丽·华盛顿大学辛普森图书馆的JackBales、Roy Strohl和Tim Newman。华盛顿特区辛辛那提学会的Ellen McCallister Clark、Jack D. Warren、Sandra L. Powers、Lauren Gish和Emily Schulz。费城国家独立历史公园的Andrea Ashby-Leraris。费城美国哲学学会的Roy Goodman和Robert Cox。宾夕

法尼亚州华盛顿渡口美国革命戴维图书馆的 David Fowler、Greg Hohnson 和 Kathy Ludwig。华盛顿渡口历史公园的 Michael Bertheaud。科洛尼尔威廉斯堡（Colonial Wilianmsburg）的 Cathy Helliier 和 John Hill。马萨诸塞州坎布里奇亨利·沃兹沃思·朗费罗故居的 James Shea 和 Anita Israel。马萨诸塞州沃斯特美国文物协会的 Vincent Golden。纽约历史学会的 Jan Hilley 和 Ted O'Reilly。纽约皮尔庞特·摩根图书馆的 Leslie Fields。罗得岛历史学会的 Rick Statler。罗得岛考文垂纳撒内尔·格林故居的 Greg 和 Mary Mierka。温莎城堡皇家地图收藏馆的 Martin Clayton。苏格兰班夫郡巴林达洛奇城堡的 Oliver Russell 夫妇。弗吉尼亚大学奥尔德曼图书馆的小 Bryson Clevenger。耶鲁大学艺术馆的 Helen Cooper。波士顿公共图书馆的 Eric P. Frazier。

马萨诸塞历史学会的图书管理员 Peter Dremmey 学识极为渊博；准将 Josiah Bunting 三世是军人、学者、作家，也是益友；他们热心地读了本书手稿，并给出了宝贵的建议。此外还有 Philander Chase,《乔治·华盛顿文件汇编》的主编，他洞悉华盛顿的生平及性格，细读了手稿的评价，他对我的帮助难以衡量。

马萨诸塞查尔斯顿国家公园服务局的 Sean P. Hennessey 及其同事带我饱览邦克山和多切斯特高地。纽约公园部的 Martin Maher 花了一整天的时间梳理 1776 年 8 月 27 日的事件，带我走遍了布鲁克林的东西南北。在另一次远征中，普林斯顿战场州立公园的负责人 John Mill 带我重走著名的特伦顿夜行军的路线，从华盛顿及其部队渡过特拉华河的地点起，然后分别来到特伦顿和普林斯顿的战场。感谢他们花时间陪我，感谢他们富有启发性的评论和富有感染性的工作热情。

我有幸拜访了纳撒内尔·格林在罗得岛东格林尼治的出生地,非常感谢现在的所有人,Thomas Casey Green,格林将军的后裔,他对格林将军的了解远远超出了一般文献。

几位历史学家多年来一直用友情和洞察力帮助我,他们是Richard Ketchum、Thomas Fleming、Don Higginbotham 和 David Hackett Fischer,每一位都写出了关于美国革命的里程碑式的作品。

我还要感谢下面这些人对我的书感兴趣,提供了各种有见地的建议,帮我很多忙。他们是:William Paul Deary、Philip A. Forbes、Wendell Garrentt、Richard Gilder、小 J. Criag Huff、Michael Greene 神父、Tim Greene、Daniel P. Hordan、Michael Kammen、Ravi Khanna、William Martin、Sally O'Brien、Doug Smith、Matthew Stackpole、Renny A. Stackpole、Clarence Wolf 和 John Zentay。

Thomas J. McGuire 读过许多关于美国革命中士兵真实状态的资料,好像他曾亲身参与战斗。他从一开始就对我帮助很大,凭借其广泛的研究和渊博的知识给我提供了大量资料。

Gayle Mone 帮我处理信件,输入手稿,在参考书目和引文出处方面不辞辛苦地做出了出色的工作。

Mike Hill 是我的左膀右臂,担任本书及我以前著作的研究助理,他有无与伦比的专业素养、勤勉态度、坚韧意志和乐天精神。

我再一次自豪地感谢我的编辑 Michael Korda 和经纪人 Morton L. Janklow,我感谢他们的支持和建议,更不要说有他们陪伴给我带来多少快乐。我要再一次感谢我的幸运星、版权编辑 Gypsy da Silva 和 Fred Wiemer，还要感谢设计这本书的 Amy Hill 和设计护封的 Wendell Minor。我认为，说他们是业界翘楚当不为过。

我还要像以往那样感谢我的家人，他们知道给了我多少帮助和支持，知道我多么感谢他们做出的一切。

我迄今为止最感谢的人是我的妻子 Rosalee，我把这本书献给她。她是总编辑，她的斗志永不衰退，不管何时都牢牢掌握航向。

戴维·麦卡洛
马萨诸塞州西蒂伯里
2004 年 11 月 29 日

图书在版编目（CIP）数据

1776：美国的诞生／（美）麦卡洛著；刘彤译 . —北京：商务印书馆，2015（2020.6 重印）
ISBN 978-7-100-11055-6

Ⅰ.①1… Ⅱ.①麦…②刘… Ⅲ.①美国独立战争-史料 Ⅳ.①K712.41

中国版本图书馆 CIP 数据核字（2015）第 018714 号

权利保留，侵权必究。

1776
——美国的诞生
〔美〕戴维·麦卡洛 著
刘 彤 译

商 务 印 书 馆 出 版
（北京王府井大街36号 邮政编码100710）
商 务 印 书 馆 发 行
三河市尚艺印装有限公司印刷
ISBN 978-7-100-11055-6

2015年4月第1版	开本 880×1230 1/32
2020年6月第3次印刷	印张 12 1/8

定价：48.00元